ag.de

KONO-VERLAG

KONO-VERLAG

Ralf Kruckemeyer
Kono-Verlag

Wolf-Dieter Wichmann

Karate Kata & Bunkai 3

Bassai-Sho, Kanku-Sho, Nijushiho, Sochin

Kono-Verlag
www.kono-verlag.de

2024

Karate Kata & Bunkai 3
Bassai-Sho, Kanku-Sho, Nijushiho, Sochin

Impressum

Herausgeber: Kono-Verlag
Grönenberger Str. 7
D-49324 Melle
www.kono-verlag.de
info@kono-verlag.de

Printed in Germany

Autor: Wolf-Dieter Wichmann, 9. Dan

ISBN: ISBN 978-3-910555-11-2

Die Hinweise und Beschreibungen in diesem Buch sind vom Autor und Herausgeber sorgfältig erwogen worden, dennoch kann keinerlei Haftung für Richtigkeit und Vollständigkeit übernommen werden.

Inhalt

Kapitel:	Seite:
Karate-Do	6
Kata	8
Übungshinweise	10
Die wichtigsten Punkte des Katatrainings	13
Kata Bassai-Sho	14
Kata Kanku-Sho	44
Kata Nijushiho	86
Kata Sochin	119
Schlusswort	146
Über den Autor	147

Karate-Do

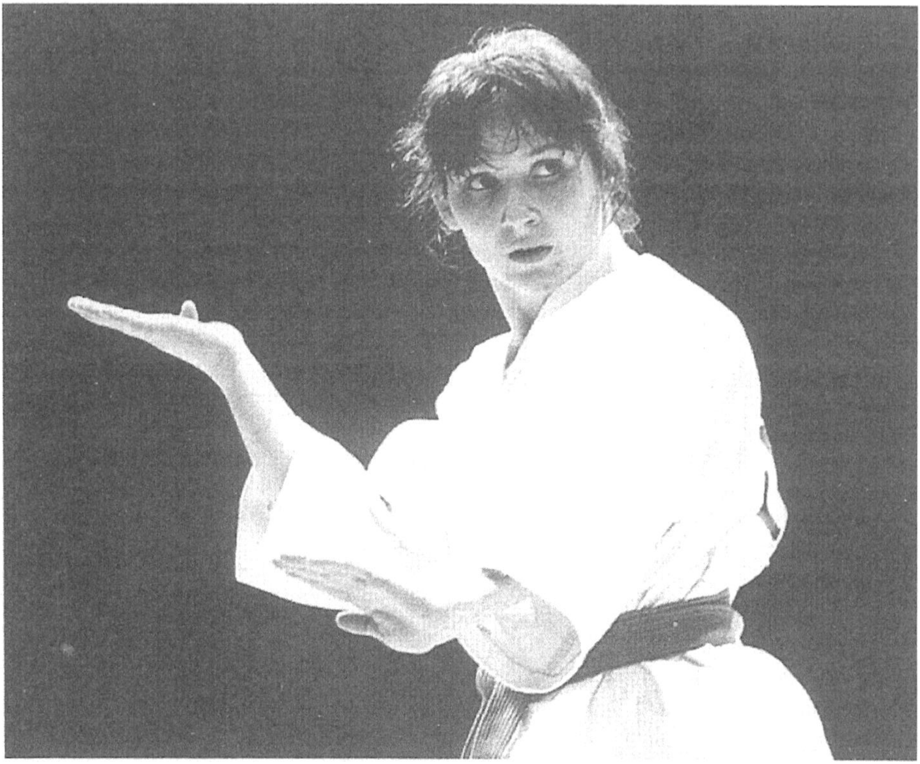

„Ursprung und Seele des Karatetrainings ist die Kata." Dieser Ausspruch aller frühen Karatemeister soll diesem Kataband vorangestellt werden.

Wenn man sich intensiv mit der Geschichte und der Entwicklung des modernen Karate von seinen Anfängen um die Jahrhundertwende bis heute beschäftigt, stellt man fest, dass der Verfall der ursprünglich sehr ethischen Idee des Karate in engem Zusammenhang mit der schwindenden Bedeutung der Kata gesehen werden kann.

Ursprünglich wurde Karate ausschließlich in Form des Katatrainings betrieben. Kihon (Grundschule) und vor allem Kumite (Partnertraining) gab es nicht. Erst Yasutsune Itosu (1832 – 1918) (mit dem Beinamen „die heilige Faust") lehrte erste Grundschulformen. Er war es auch, der aus Teilen der Kata Kanku-Dai, oder damals Kwanku, die heutigen Heian (Pinan) Kata entwickelte.

Bei Funakoshi, dem Gründer des Shotokan-Stils, ist nachzulesen, wie viele Jahre er nichts anderes studierte als immer wieder Kata. Das heißt nicht, dass Schüler heute nur noch Kata trainieren und andere Elemente des Karate hinten anstellen sollten. Aber die Orientierung nur an eindimensionaler Bewegung wie im Kihon oder an zweidimensionalen Partnerübungen reicht nicht aus.

Gichin Funakoshi sagte: „Das eigentliche Ziel des Karate ist die Hinführung zu einem erhabenen Geist und zur Demut". Diesen Leitsatz, dieses Trainingsziel könnte man auch so ausdrücken: „Oberstes Ziel im Karate ist eine kontrollierte Ausgewogenheit, verbunden mit einem bescheidenen Auftreten!" Wenn man diesen Satz auf das Katatraining überträgt, bedeutet er:

Bringe Deinen Körper und Deinen Geist ins Gleichgewicht!

Die geringe Beachtung, die Katatraining und Wettkampf im Vergleich zum Kumitewettkampf finden zeigt, dass die Kata von den meisten Aktiven vernachlässigt wird. Die Diskussion um *Karate-Do*, die heutzutage eingesetzt hat, lässt jedoch hoffen, dass diese Entwicklung zumindest erkannt ist, und dass nicht alle Karateka dieser einseitigen Orientierung folgen wollen. Die Wertschätzung, die die Kata wiedererlangt hat, ist ein Teil der Rückbesinnung auf die ursprünglichen Ziele und Ideale des Karate. Das Anliegen des Buches ist es, diese Entwicklung zu unterstützen, die ihr Augenmerk auf die eigentlichen Grundformen richtet.

Kata

Im Kihon (Grundschule) lernt der Übende das Handwerkszeug des Karate. In tausendfacher Wiederholung schleifen sich die Bewegungen ein und entwickeln sich zu den typischen blitzschnellen Karatetechniken.

Das Kumite (Partnertraining) versetzt den Schüler in die Lage, zum richtigen Zeitpunkt und mit dem richtigen Abstand die Techniken auszuführen. In der Praxis wird eine Vervollkommnung der Technik immer auch mit einer Verbesserung im darauffolgenden Partnertraining einhergehen.

Kata bedeutet wörtlich „Form“ und beinhaltet einen Kampf gegen mehrere Gegner. Dabei existieren diese freilich nur in der Vorstellung des Ausübenden oder des Beobachters. Ziel ist es, in einer Abfolge festgelegter Abwehren und Angriffe eine Art Rundumverteidigung auszuführen.

Das moderne Karate, das um die Jahrhundertwende zur heutigen Sportform entwickelt wurde, kennt erst seit Mitte der 30er Jahre den „freien Kampf“, also die heute übliche Form des Wettkampfs. Bis dahin gab es nur Kata-Turniere, mit denen man das Ziel verfolgte, den besten Karateka herauszufinden. Vielleicht ist durch dieses Beispiel die Bedeutung der Kata als Gradmesser des Karatekönnens besser abzuschätzen.

Je nach Ausbildungsgrad stehen unterschiedliche Übungsziele im Vordergrund: korrekte Technik, richtige Atmung, guter Stand, perfektes „Timing“ oder auch Rhythmus und exakte Bewegung entlang der vorgegebenen Linien im Raum.

Man kennt etwa 30 – 50 verschiedene Kata (je nachdem, ob man die Kata anderer Stilrichtungen mitzählt). Im Shotokan-Karate, auf dessen Techniken sich dieses Buch bezieht, unterscheiden wir vier verschiedene Gruppen von Kata (dabei werden Vorübungsformen wie beispielsweise die Taikyoku-Kata ausgelassen):

1. Gruppe: Heian 1 – 5, Tekki 1 als Grundkata der Schülergrade

2. Gruppe: Bassai-Dai, Jion, Empi, Kanku-Dai, Hangetsu als fortgeschrittene Kata bis zum Meister

3. Gruppe: Bassai-Sho, Kanku-Sho, Jitte, Meikyo, Sochin, usw. als Meisterkata der 1. Stufe

4. Gruppe: Unsu, Gojushiho-Dai, Gojushiho-Sho als Spezialkata für hohe Meister und Kataspezialisten

Jeder Ausbildungsstufe werden somit bestimmte Kataformen zugeordnet. Das erklärt auch, warum die Bewertung einer hohen Kata, wird sie von einem Schüler mit niedrigerem Niveau ausgeführt, immer schlecht ausfällt. Hohe Kata verlangen eine enorme Bewegungspräzision und einen derart ausgefeilten Rhythmus, wie sie ein Schüler noch nicht erreichen kann. Deshalb dies als Grundsatz und Rat:

> *Besser eine niedrigere Kata perfekt, als eine höhere Kata nur ausreichend zu beherrschen.*

In den Grundkata werden grundsätzlich Übungsziele wie starker Stand, gute Abwehr sowie sichere Bewegung gesteckt. In späteren Kataformen – hervorragendes Beispiel ist die Empi – stehen blitzschnelle Bewegungen und variationsreiche Reflexe im Vordergrund.

Die Entstehung der einfacheren Grundkata ist aus der Aufteilung der ursprünglich allein vorhandenen höheren Kataformen zu erklären. Diese höheren Kata erwiesen sich für den Anfänger als zu schwer, so dass man sie in Einzelkomponenten zerlegte. Interessant ist in diesem Zusammenhang, dass Funakoshi von drei Jahren spricht, die man von Beginn des Erlernens einer Kata bis zu ihrer Beherrschung brauche. Auch wenn die Vorführung einer Kata durchaus nach einigen Wochen intensiven Trainings gelungen erscheinen mag: Von Beherrschen – im Sinne des Karate – kann dann noch nicht die Rede sein.

Bei der Ausführung der höheren Kata kommt eine Besonderheit hinzu. Anders als bei den Grundkata werden einzelne Techniken veränderbar, interpretierbar. Sie werden mehr von dem individuellen Stil des Vortragenden geprägt, als das bei den Grundkata der Fall sein kann. Mit der Zeit verändern sich auch Teile der Kata. Wer kennt dieses Problem nicht? Ebenso wie im ersten und zweiten Band wird auf diese Variationen und Änderungen wiederum ein besonderes Augenmerk gerichtet. Trotzdem wird es immer wieder zu Veränderungen oder anderen Auslegungen kommen. Das darf den Übenden aber nicht irritieren. Nach ausreichender Information sollte er sich für eine Form entscheiden und diese üben. Dabei ist ein wichtiges Kriterium für die Entscheidung der Sinn, die Anwendung der Technik. Ohne den Sinn der Technik zu kennen, ist eine Entscheidung inhaltslose Formsache. Es ist leichtfertig, von einer einzigen richtigen Form zu sprechen. Denn auch hier gilt: andere Länder andere Sitten – und andere Kataformen.

Übungshinweise

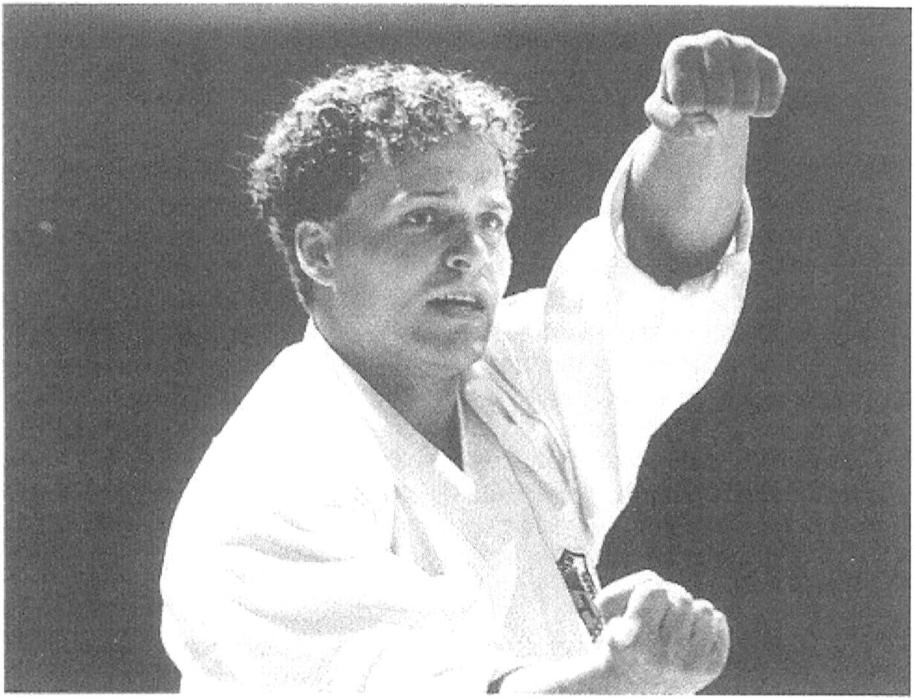

Beim Erlernen der Kata sollte man folgendermaßen vorgehen:

Zuerst wird der grobe Ablauf anhand des Schrittdiagramms geübt. Dabei sind Kraft, Schnelligkeit und Rhythmus noch nebensächlich. Auch Feinheiten der Techniken können vernachlässigt werden. Wird der Ablauf im Groben beherrscht, so kommen alle fehlenden Punkte hinzu. Dabei ergibt sich dann aus dem Ziel der Techniken, den Anspannungs- und Lockerungszeiten und dem schnellen und langsamen Ablauf der Techniken der Sinn der Kata. Ohne exaktes Wissen um den Sinn der ausgeführten Technik bleibt eine Kata gewissermaßen immer nur Ballett. Bei sehr guten Katavorführungen indes wird sogar Laien die Bedeutung der Aktion unmittelbar klar. Die Kata beginnt formal immer mit dem „Angrüßen" im Stand. Dabei schließt der Athlet die Fersen (Musubi-Dachi), legt die Hände an die Oberschenkel an und knickt nur in der Hüfte ab. Sein Blick ist nach vorn gerichtet. Dies symbolisiert die Achtung und Zurückhaltung, die ein Karateka bei der Ausübung seiner Kampfkunst zeigen soll. Nach dem Gruß steht der Ausführende in Shizentai, in Hachiji-Dachi mit schulterbreit geöffneten Füßen. Er befindet sich im Zanshin – das heißt soviel wie „erwartungsvolle Bereitschaft".

Jede Kata beginnt grundsätzlich mit einer Abwehr. Das zeigt, dass sie nicht auf Aggression beruht, sondern auf Körperbeherrschung abzielt. Die Kata beginnt immer mit der Blickwendung hin zum „Gegner". Dann lässt man die Ausholbewegung folgen, um nunmehr zügig, explosiv, aber nicht überhastet in die neue Stellung zu gehen. Jede Bewegung wird mit starker Anspannung (Kime) beendet. Dabei unterscheidet man sehr kurze Anspannungszeiten, normal lange und sehr lange Zeiten (wie bei jedem Kiai).
Bei den Bildern werden die unterschiedlichen Anspannungszeiten wie folgt symbolisiert:

 kürzeste mögliche Anspannungszeit

 Kurze Anspannungszeit (etwas weniger als 1 Sekunde)

 normale Anspannungszeit (etwa 1 Sekunde)

maximale Anspannung (etwa 2 Sekunden mit Kiai

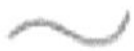 fließender Übergang ohne Anspannung

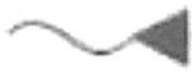 langsame, in der Spannung steigende Bewegung über etwa 3 Sekunden hin, mit 1 Sekunde Anspannung zum Abschluss

Fotos, die ein eigenes Kommando beim Zählen der Kata darstellen, sind größer und durchnummeriert. Aus ihnen ergeben sich die einzelnen festgelegten Schritte. Die Bewegungsabläufe auf den nummerierten Bildern sind grundsätzlich von vorn gesehen, das heißt von einem Betrachter aus, der dem Vorführenden zu Beginn der Kata gegenübersteht.

Entsprechend sind Angaben wie „von der linken Seite aus gesehen“ auf die linke Seite des Betrachters bezogen! Am Ende der Kata wird der Ablauf noch einmal in einer kurzen Bildfolge und mittels eines Schrittdiagramms dargestellt.

Anders als in den beiden voran gegangenen Katabänden wird diesmal auf ein durchnummeriertes Schrittdiagramm verzichtet. Es ist wegen der Unübersichtlichkeit der Zahlenordnung nicht sinnvoll. Das Embusen wird auf ein Diagramm reduziert, das nur die grundsätzlichen Richtungen der Kata und die Ausdehnung im Raum zeigt. Bei einigen höheren Kata, z. B. Nijushiho und Sochin, ist es wichtig, nicht an der Grundlinie, sondern weiter innerhalb des Raumes zu beginnen, damit man auf keinen Fall Punktabzüge wegen Verlassens der Kampffläche riskiert.

Die wichtigsten Punkte des Katatrainings

- Erst die einwandfreie Beherrschung des Ablaufes erlaubt ein Katatraining.

- Jede Technik soll zunächst einmal einwandfrei und ausgeprägt - mit langen Pausen und großen Ausholbewegungen - gefestigt werden.

- Der Rhythmus ist die „Seele“ der Kata. Das heißt, dass mit dem für die Kata typischen Wechsel von Anspannung und Entspannung, langsamen und schnellen Techniken, Einatmen und explosivem Ausatmen bis hin zum Kiai die Kata zum Leben erweckt wird.

- Kata ist Kampf!
  Jede Bewegung ist einer spezifischen Situation zugeordnet. Nur wer diese Situation (den Angriff) kennt, wer an dieser Stelle kämpft, wer seinen Gegner und dessen Technik sieht und darauf reagiert, betreibt Kata richtig.

- Kata heißt „Form“. So ist auch dem formellen Ablauf der Kata – wie Antreten, Angrüßen, Ansagen, Konzentration und Beginn, Start und Ankommen am gleichen Punkt, Zanshin und Abgrüßen zum Abschluss – besondere Bedeutung zuzumessen

Kata Bassai-Sho

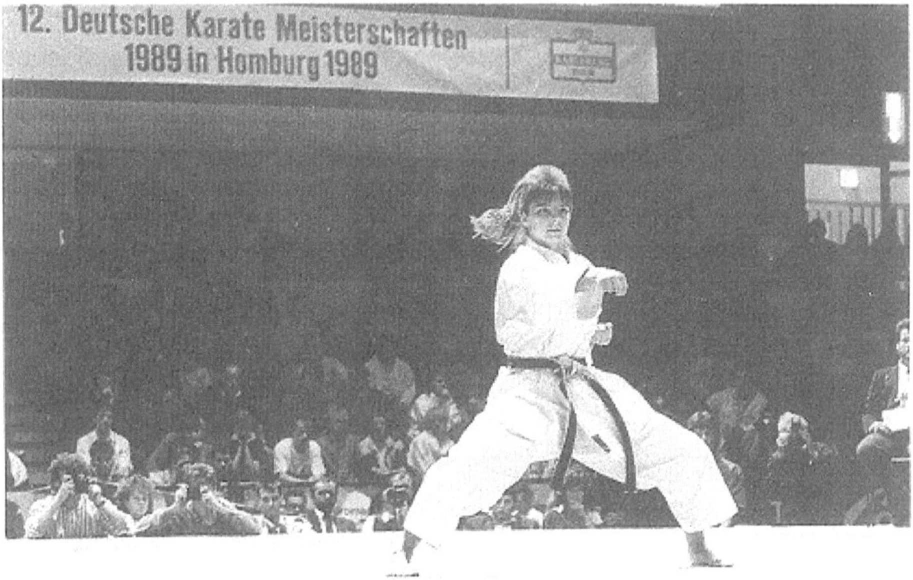

Bassai-Sho ist eine Variation der Kata Bassai, die als eine der grundlegenden Kata in vielen verschiedenen Karatestilen trainiert wird. Aber nur in der Itosu-Schule (Shuri-Te) wurden zwei Formen entwickelt: Kata Bassai-Dai und Kata Bassai-Sho.

Bassai-Sho zeichnet sich durch häufigen Wechsel des Schwerpunkts und intensiven Gebrauch des Kokutsu-Dachi aus. Die Benutzung der offenen Hände zur Abwehr der Stockangriffe und die schnellen Drehungen, durch die der Gegner zu Fall gebracht wird, erfordern intensives Training und ein ausgeprägtes Gleichgewichtsgefühl. Die letzten Techniken in Kiba-Dachi erfordern kraftvolle Bewegungen mit festen Ständen. Nur ein Karateka, der ausdauernd und mit hoher Spannung trainiert, wird diese schwierigen Techniken sowohl kraftvoll als auch elegant vortragen können. Das Ende der Kata mit Neko-Ashi-Dachi ist sehr schwierig und zeigt das Kataverständnis und das Koordinationsvermögen des Ausübenden. Die Kata besteht aus 28 Positionen, die in etwa 60 Sekunden vorgetragen werden sollen.

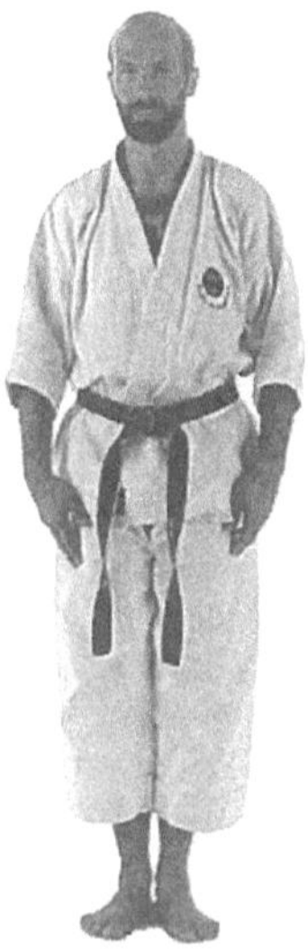

Musubi-Dachi

Vor dem Beginn der Kata schließt man die Füße (rechten Fuß heranziehen) zu Musubi-Dachi.

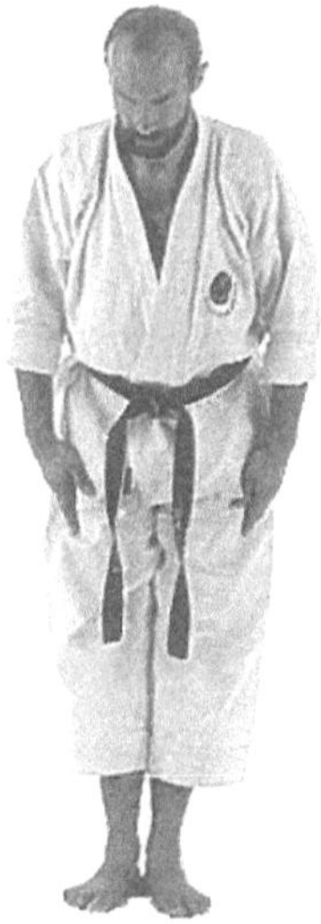

Ritsu-Rei

Angrüßen

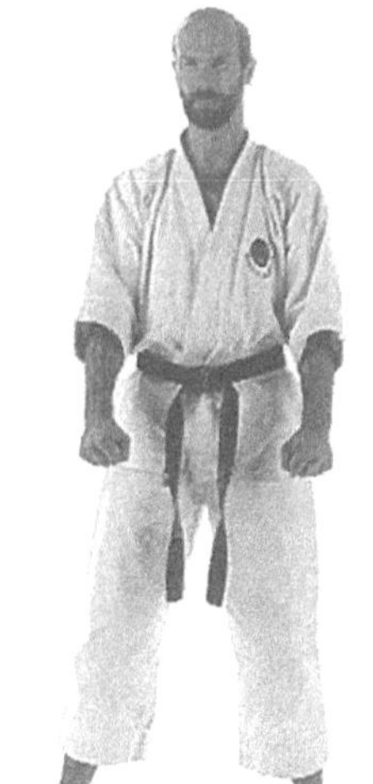

Shizentai

Im Shizentai wird die aufmerksame Spannung vor dem Beginn der Kata angezeigt.

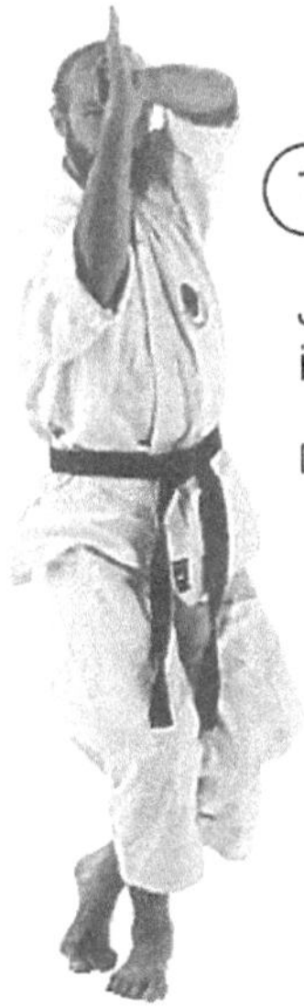

①

Jodan-Awase-Haishu-Uke
in Kosa-Dachi

Die Hüfte ist dabei 45° abgedreht.

■

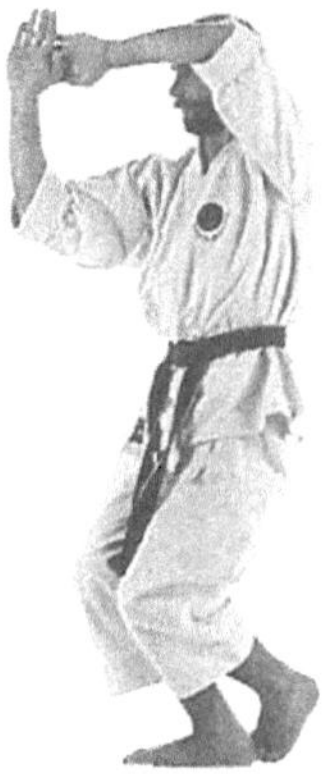

Seitliche Ansicht
von rechts

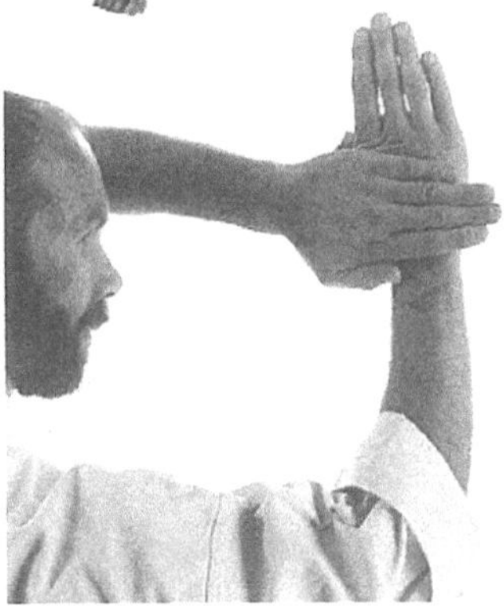

Ausschnitt

Die offenen Handflächen liegen, mit gestreckten Fingern, eng aneinander, die linke Hand liegt auf der rechten. Der Blick ist geradeaus unter dem linken Unterarm und rechts am rechten Unterarm vorbei auf den Gegner gerichtet.

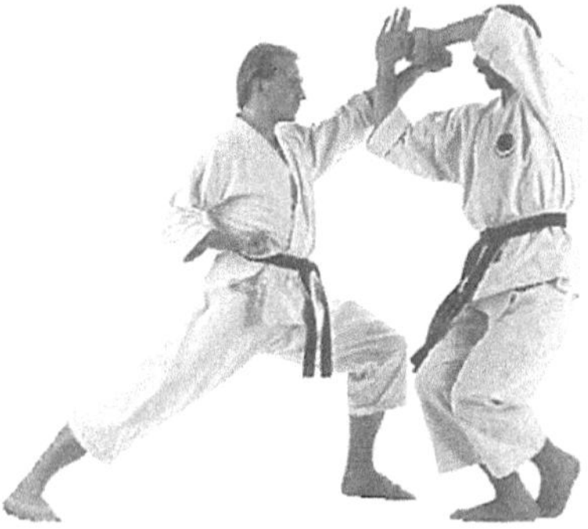

Erklärung:

Seitliche Abwehr eines Jodanangriffes

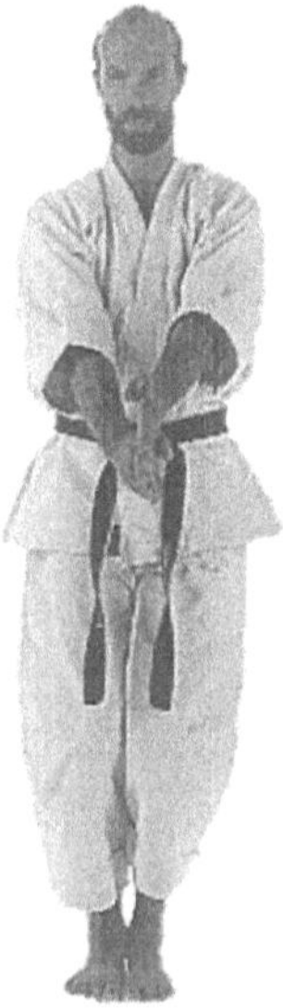

Aufstellung zur Kata Bassai Sho in Heisoku-Dachi

Die linke Handkante liegt auf der oberen Handkante der rechten Hand, die Daumen sind angelegt, die Hände gespannt.

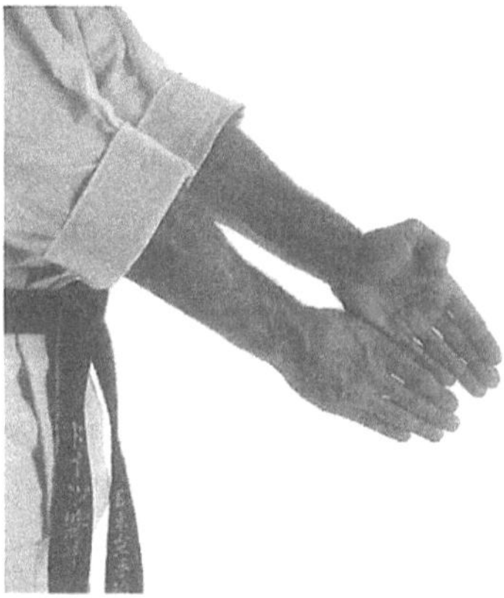

Seitliche Ansicht von links

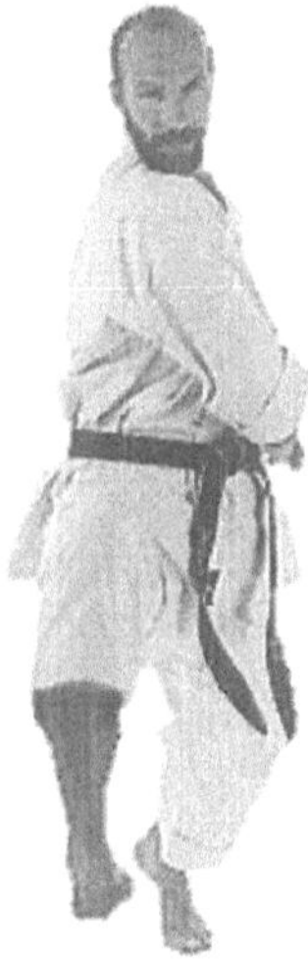

Beginn des Schrittes mit der Ausholbewegung

Der Schritt ist, wie in der Bassai-Dai, ein Fumi-Komi-Ashi, ein Stampfschritt, der nicht zu hoch ausgeführt werden soll.

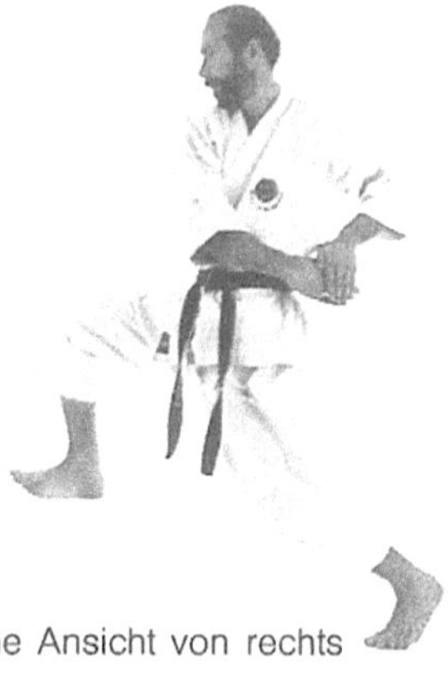

Seitliche Ansicht von rechts

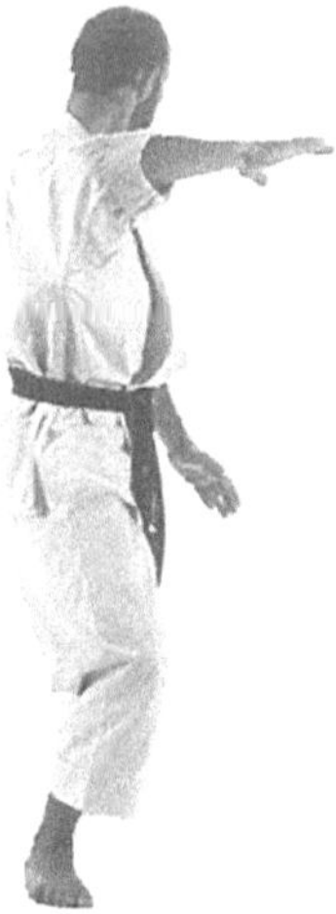

Wendung in die Stockabwehr

Gleichzeitig mit der Drehung fallen die Arme aus dem Jodanblock bis in Hüfthöhe, um in gleichmäßigem Schwung zur Abwehr wieder hochgeführt zu werden.

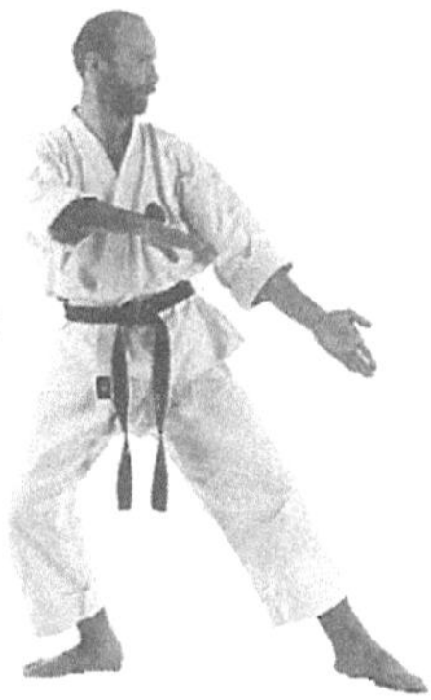

Seitliche Ansicht von rechts

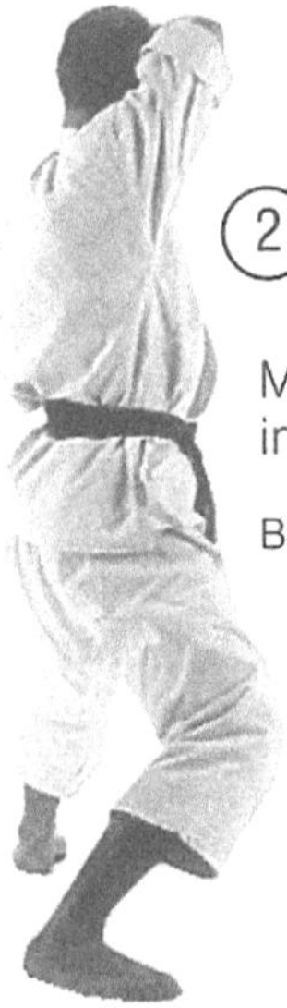

②

Morote-Koko-Uke in Kokutsu-Dachi

Beidhändige Stockabwehr

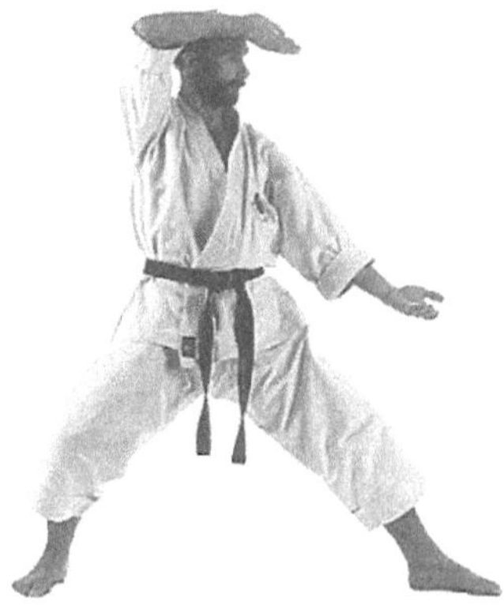

Seitliche Ansicht von rechts

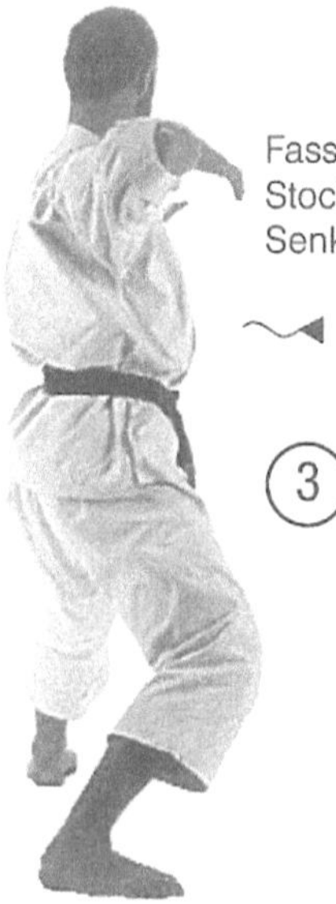

Fassen und Herausdrehen des Stockes durch Heben der linken und Senken und Drehen der rechten Hand

3

Die Höhe des rechten Armes wird durch den (in der Kata fehlenden) Stock bestimmt, der waagerecht gehalten wird.

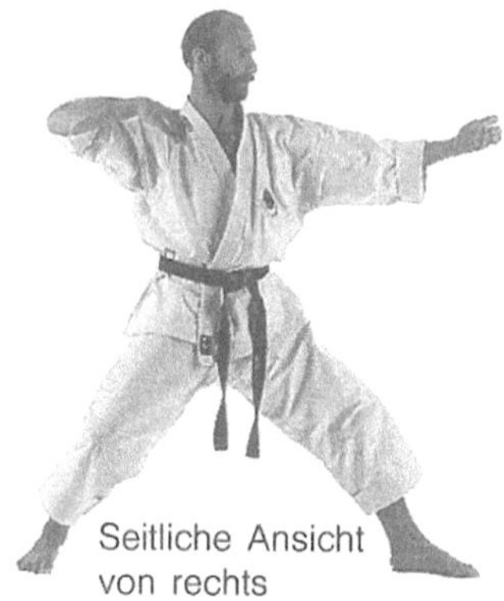

Seitliche Ansicht von rechts

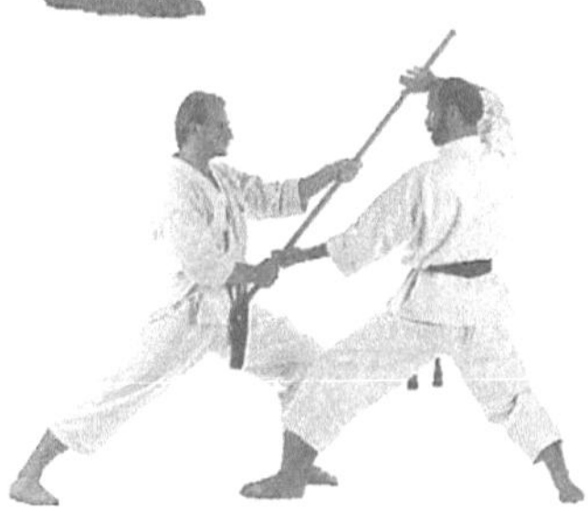

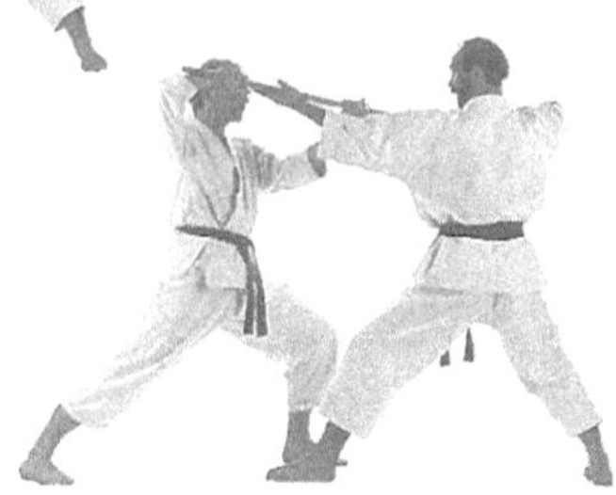

Erklärung:

Nach der Abwehr des Stockangriffs wirft der Angegriffene seinen Gegner durch Drehen des Stockes

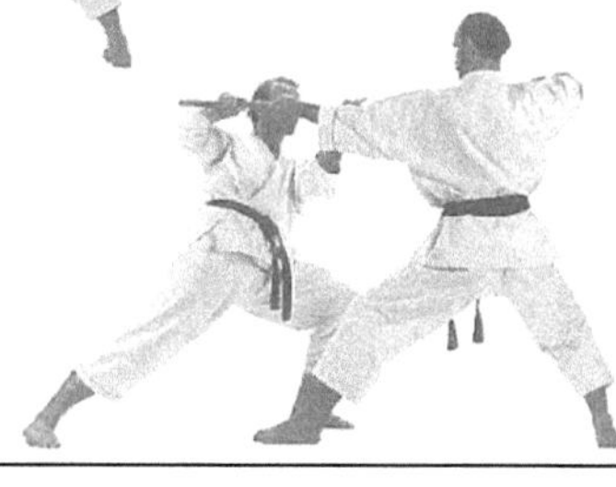

Mit dem Heranziehen und Übersetzen des rechten, hinteren Beines dreht man sich in den Angriff des Gegners hinein. Dabei holt die rechte Hand weit aus, um mit dem Schwung der Drehung eine »Schaufel«-abwehr in der tiefen Hocke auszuführen.

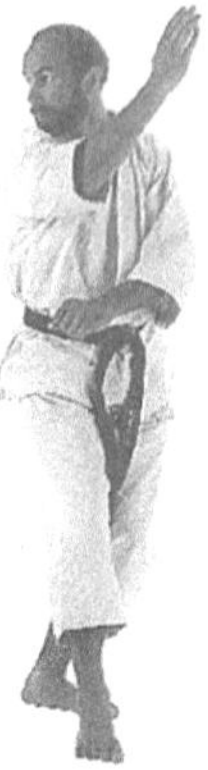

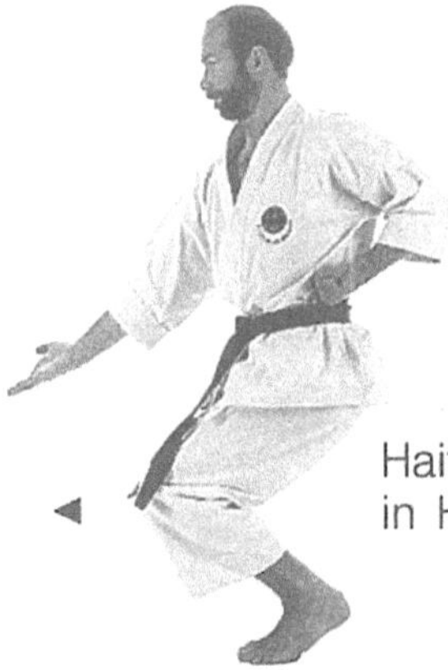

Haito-Sukui-Uke
in Heisoku-Dachi

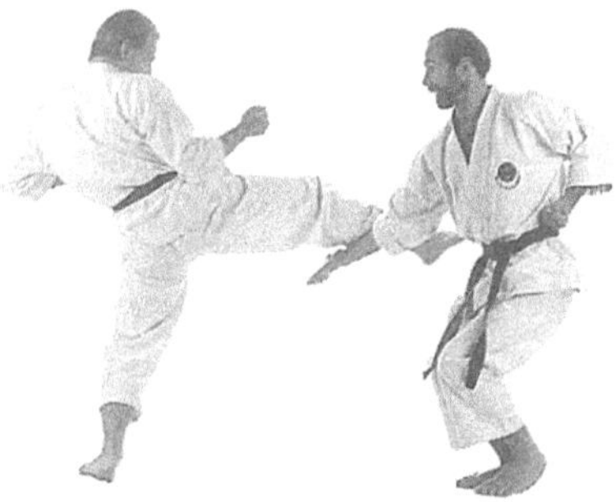

Erklärung:

Abwehr eines Fußangriffs

4

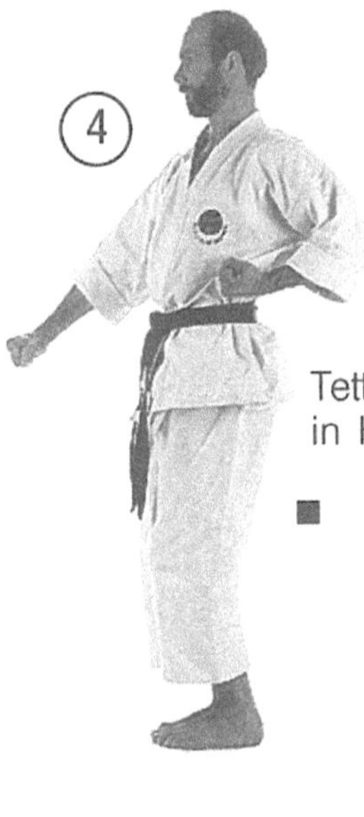

Tettsui-Uchi
in Heisoku-Dachi

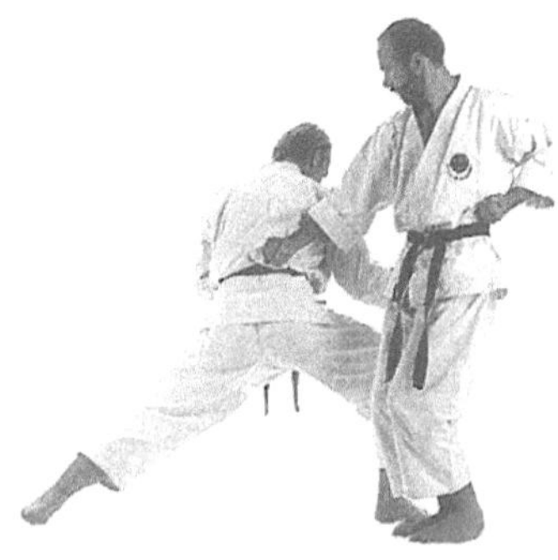

Erklärung:

Mit dem Aufrichten führt man den Schwung der Abwehr über den Kopf weiter, um von oben Tettsui-Uchi als Gegenangriff auszuführen

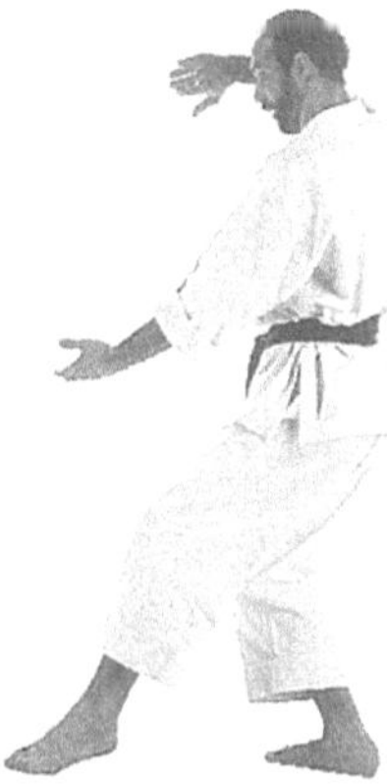

Vorsetzen in Kokutsu-Dachi

Dabei werden die Hände von der Hüfte her aufwärts zur Stockabwehr geführt.

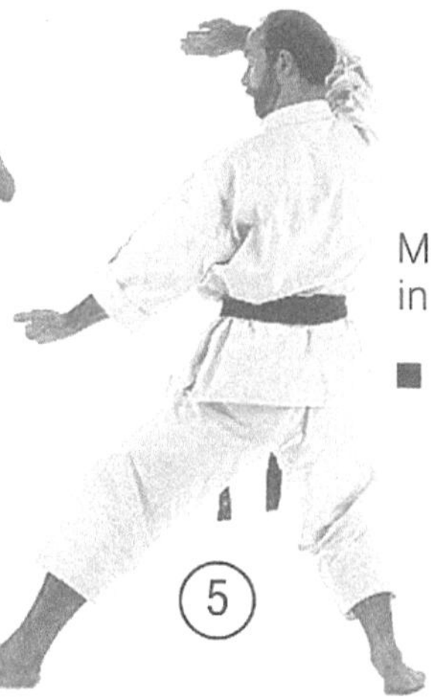

Morote-Koko-Uke
in Kokutsu-Dachi

■

5

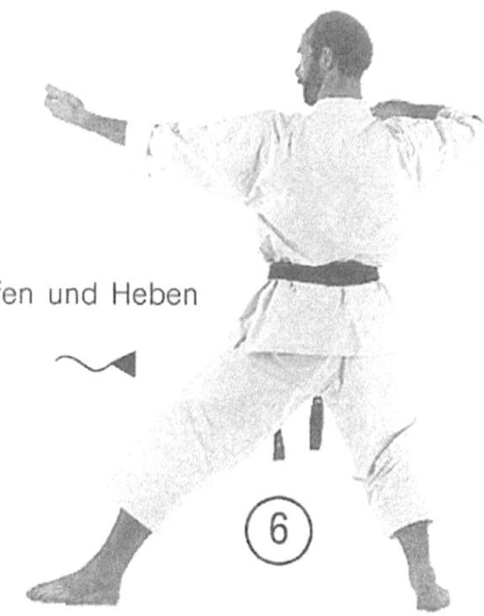

Stockgreifen und Heben

6

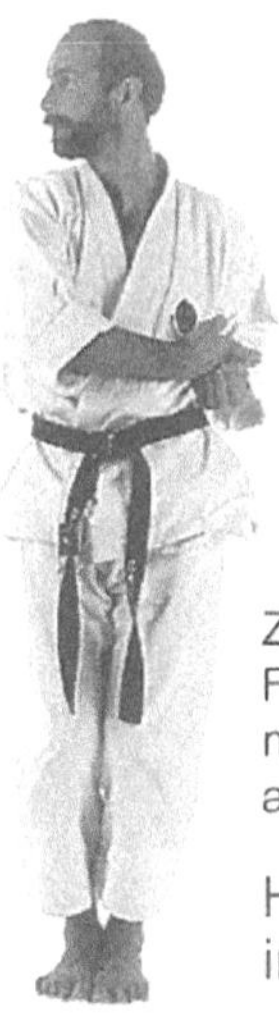

7

Zurückziehen des linken Fußes und Ausholen mit geöffneter rechter Hand an der Hüfte

Haito-Koshi-Kamae
in Heisoku-Dachi

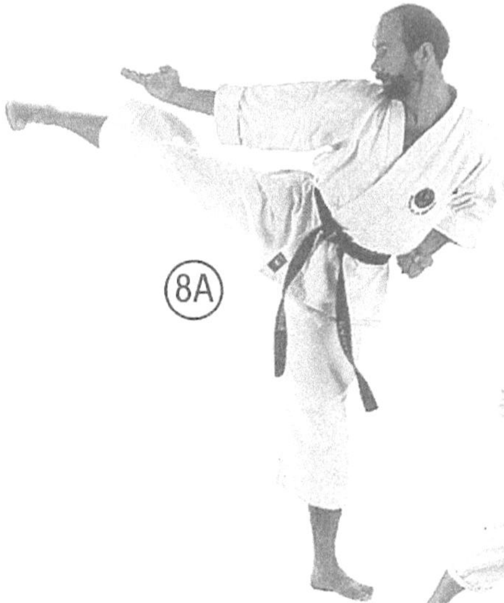

8A

Yoko-Geri-Keage
mit Haito-Uchi ◄

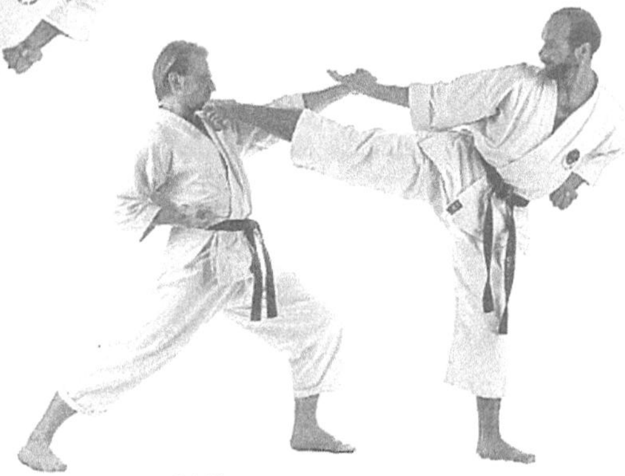

Erklärung:

Gleichzeitige Abwehr mit Gegenangriff

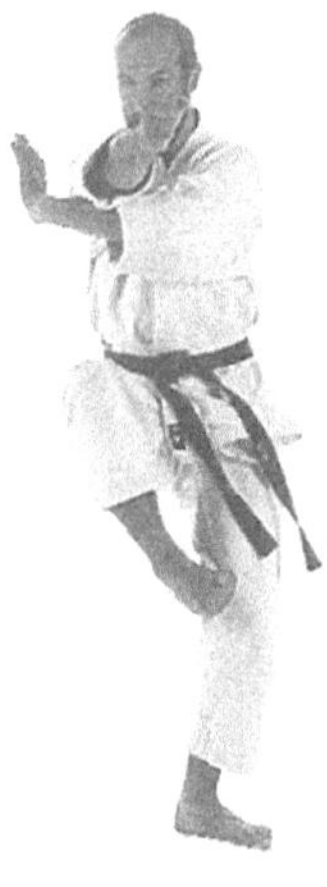

Der Fuß wird bis zum Knie zurückgeführt und dabei der rechte Arm nach vorn gestreckt, während der linke zu Tate-Shuto-Uke ausholt.

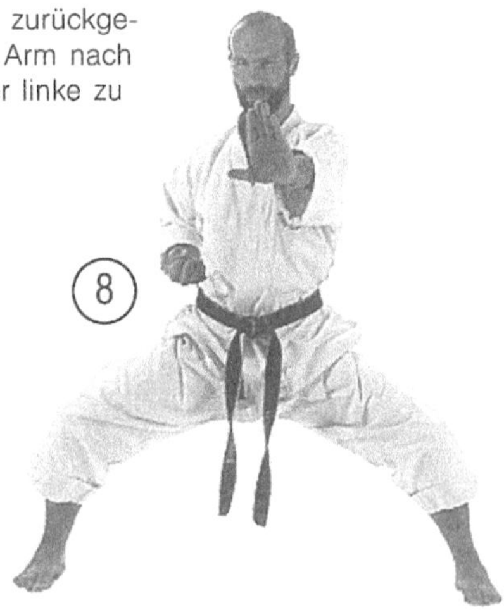

8

Tate-Shuto-Uke ■
in Kiba-Dachi

Die Abwehr ist mit dem Absetzen beendet.

9A

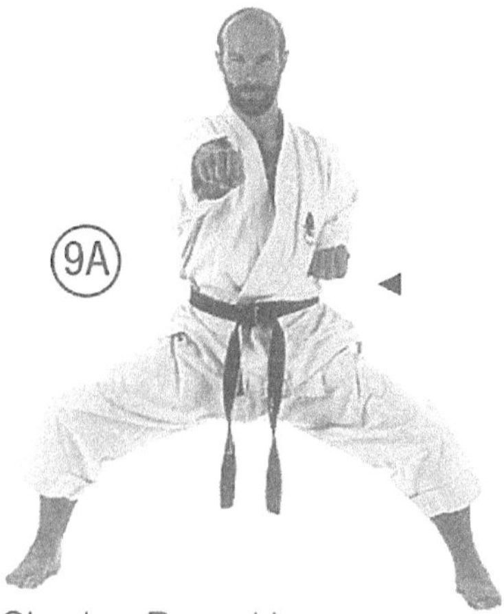

9

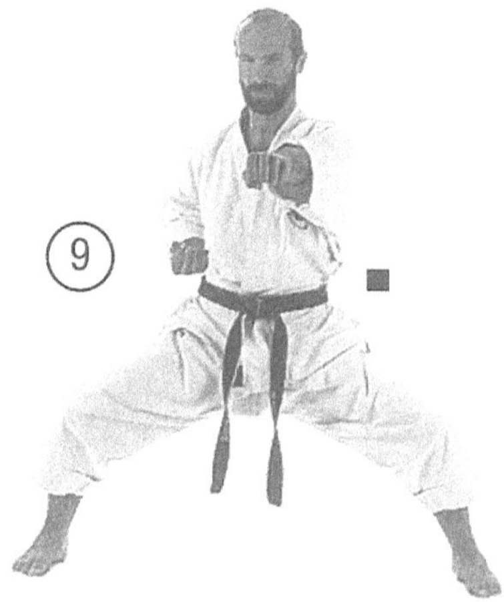

Chudan-Renzuki
in Kiba-Dachi

Durch Umsetzen des linken Fußes Wendung zum Kokutsu-Dachi mit großer Ausholbewegung

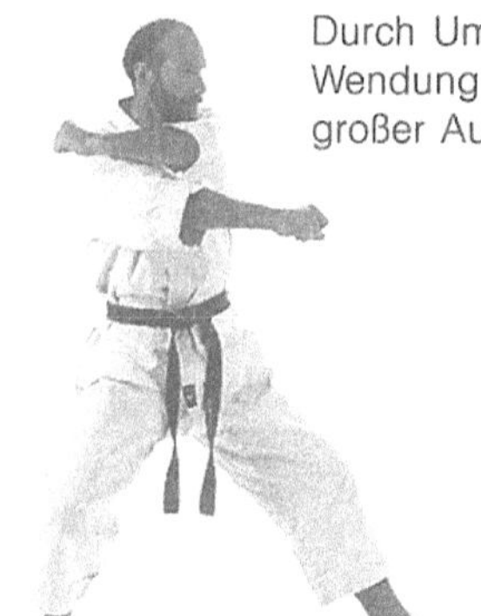

10

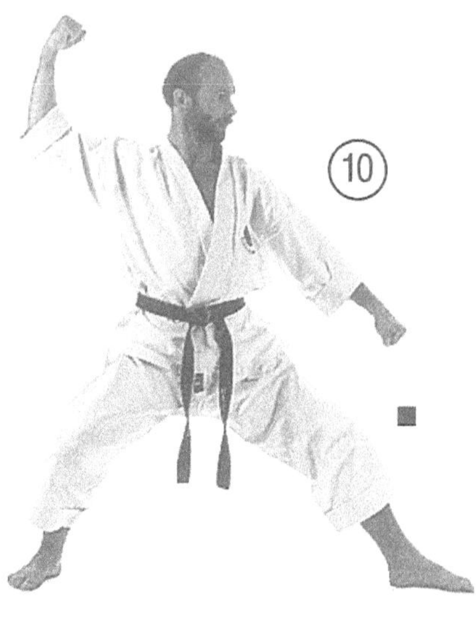

Gleichzeitig:

Gedan und Jodan-Uke
in Kokutsu-Dachi

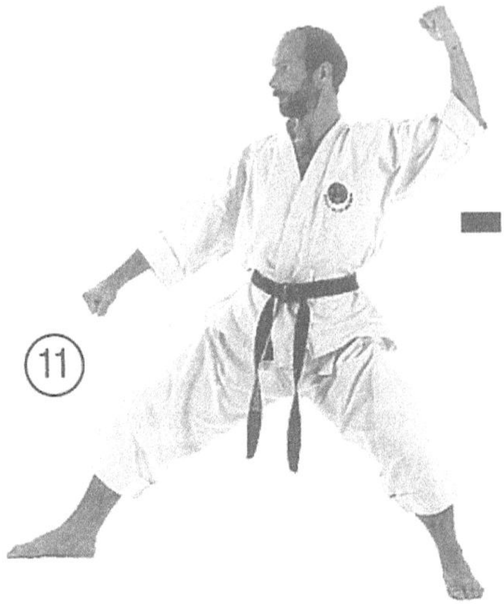

⑪

Wendung:
Gedan und Jodan-Uke in Kokutsu-Dachi

Doppelblock

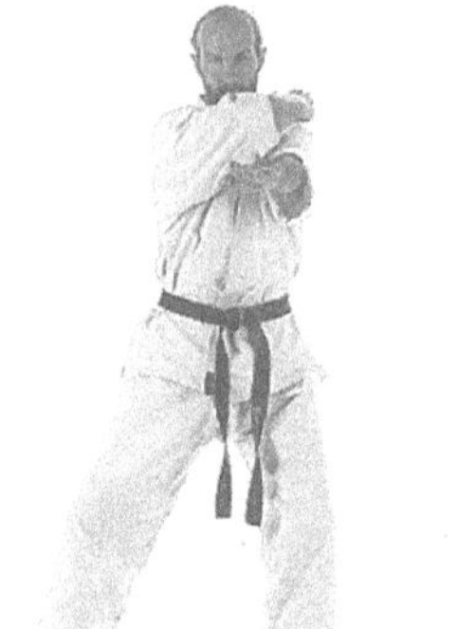

Umsetzen des linken Beines unter den Schwerpunkt mit gleichzeitiger Ausholbewegung zu Shuto-Uke

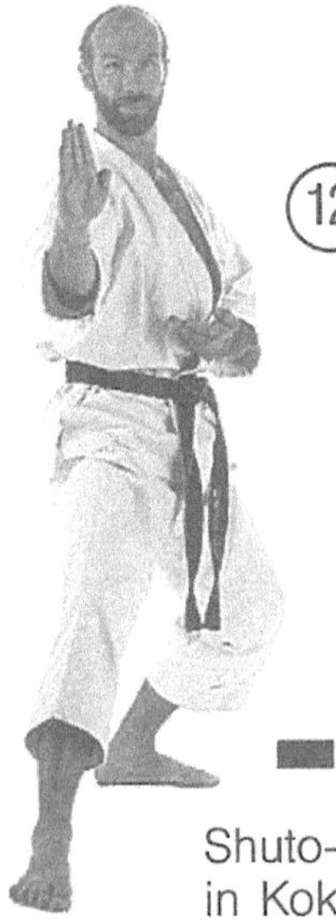

⑫

Shuto-Uke in Kokutsu-Dachi

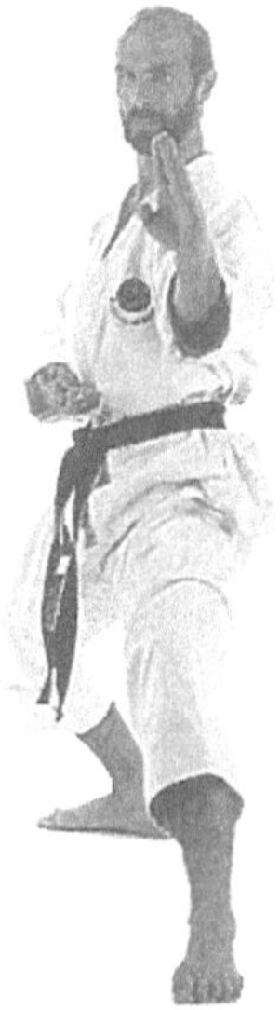

Schritt vorwärts:
Shuto-Uke
in Kokutsu-Dachi

(13)

Diese Schritte im Kokutsu-Dachi sollten ruhig und fest vorgetragen werden, um der verbreiteten Hast und der damit verbundenen Unsicherheit im Stand vorzubeugen.

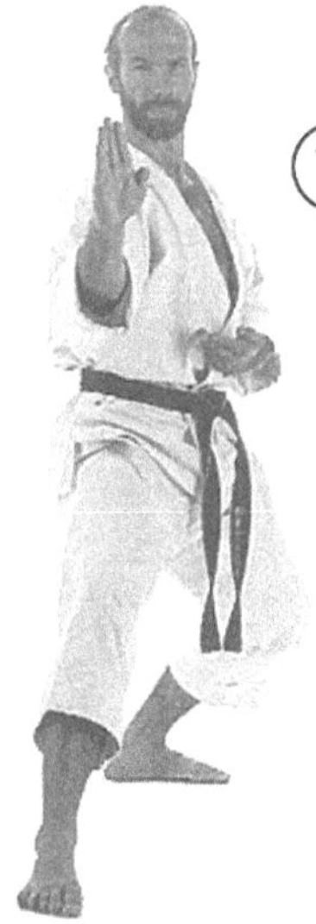

(14)

Schritt vorwärts:
Shuto-Uke
in Kokutsu-Dachi

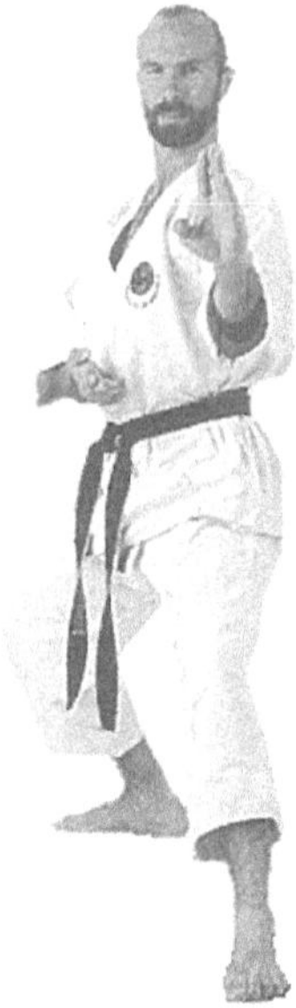

(15)

Schritt rückwärts:
Shuto-Uke
in Kokutsu-Dachi

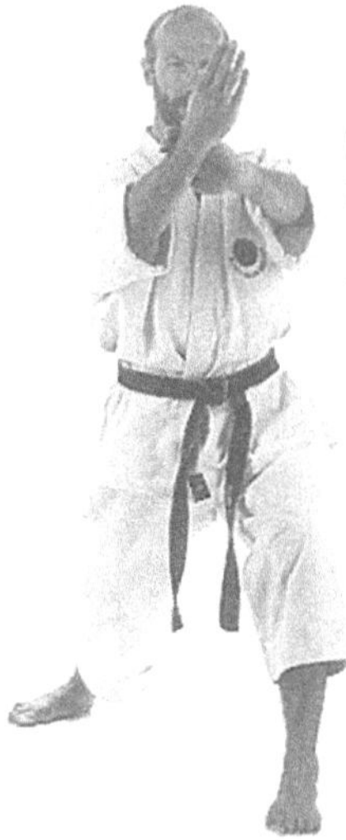

Umsetzen des vorderen Fußes zu Zenkutsu-Dachi

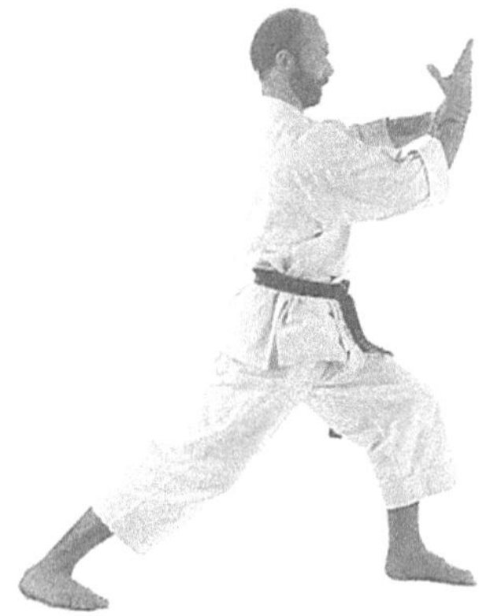

Seitliche Ansicht von links

(16)

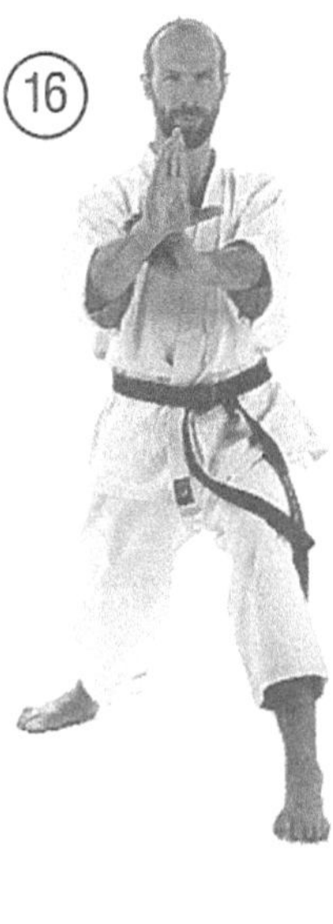

Tsukami-Uke in Zenkutsu-Dachi

Finger und Daumen der linken Hand liegen ganz auf dem rechten Handgelenk.

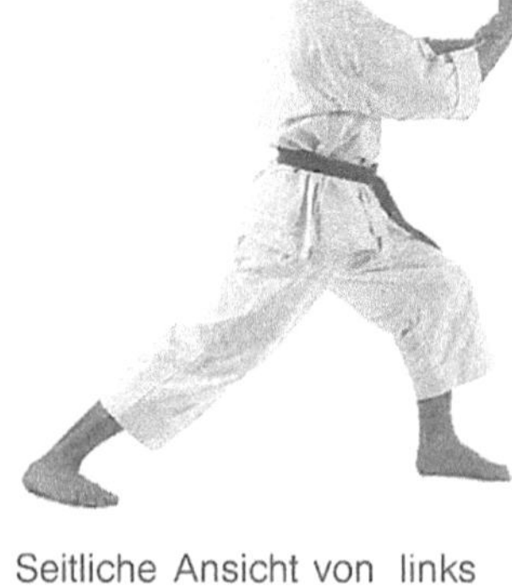

Seitliche Ansicht von links

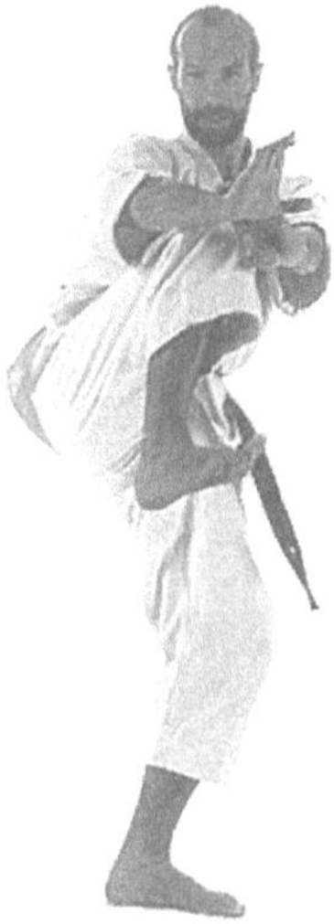

Ausholbewegung zum
Gedan-Yoko-Geri-Kekomi

Dabei wird das Knie
zwischen den Armen
hochgezogen.

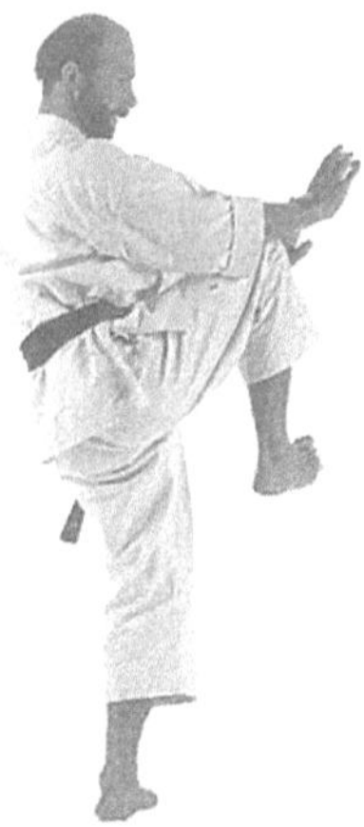

Seitliche Ansicht von links

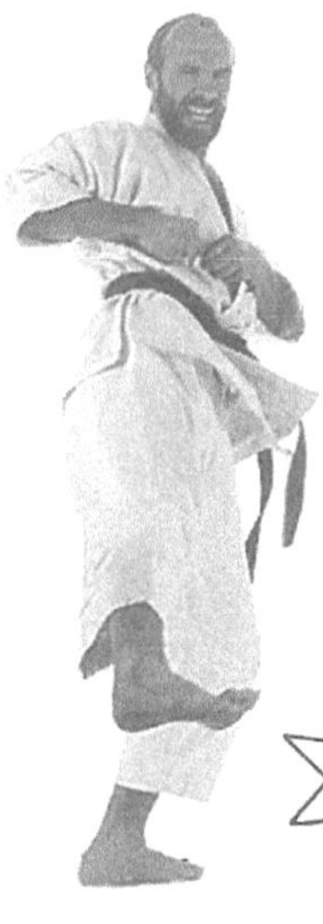

Gedan-Yoko-Geri-Kekomi mit Kiai

Beide Fäuste werden gleichzeitig an
die Brust gerissen.

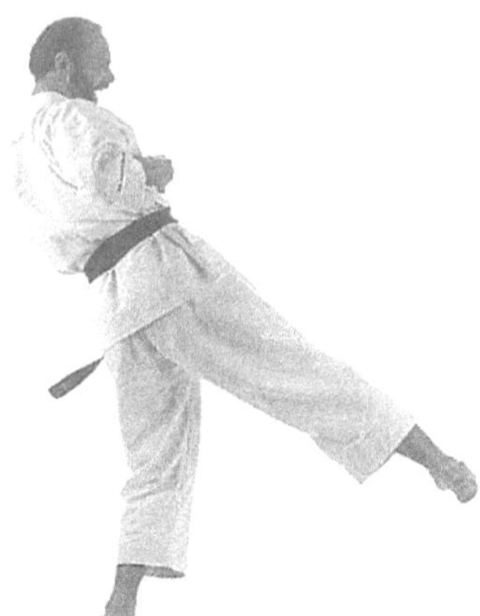

Seitliche Ansicht von links

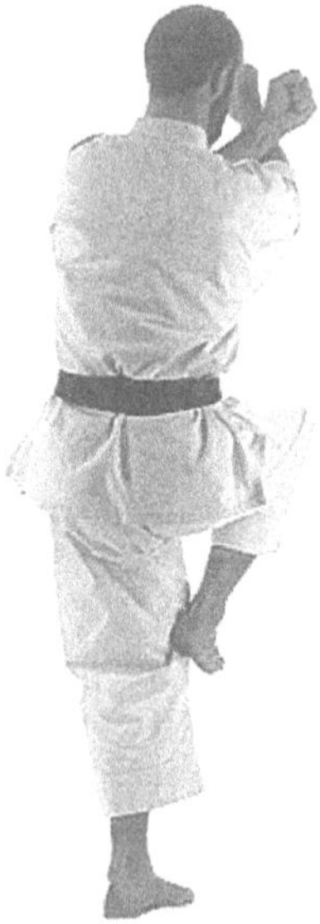

Drehung um 180° mit Zurückziehen des Fußes und Ausholen zum Doppel-Uchi-Ude-Uke

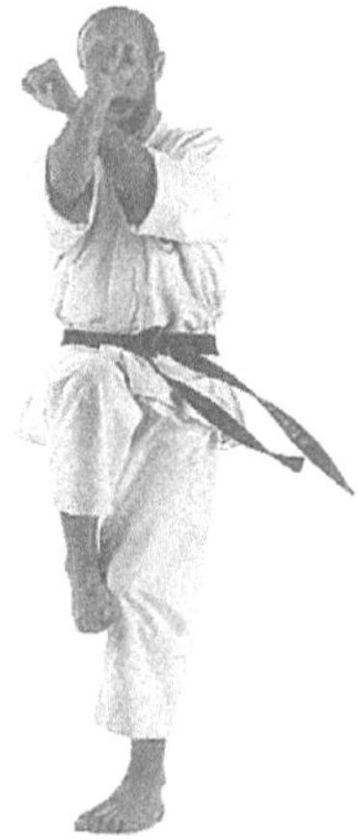

Ansicht von der Rückseite

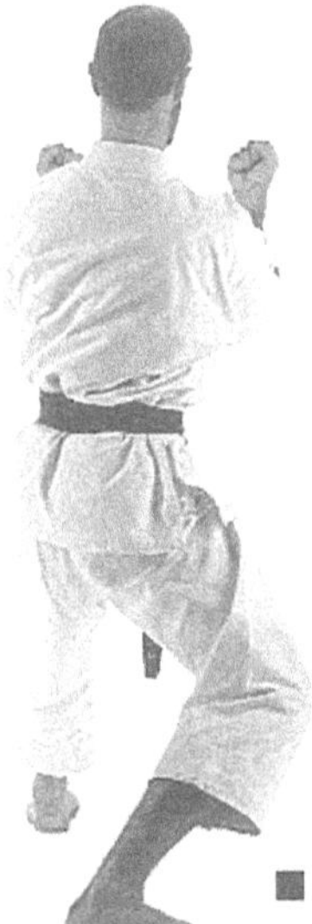

Ryowan-Uchi-Ude-Uke in Kokutsu-Dachi

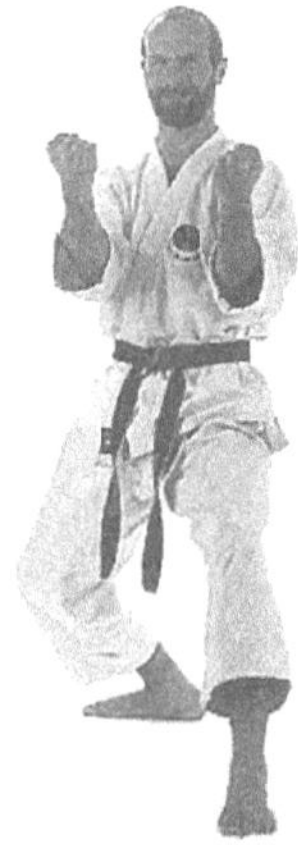

Ansicht von der Rückseite

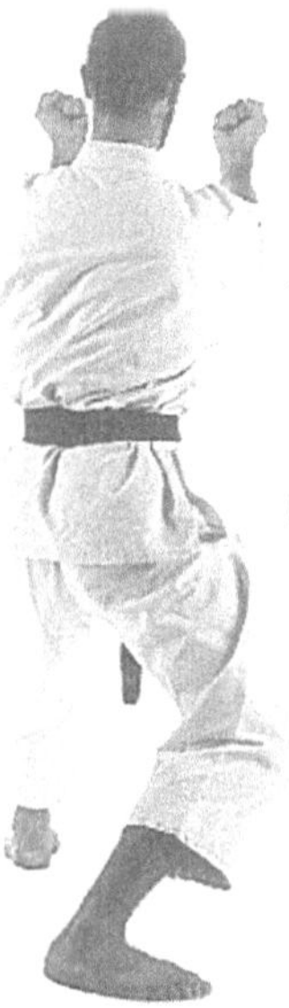

Morote-Ura-Zuki in Kokutsu-Dachi

(Ohne die Fäuste zu drehen!)

19

Bei der Ausführung des Ura-Zuki rutscht man mit beiden Füßen 10–15 cm im Kokutsu-Dachi vor. Die Fäuste schnellen sofort in ihre Ausgangsposition zurück.

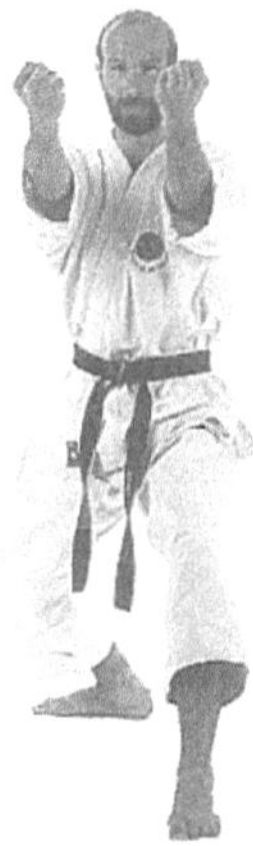

Ansicht von der Rückseite

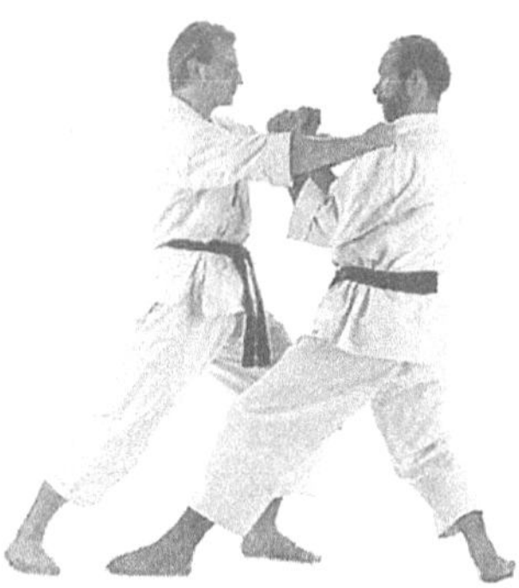

Erklärung:

Nach dem Abblocken des Angriffs stößt man zwischen den Armen des Angreifers zu dessen Kinn

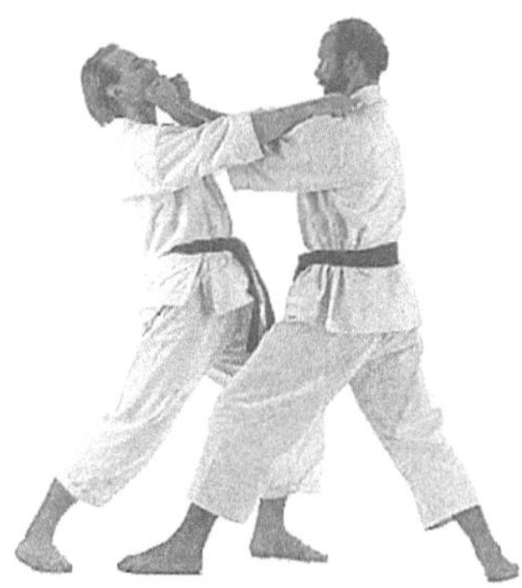

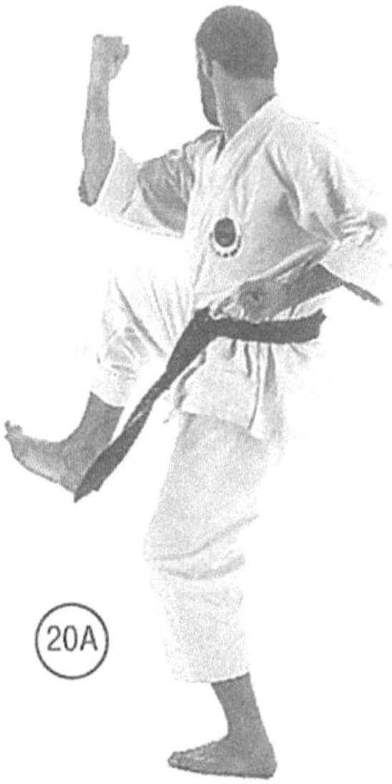

20A

Gleichzeitig:

Soto-Nagashi-Uke mit Ashi-Barai

◄

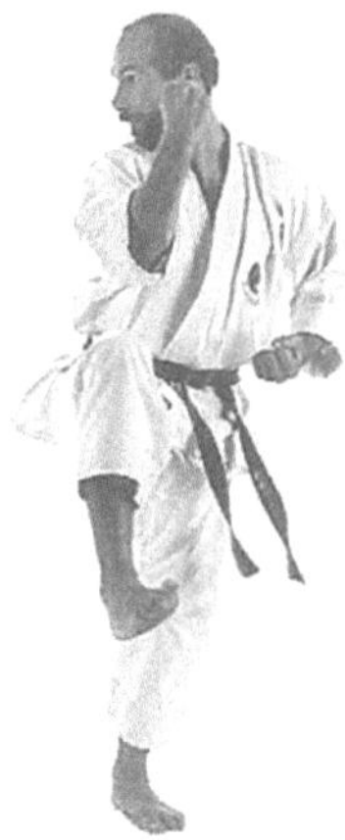

Der Ashi-Barai kann in unterschiedlicher Höhe getreten werden. Früher wurde er eher als Nami-Gaeshi in Gedan-Höhe getreten (siehe Erklärung unten). Heute wird er tiefer als normaler Ashi-Barai geführt.

Seitliche Ansicht von der Rückseite

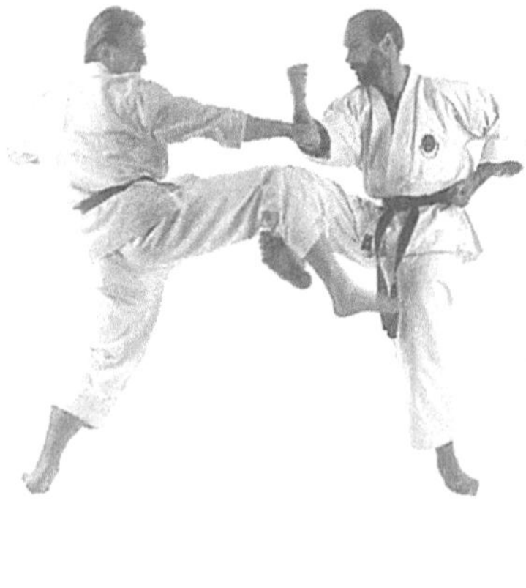

Erklärung:

Indem man in den Angriff des Gegners hineingeht, wehrt man gleichzeitig den Fuß- und den Faustangriff ab

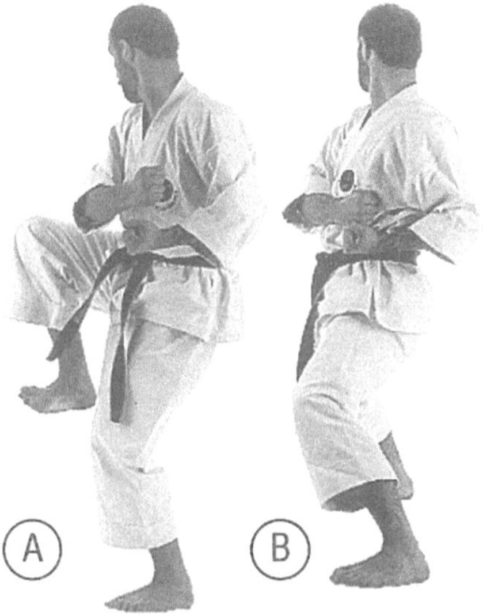

Die Fortsetzung der Soto-Nagashi-Uke-Bewegung ist möglich, indem man flüchtig in der Luft die Fäuste zusammenführt und mit dem Morotezuki absetzt (europäische Form A), oder indem man mit der Ausholbewegung an der Hüfte absetzt (Koshi-Kamae), um im Stand als neue Bewegung den Morotezuki auszuführen (japanische Form B). Die Ausführung A ist bei uns gebräuchlicher.

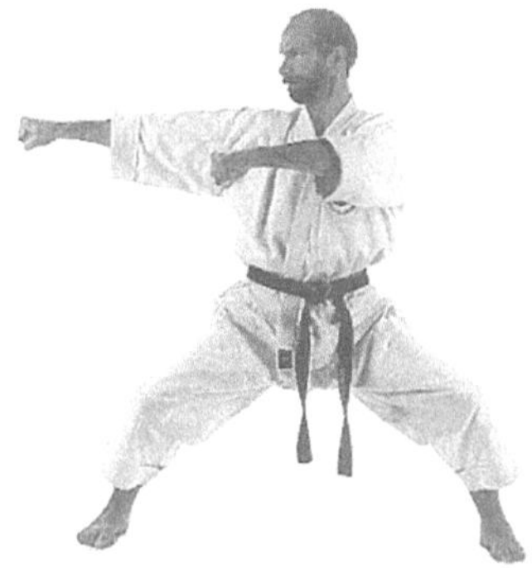

Seitliche Ansicht von links

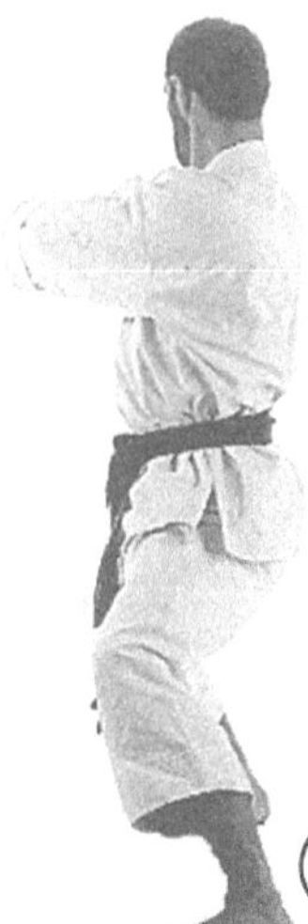

Morotezuki in Kiba-Dachi

Beim Morotezuki wird der eine Arm ganz gestreckt, während der andere soweit wie möglich vom Ellbogen ab geradlinig gestreckt wird.

(20)

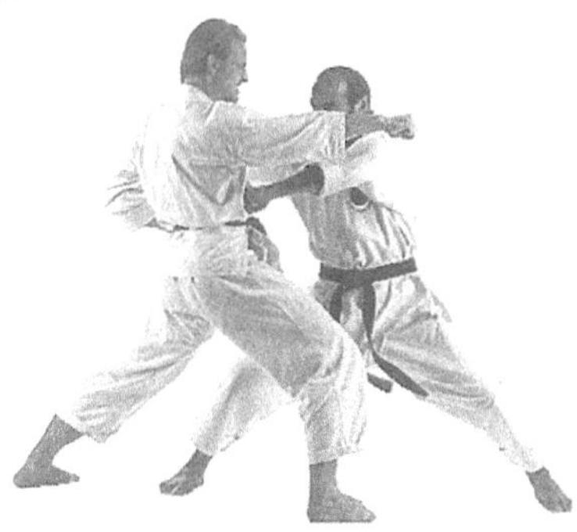

Erklärung: Gegenangriff

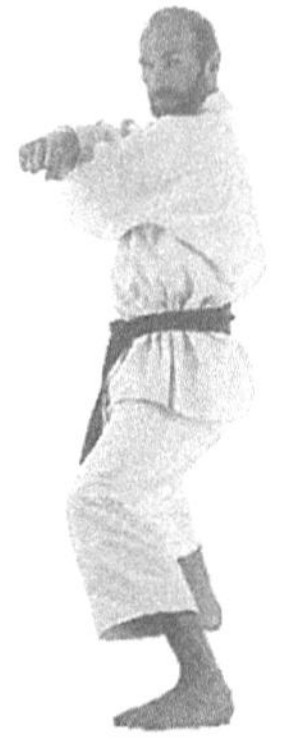

Ausholbewegung zum
Tettsui-Uchi

21

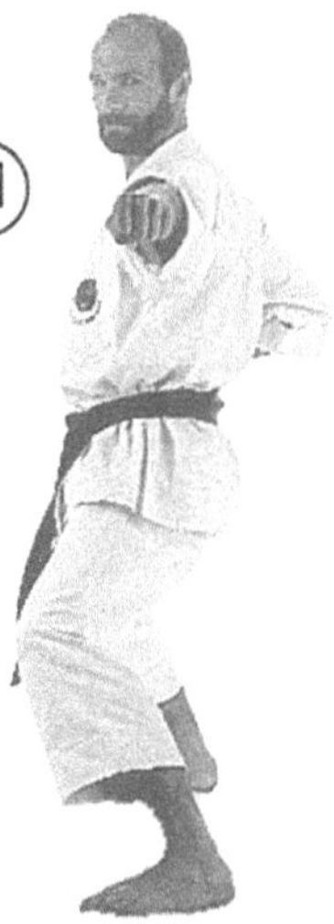

Im Stand:

Tettsui-Uchi
in Kiba-Dachi

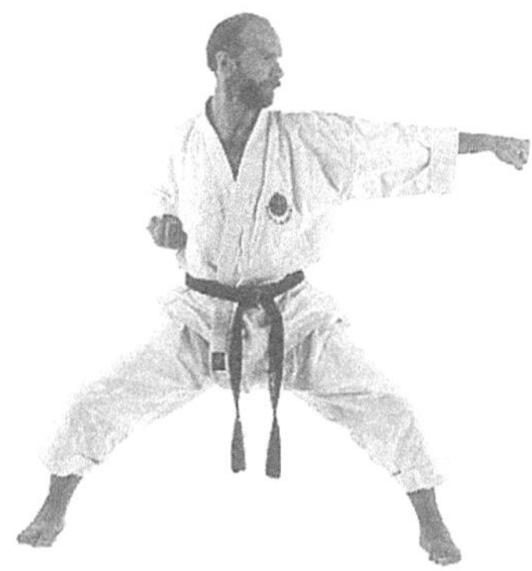

Seitliche Ansicht von links

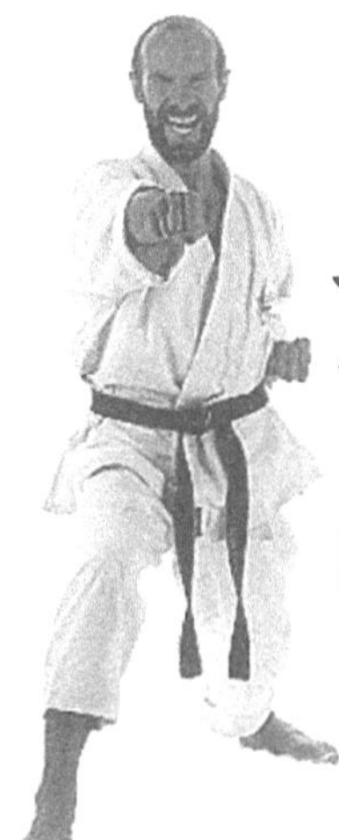

22

Schritt vorwärts:

Oizuki
in Zenkutsu-Dachi mit Kiai

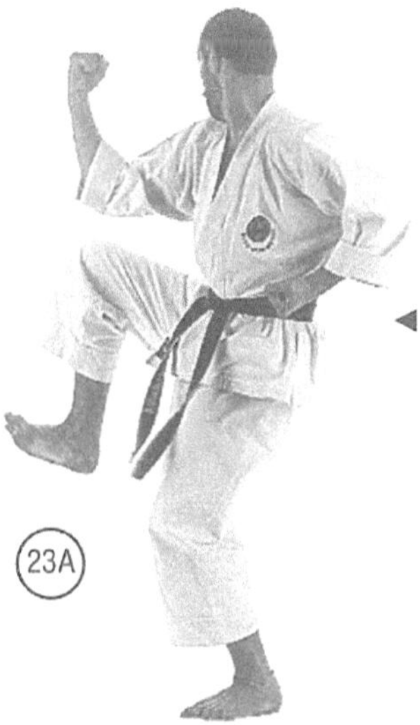

Wendung um 180° in

Soto-Nagashi-Uke
mit Ashi-Barai

(23A)

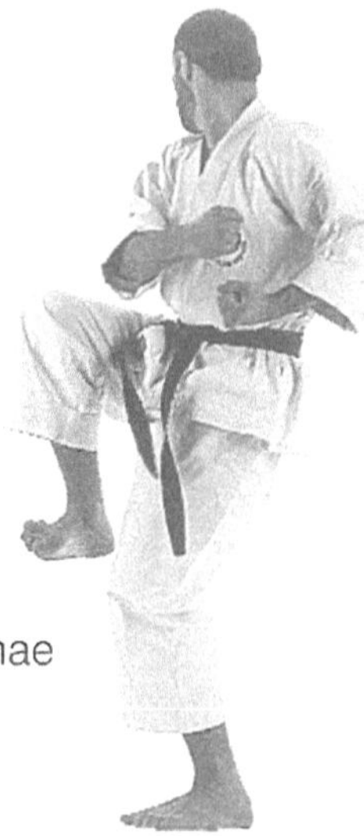

Koshi-Kamae

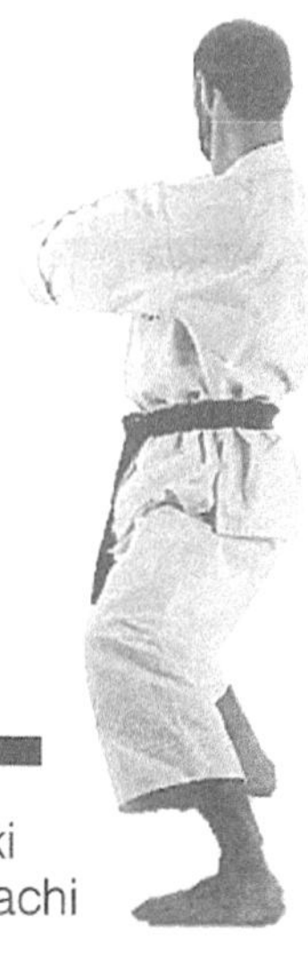

(23)

Morotezuki
in Kiba-Dachi

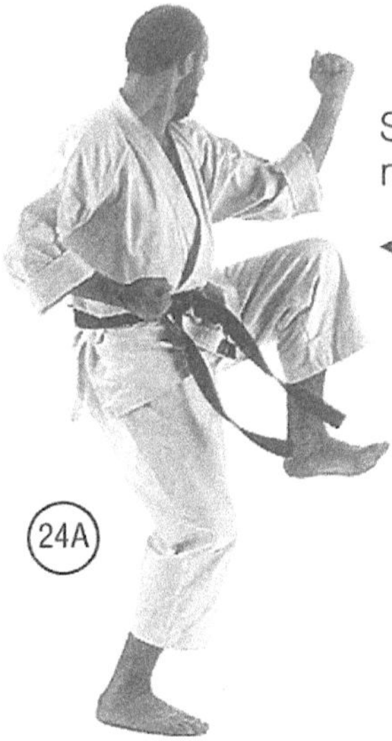

24A

Soto Nagashi Uke
mit Ashi Barai

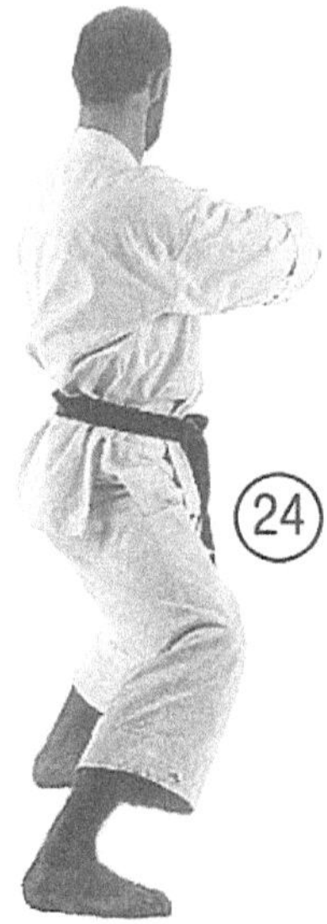

24

Morotezuki
in Kiba-Dachi

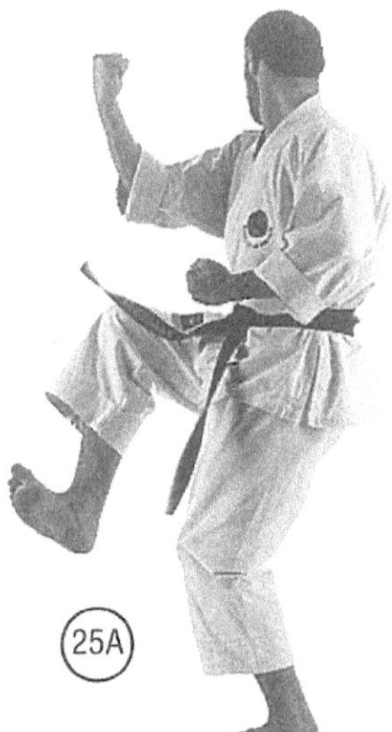

25A

Soto Nagashi Uke
mit Ashi Barai

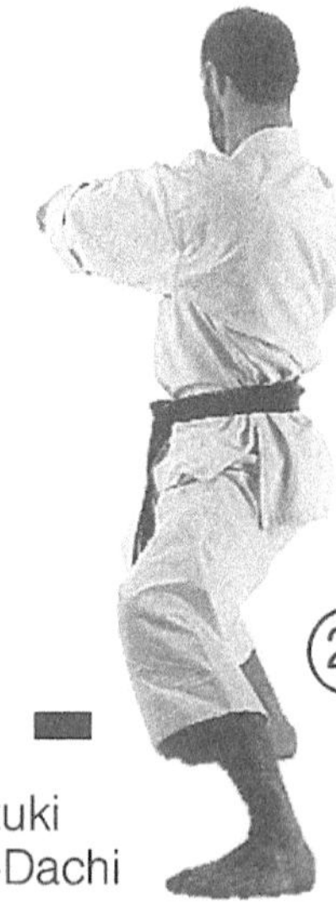

25

Morotezuki
in Kiba-Dachi

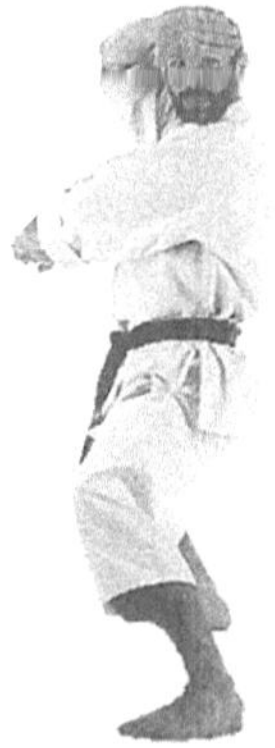

Abwehrbewegung (Übergreifen zum Jodanblock)

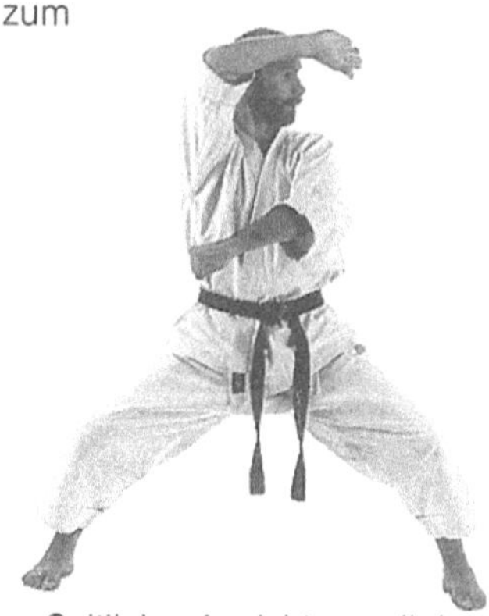

Seitliche Ansicht von links

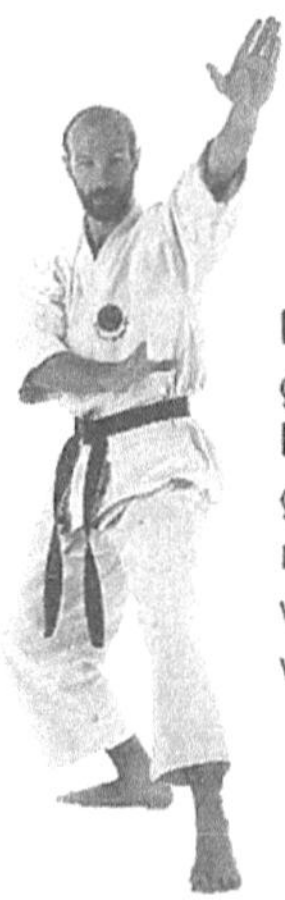

Die rechte Hand wird heruntergezogen, während die linke hoch über den Kopf geführt wird, um von dort dann gleichzeitig mit der rechten Hand nach unten zu ziehen. Der linke Fuß wird dabei in einer Auswärtskreisbewegung (Ashigake) zur Seite geführt.

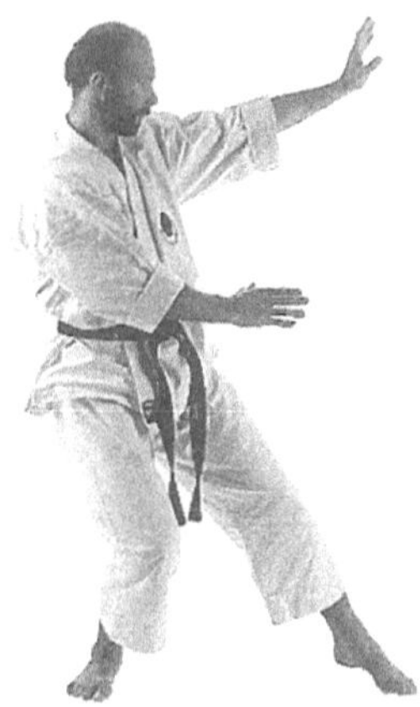

Seitliche Ansicht von links

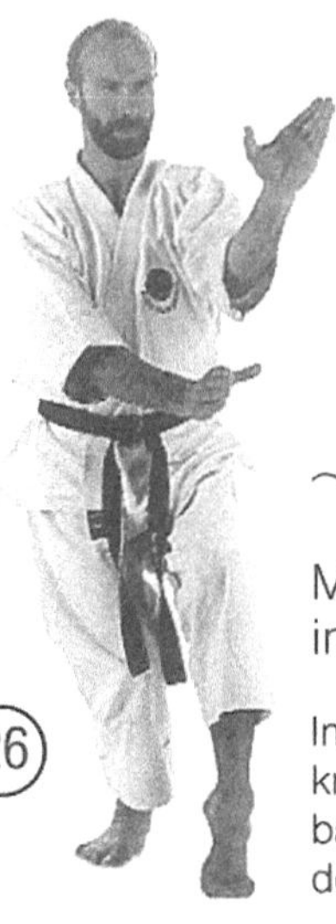

Morote-Hiki-Otoshi in Neko-Ashi-Dachi

(26)

In der Endphase ziehen die Hände kraftvoll in die Richtung des Unterbauchs, während sich die Hüfte in den Neko-Ashi-Dachi senkt.

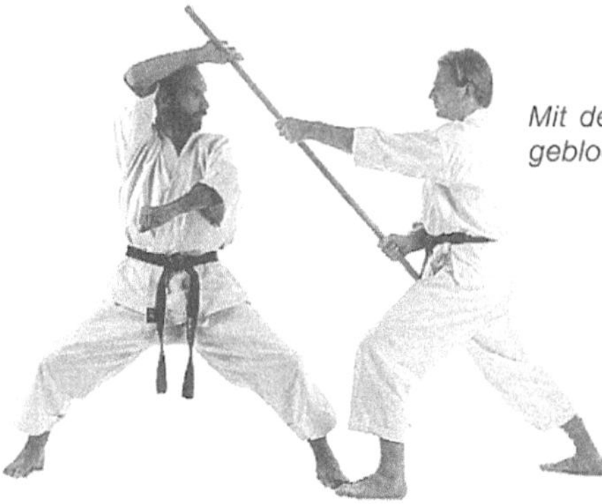

Mit der rechten Hand wird der Stockangriff geblockt

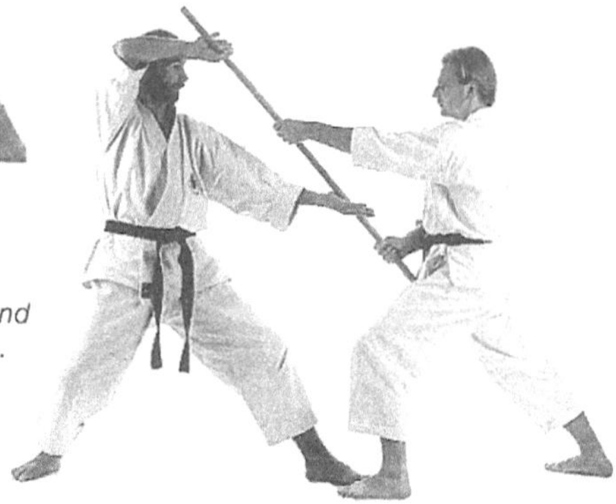

Die linke Hand faßt hinzu,...

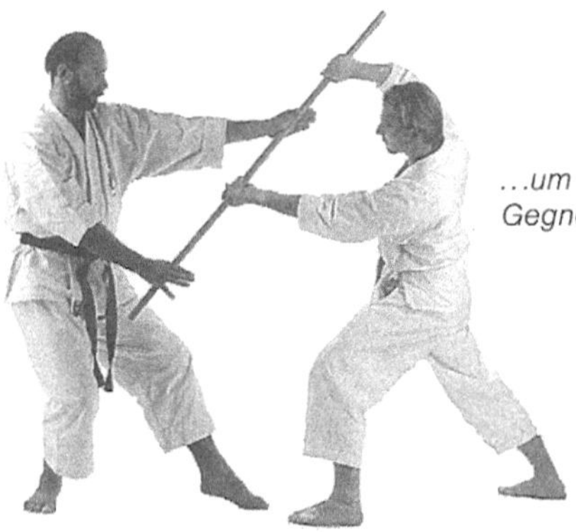

...um den Stock zu drehen und den Gegner in der Abwärtsbewegung...

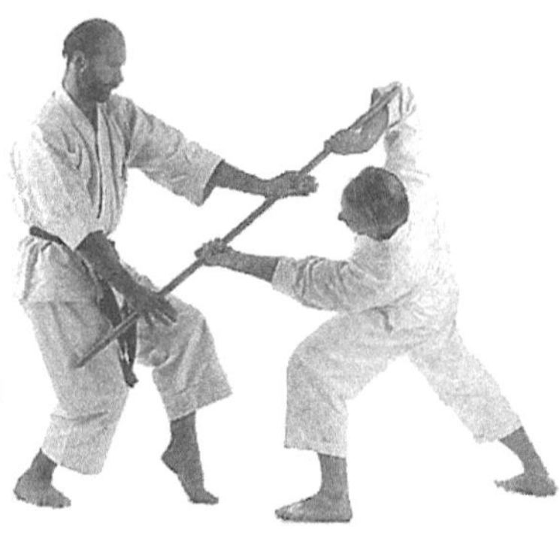

...zu werfen

Erklärung B:

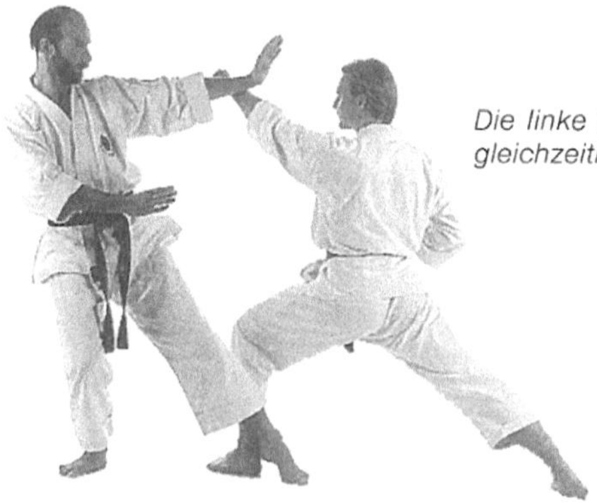

Die linke Hand blockt einen Angriff gleichzeitig mit Ashi-Gake ab,...

...der Gegner wird geworfen...

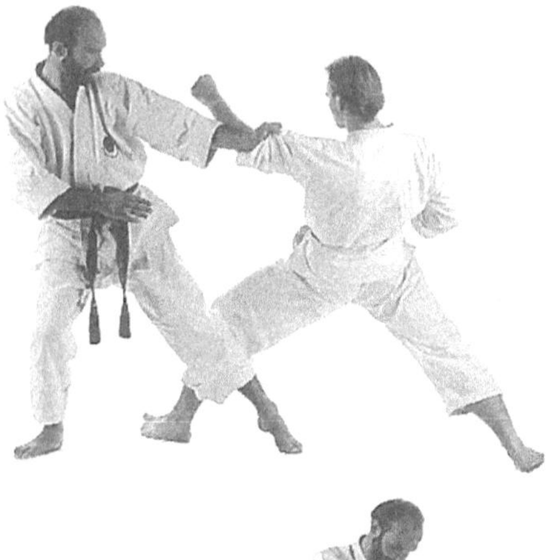

...und mit dem Fuß attackiert

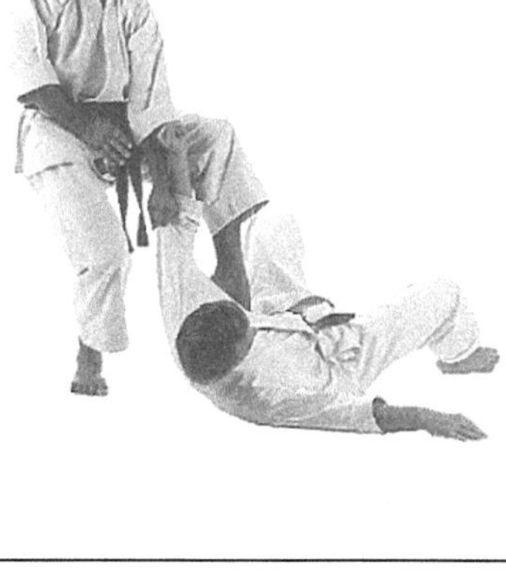

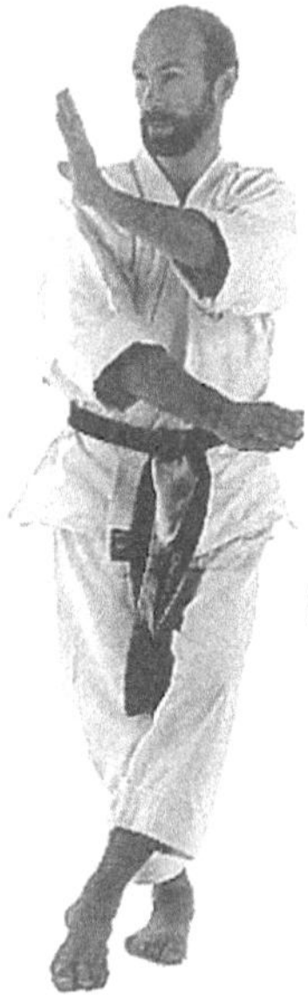

Übersetzen mit dem linken Fuß nach rechts, Block mit der linken Hand

(27)

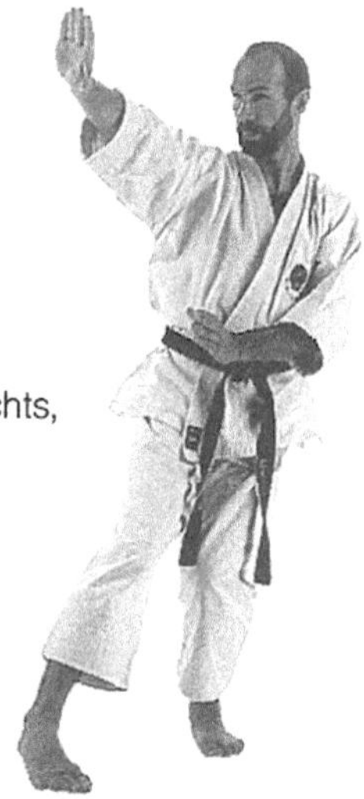

Jodanblock mit rechts, Ashigake rechts

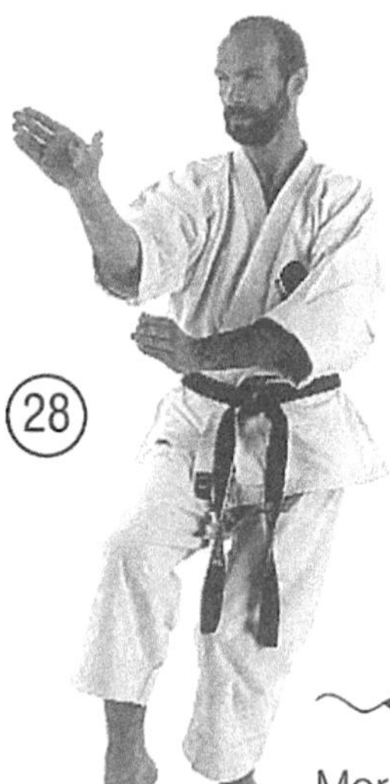

(28)

Morote-Hiki-Otoshi in Neko-Ashi-Dachi

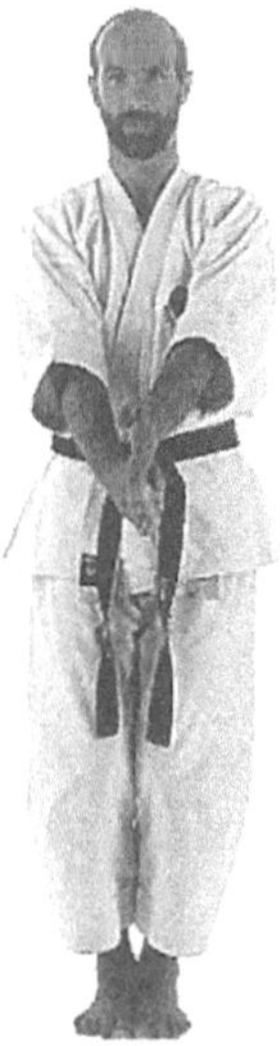

Yame

Endstellung der Kata in Heisoku-Dachi

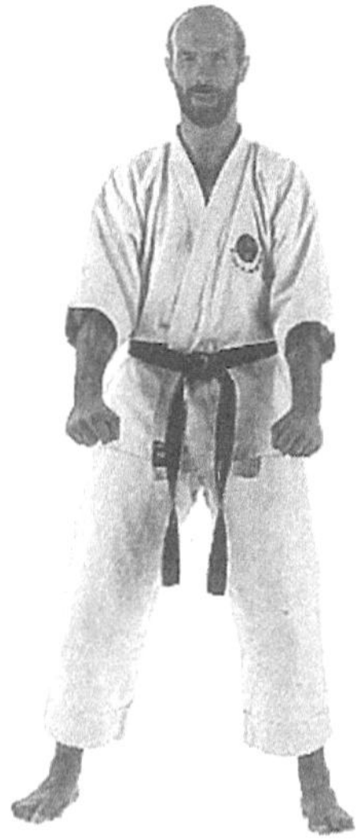

Shizentai

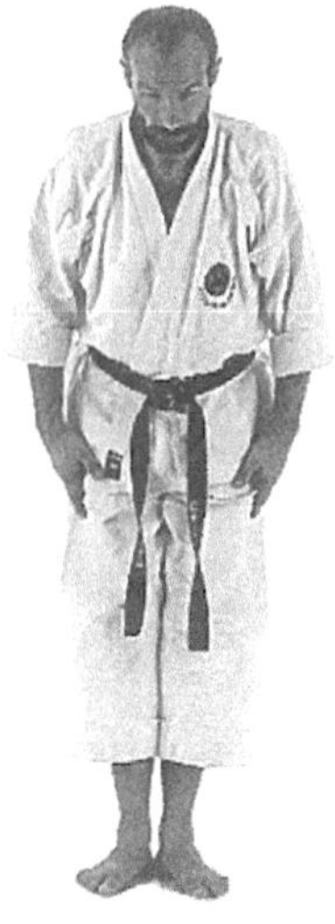

Ritsu-Rei

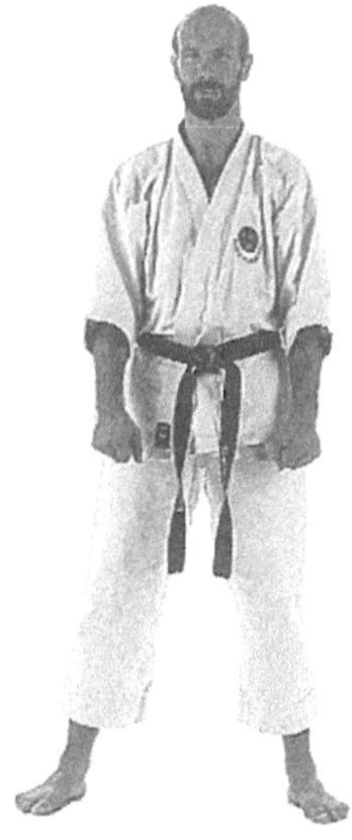

Schlußstellung

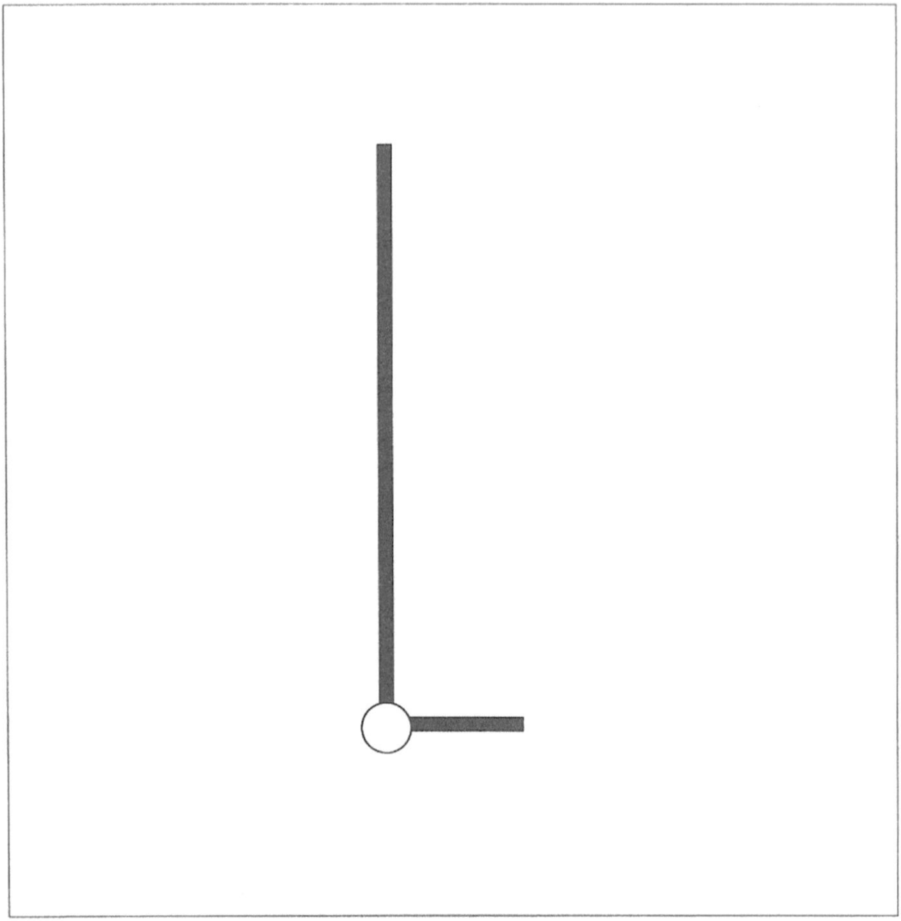

Schrittdiagramm (Embusen) der Kata Bassai-Sho

Ablauf der 28 Stellungen der Kata Bassai-Sho in Einzelbildern

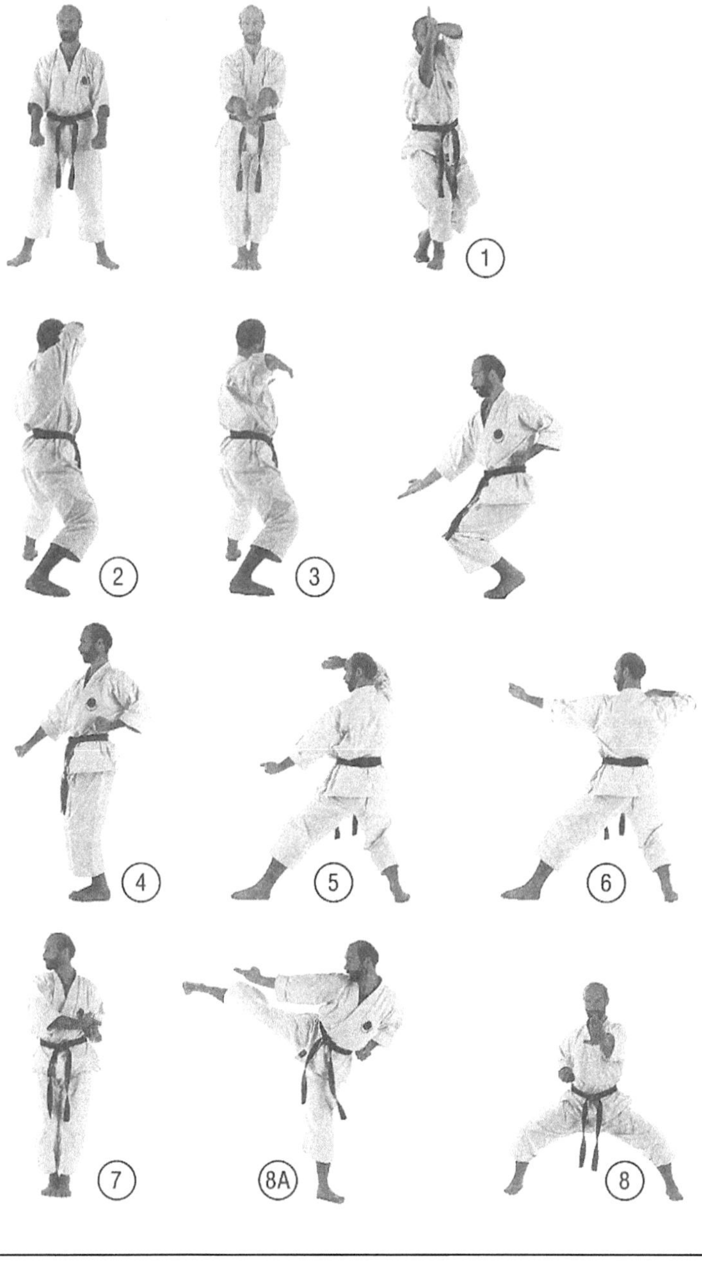

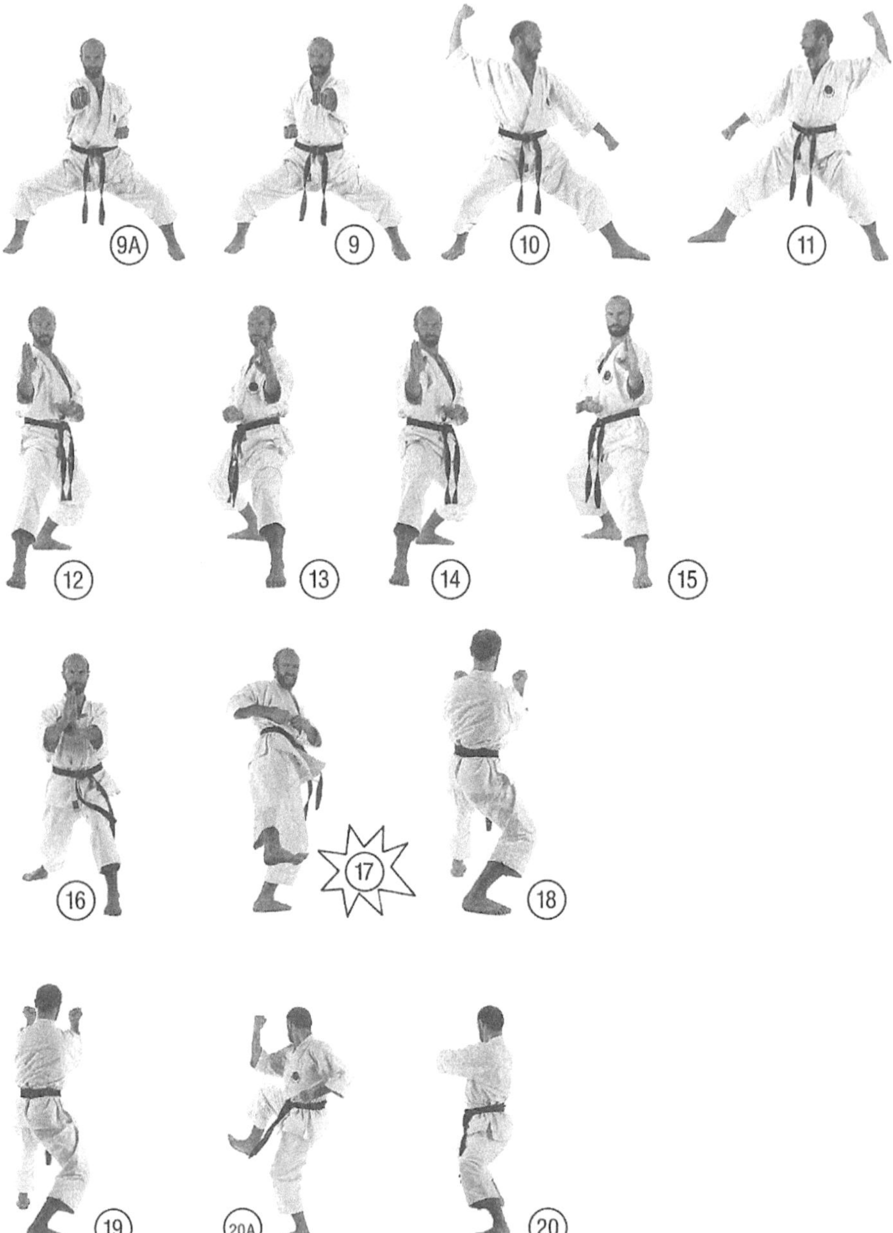
9A
9
10
11
12
13
14
15
16
17
18
19
20A
20

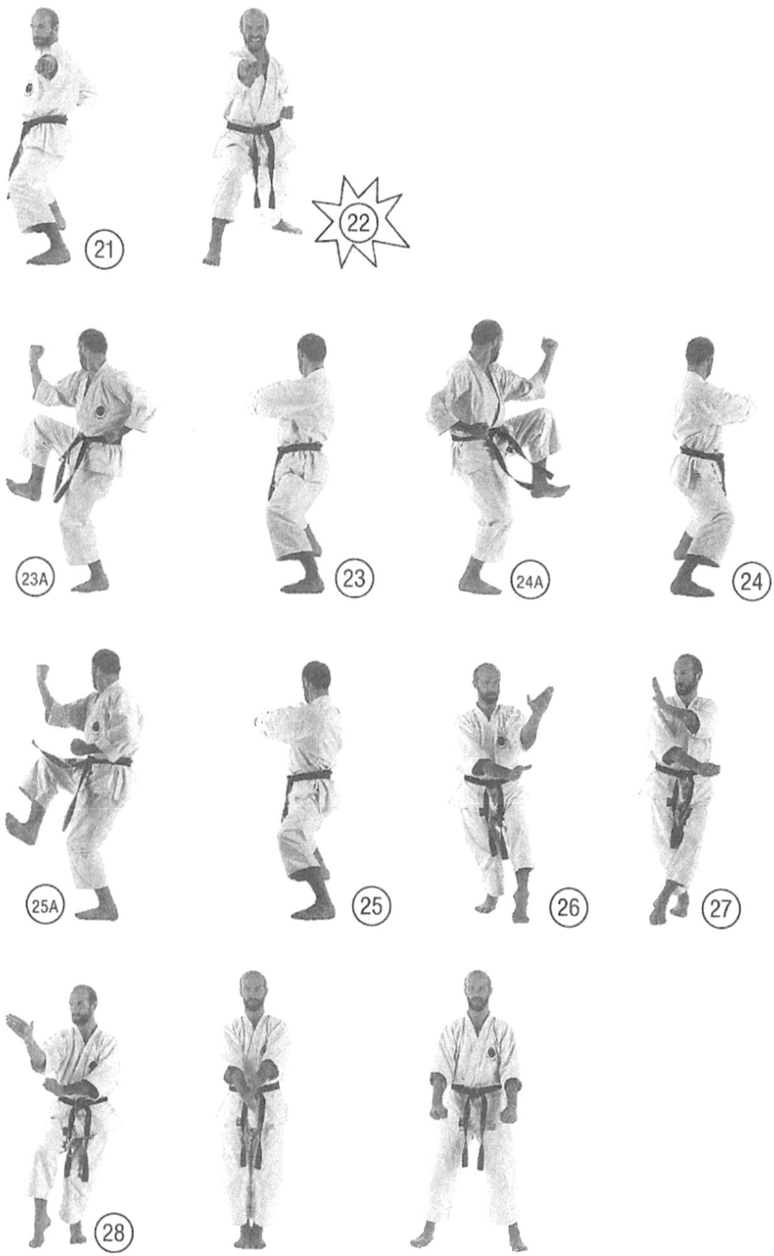

21
22
23A
23
24A
24
25A
25
26
27
28

Kata Kanku-Sho

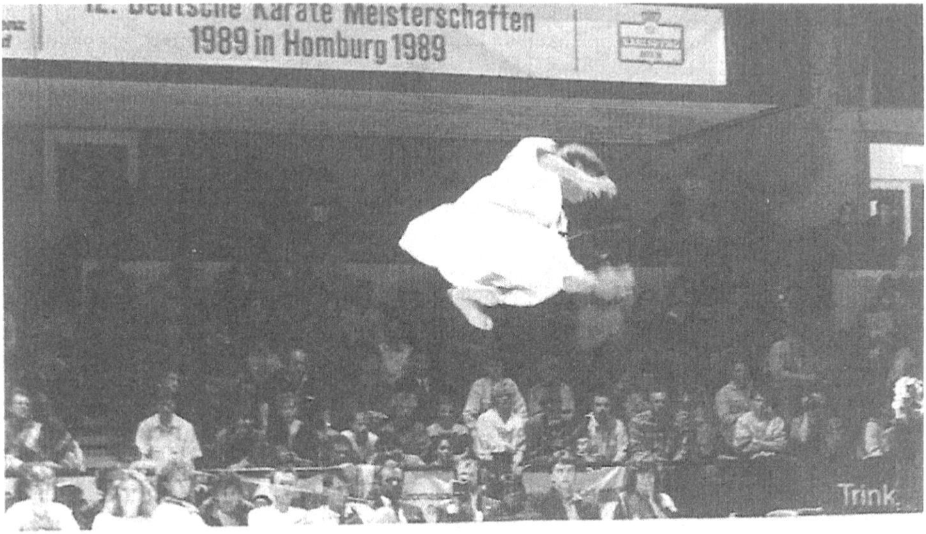

Wie die Bassai-Sho stammt auch die Kanku-Sho aus der Schule Itosu-Sensei. Dieser hat die alte Kata Kwanku oder Kushanku, die als Kanku-Dai weiterexistiert, zu Kanku-Sho verändert. Sie gilt, ebenso wie die Kanku-Dai, als eine typische Shotokan-Kata. Anders als mit der Kanku-Dai, bei der immer wieder Jodan-Techniken angewendet werden, trainiert man mit der Kanku-Sho vor allem Chudan-Techniken. Sie erfordert kraftvolle, wuchtige Bewegungen mit sicheren Ständen. Die häufigen Wendungen stellen hohe Anforderungen an die Stabilität des Ausführenden. Auch die Sprünge, vor allem der doppelte Sprung der Positionen 33 und 34, verlangen intensives Training und eine ausgeprägte Kondition. Die Kata passt sehr gut zu kräftig gebauten, nicht zu großen Karateka, die ihre Kompaktheit gut als Wesenselement der Kata einsetzen können. Der Rhythmuswechsel von schnellen Kombinationen zu einzelnen, wuchtigen Passagen darf nicht durch einen hastigen, gleichförmigen Vortrag verflacht werden.

Diese Kata hat 39 Positionen, die innerhalb von etwa 75 Sekunden vorgetragen werden.

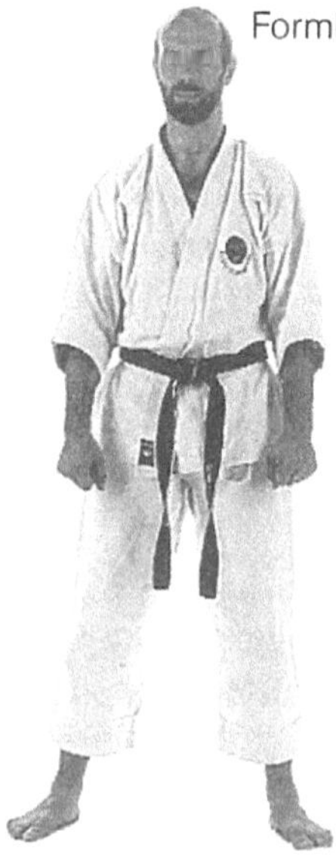

Formlose Aufstellung

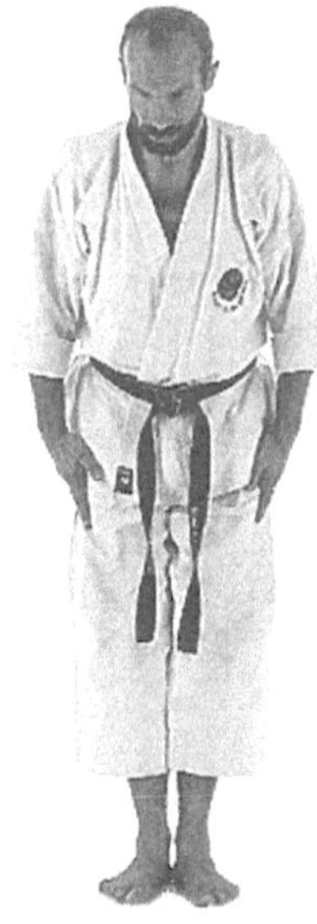

Ritsu-Rei
in Musubi-Dachi

Angrüßen

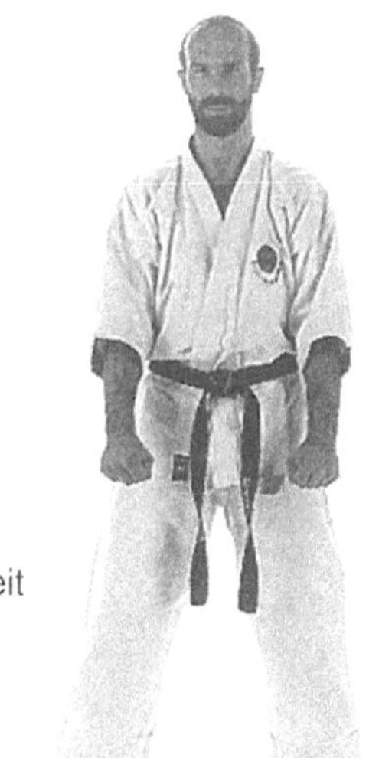

Yoi
in Shizentai

Gespannte Aufmerksamkeit
vor Beginn der Kata

Die Kata Kanku-Sho gehört zu den Kata der Oberstufe, die direkt aus dem Shizentai beginnen.

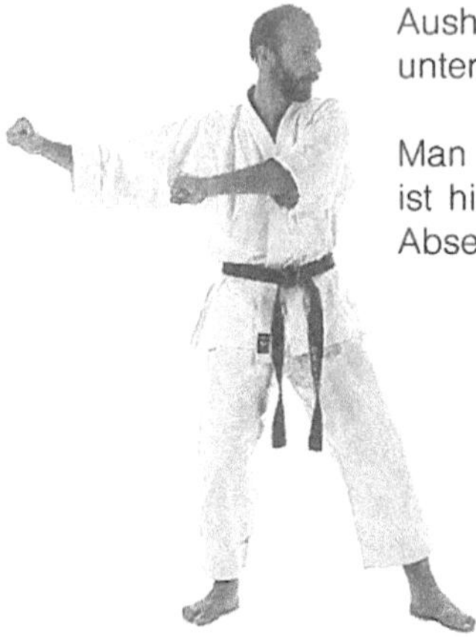

Ausholbewegung zum Morote-Uchi-Ude-Uke
unter Wegsetzen des *rechten* Fußes in Kokutsu-Dachi

Man holt schnell und kräftig aus. Entscheidend ist hierbei, daß das Beenden der Abwehr und das Absetzen des rechten Fußes gleichzeitig erfolgen.

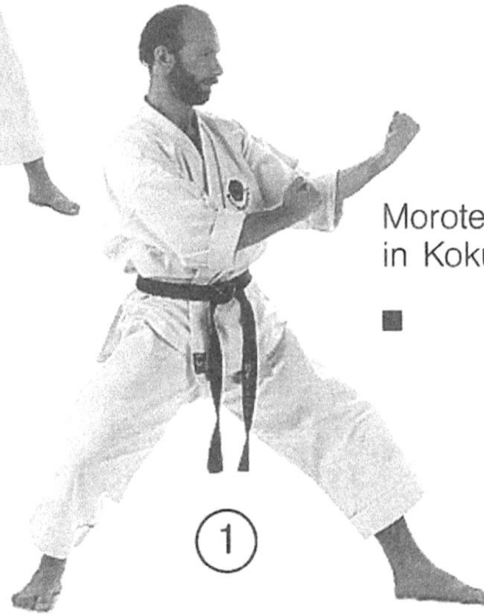

Morote-Uchi-Ude-Uke
in Kokutsu-Dachi

■

(1)

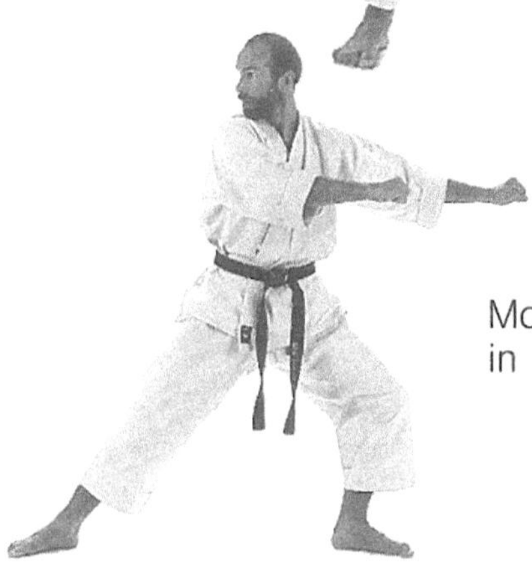

Ausholbewegung mit Wegsetzen
des linken Fußes

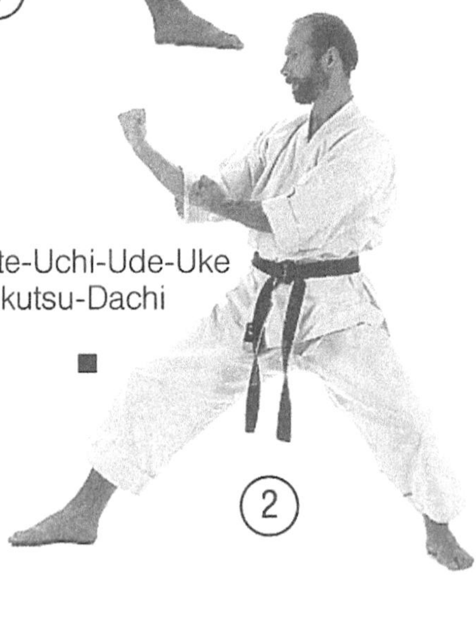

Morote-Uchi-Ude-Uke
in Kokutsu-Dachi

■

(2)

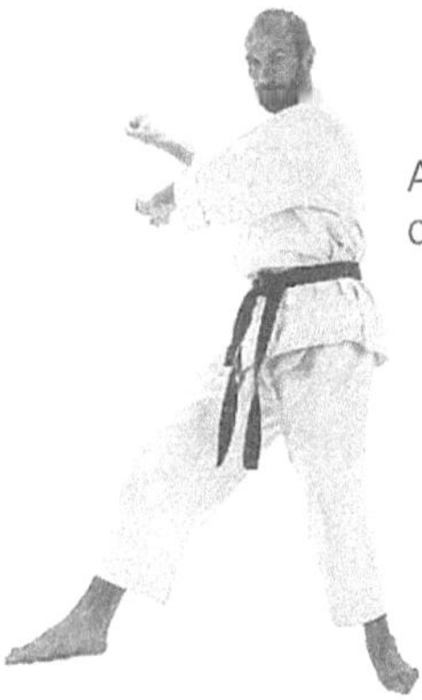

Ausholbewegung und Zurücksetzen des rechten Fußes

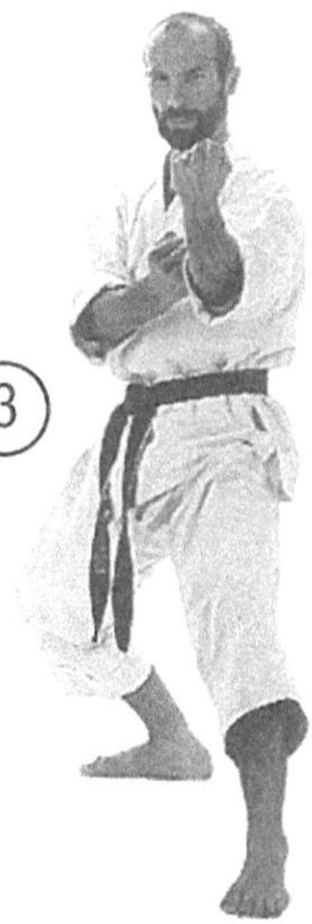

3

Morote-Uchi-Ude-Uke in Kokutsu-Dachi

Wichtig für einen gelungenen Vortrag ist die rhythmische, schnell aufeinanderfolgende Ausführung dieser drei Techniken.

■

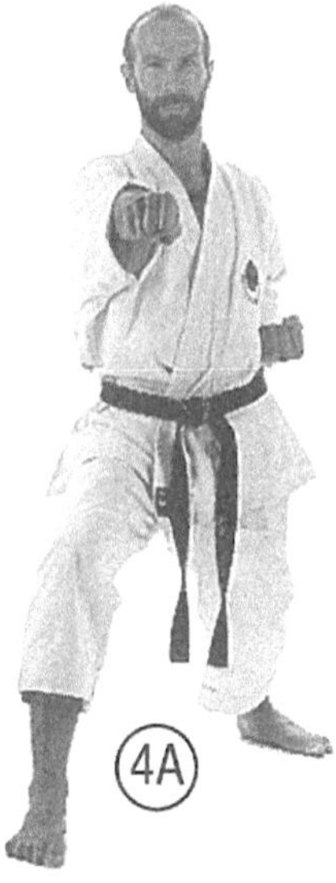

4A

Schritt vorwärts:

Oizuki in Zenkutsu-Dachi

◄

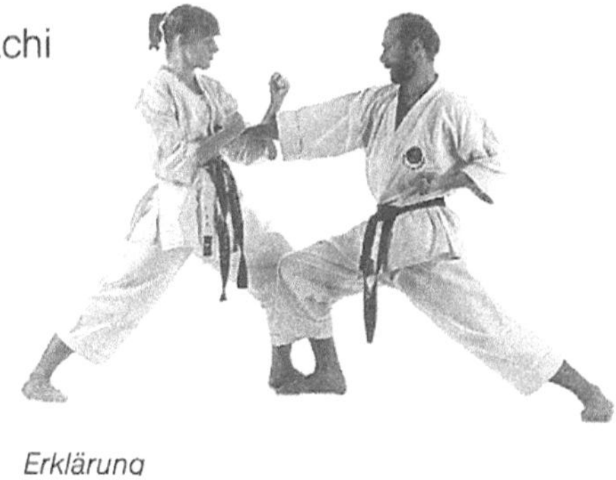

Erklärung

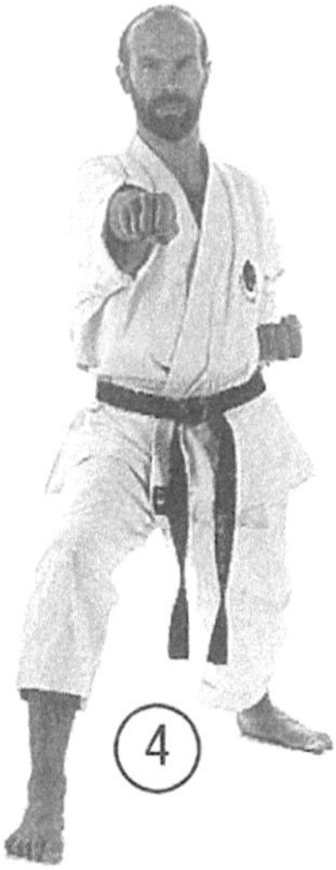

4

Im Stand:

Uchi-Ude-Uke in Zenkutsu-Dachi

Die Abwehr wird ohne Ausholbewegung in einem kleinen Auswärtsschwung durchgeführt.

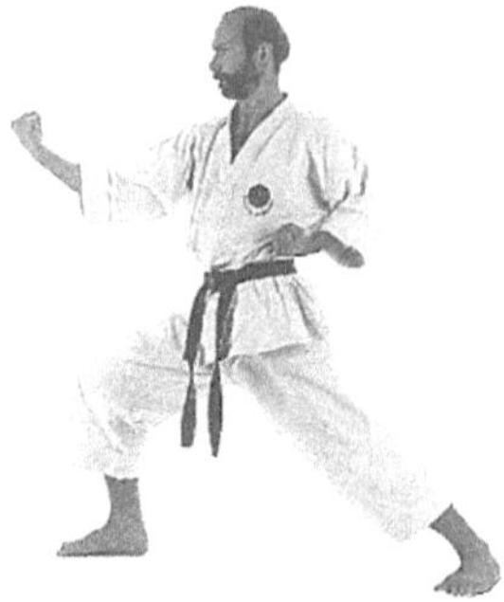

Seitliche Ansicht von rechts

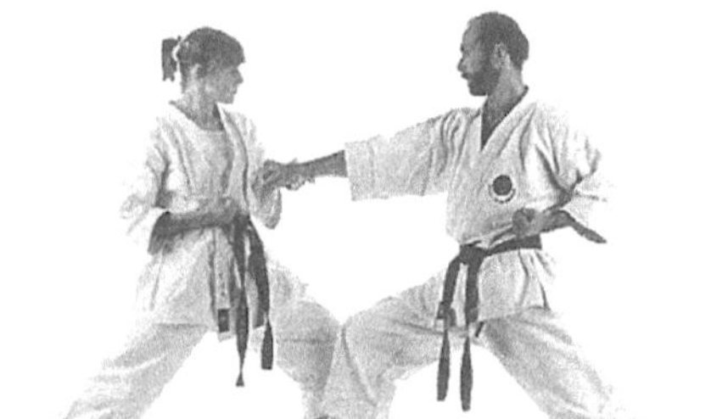

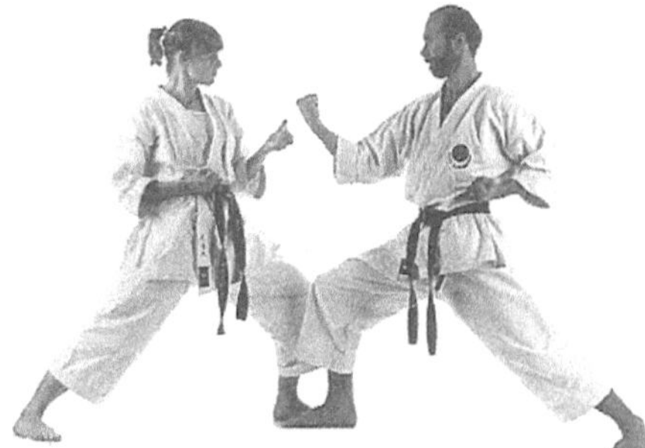

Erklärung A:

Der Gegner faßt den gestreckten Arm, aber durch eine Dreh-Zug-Bewegung wird sein Griff gelöst

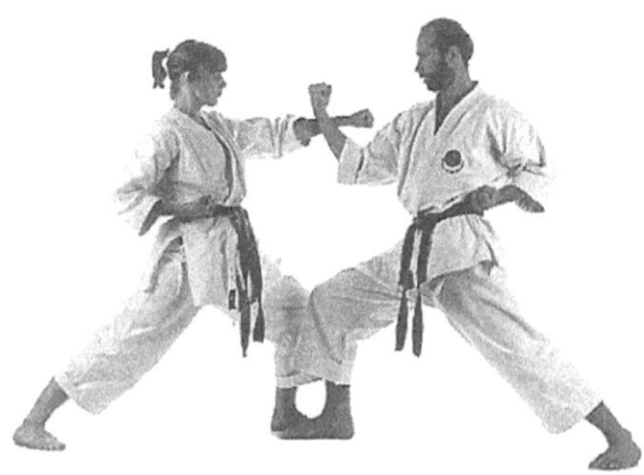

Erklärung B:

Abwehr eines Gegenangriffs

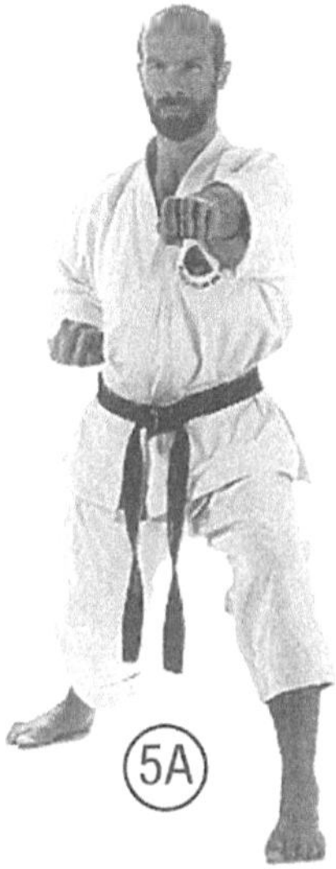

(5A)

Schritt vorwärts:

Oizuki
in Zenkutsu-Dachi

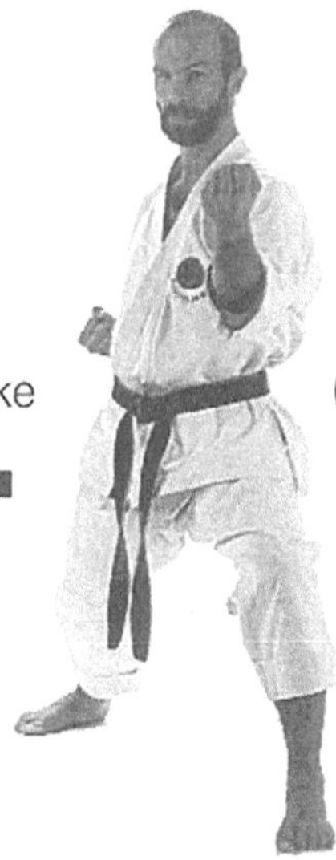

(5)

Im Stand:

Uchi-Ude-Uke

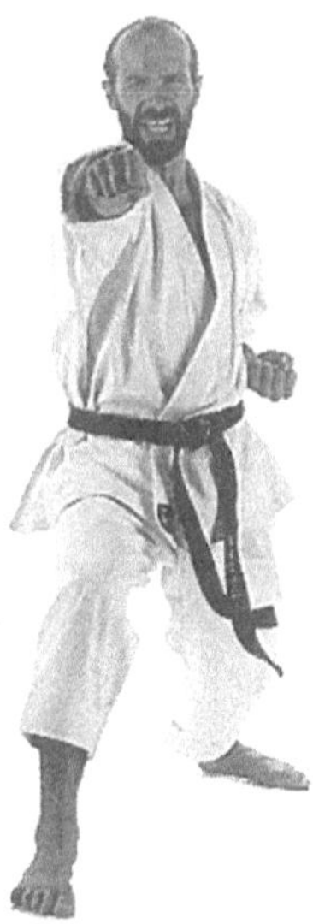

(6)

K

Schritt vorwärts:

Oizuki in Zenkutsu-Dachi
mit Kiai

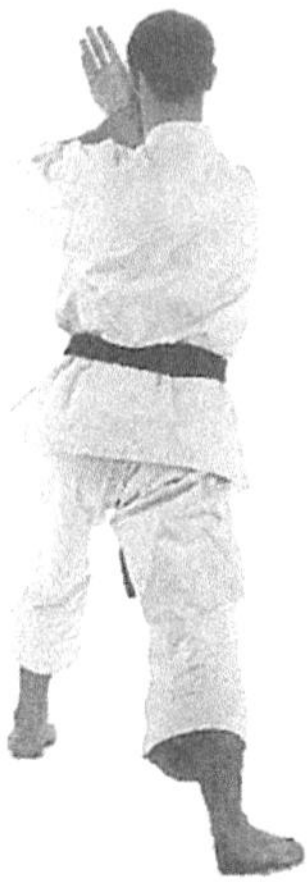

Wendung um 180° (Umsetzen des hinteren Beines) in Zenkutsu-Dachi mit Aushol-(Abwehr-)bewegung zum Tsukami-Uke

◄

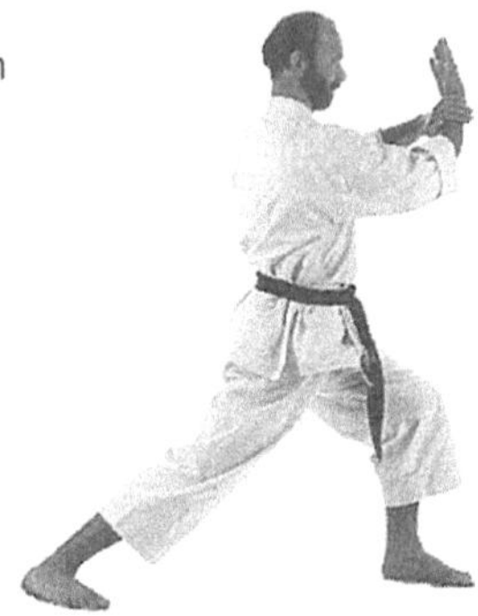

Seitliche Ansicht von rechts

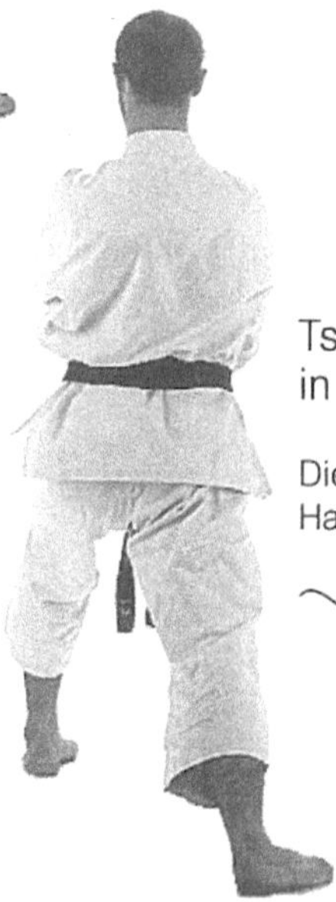

(7)

Tsukami-Uke in Zenkutsu-Dachi

Die linke Hand umfaßt das rechte Handgelenk.

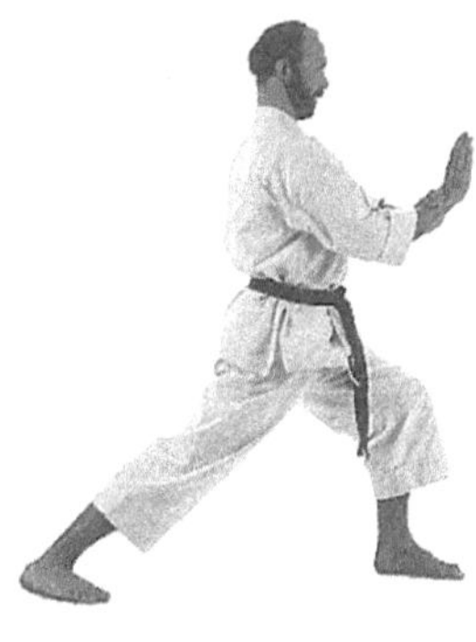

Seitliche Ansicht von rechts

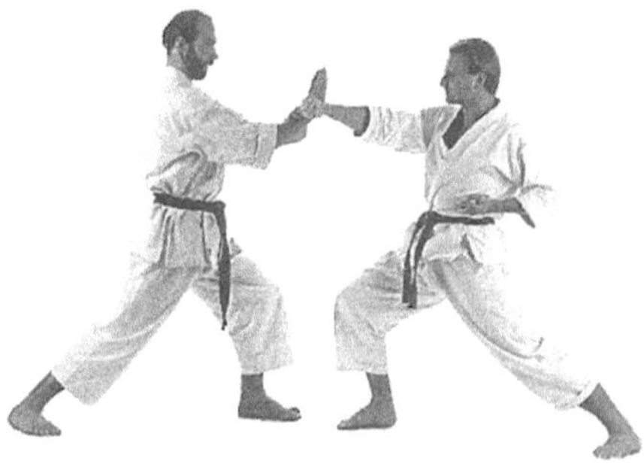

Erklärung:

Block des angreifenden Gegners

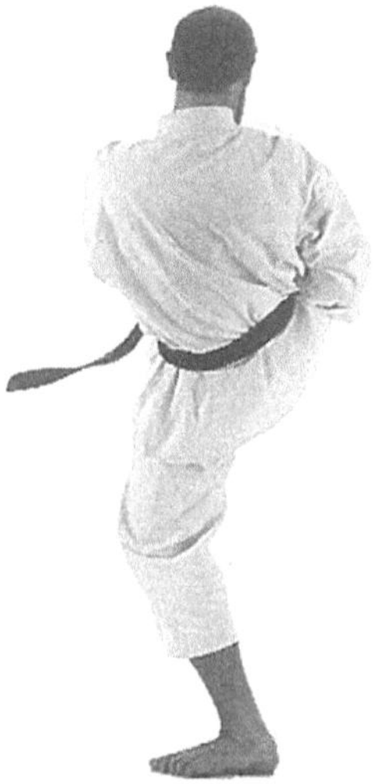

Mae-Geri

Die geschlossene Faust wird gleichzeitig an die Hüfte zurückgerissen.

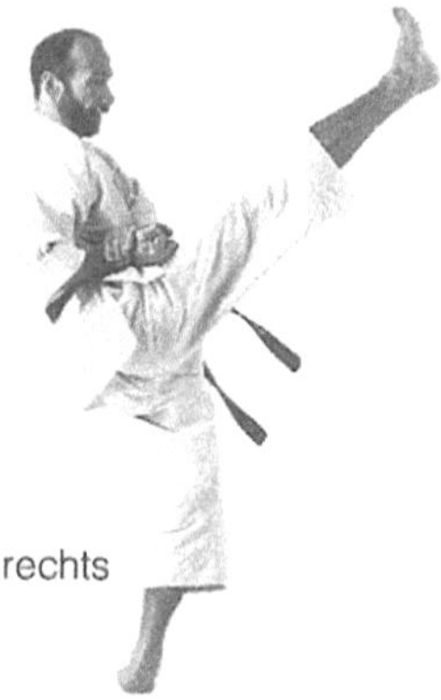

Seitliche Ansicht von rechts

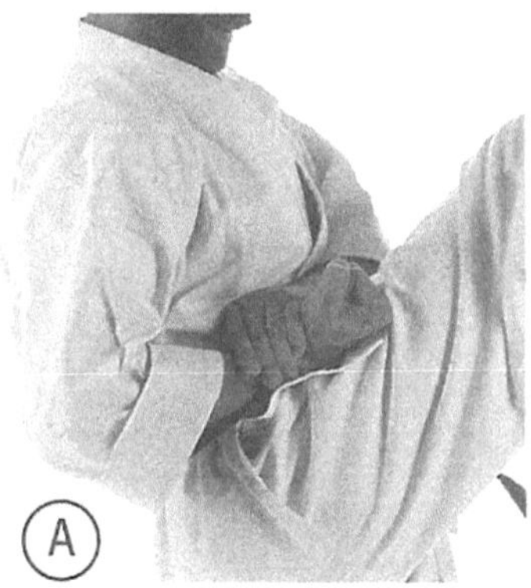

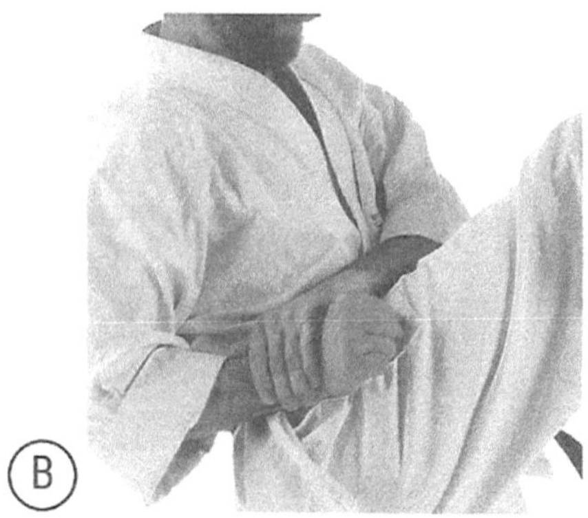

Die zurückgezogene Faust kann in verschiedenen Positionen gehalten werden: Entweder wird sie in die Normalposition gedreht (A), oder sie bleibt in der Arbeitsposition wie beim vorangegangenen Ziehen (B).

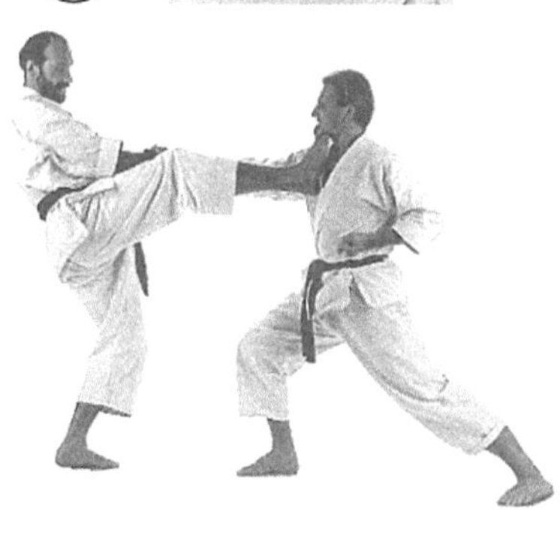

Erklärung:

Der Gegner wird herangezogen und mit Mae-Geri angegriffen

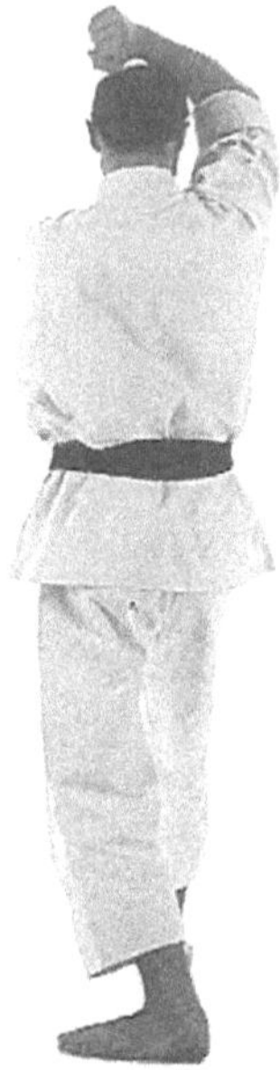

Absetzen mit gleichzeitiger Abwehr links (Otoshi-Uke) und Ausholen zum Uraken-Uchi

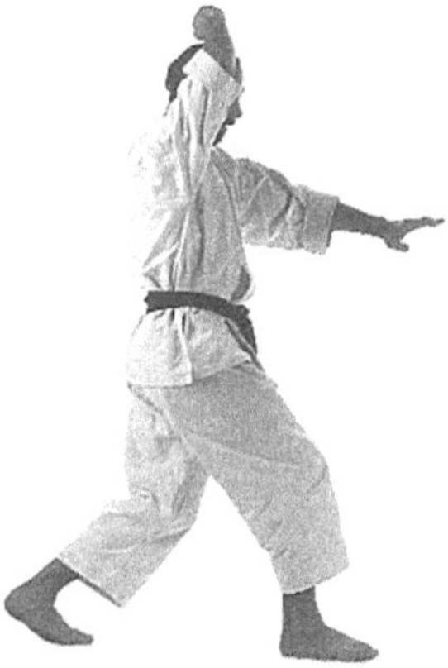

Seitliche Ansicht von rechts

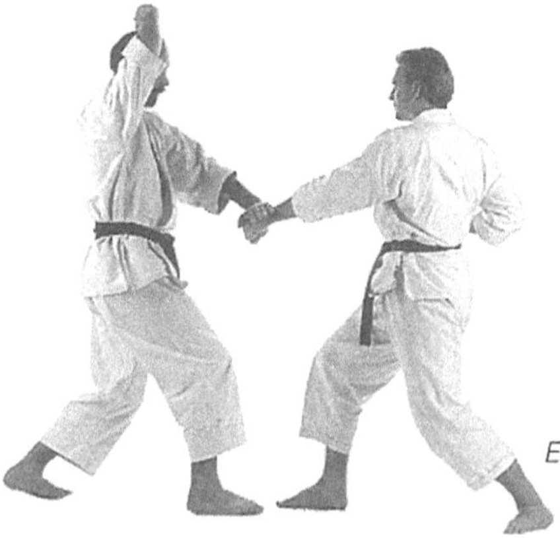

Erklärung

8

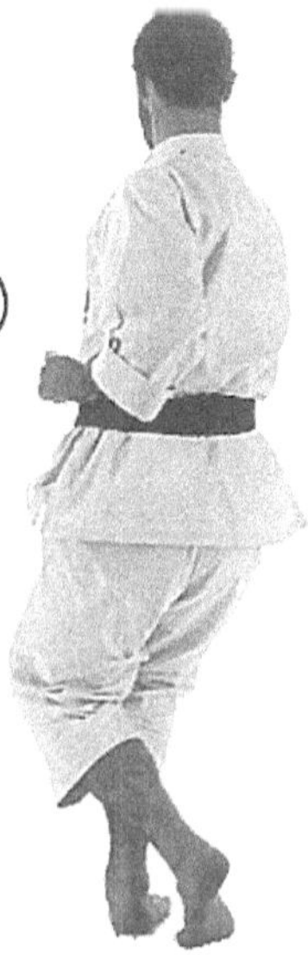

Absetzen in

Tate-Uraken-Uchi in Kosa-Dachi

■

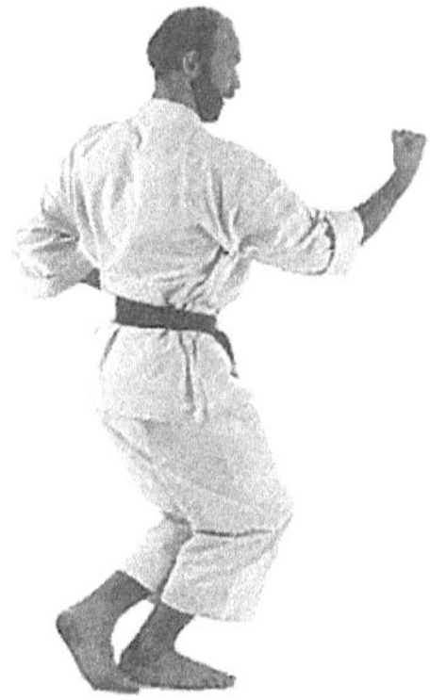

Seitliche Ansicht von rechts

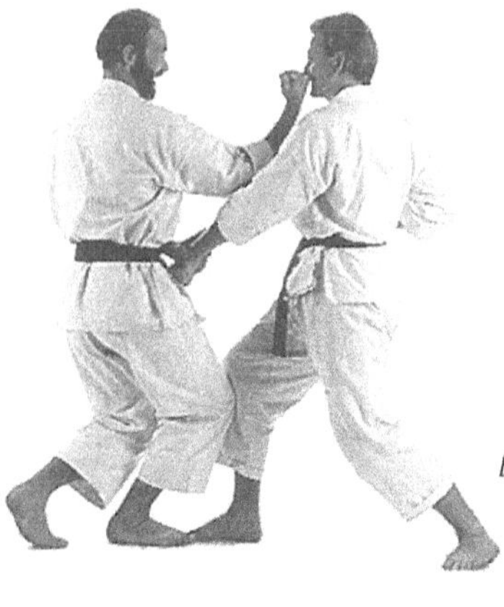

Erklärung

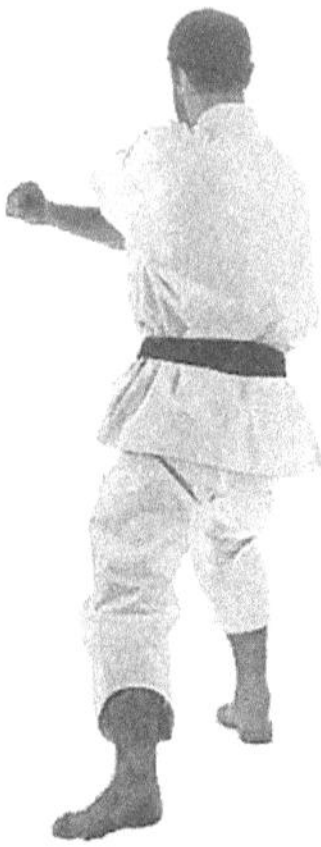

Ausholen zu Uchi-Ude-Uke
mit gleichzeitigem Zurücksetzen
des linken Beines in Zenkutsu-Dachi

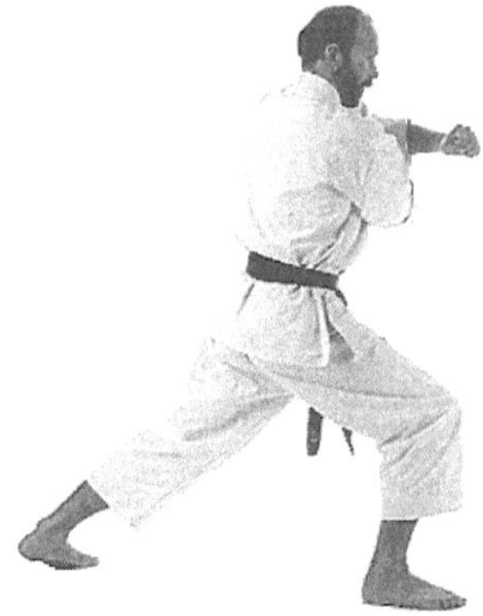

Seitliche Ansicht von rechts

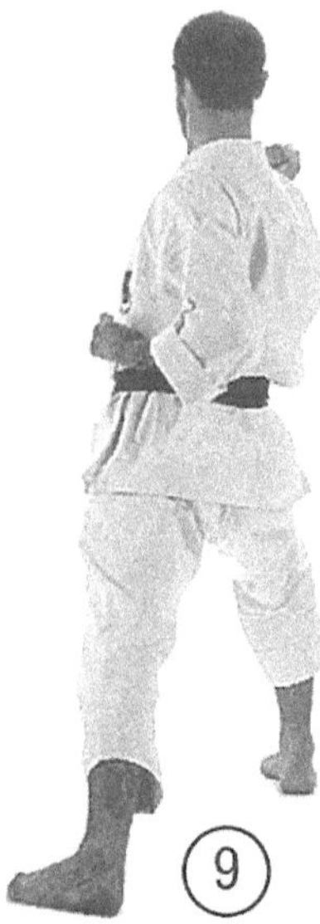

9

Uchi-Ude-Uke
in Zenkutsu-Dachi

■

Wenn das Zurücksetzen besonders dynamisch ausgeführt wird, rutscht man ein wenig in der Stellung zurück.

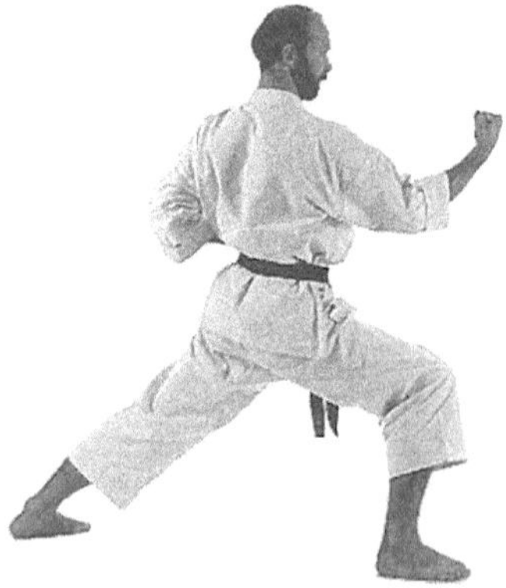

Seitliche Ansicht von rechts

Im Stand:

Gyaku-Zuki in Zenkutsu-Dachi

◀

(10A)

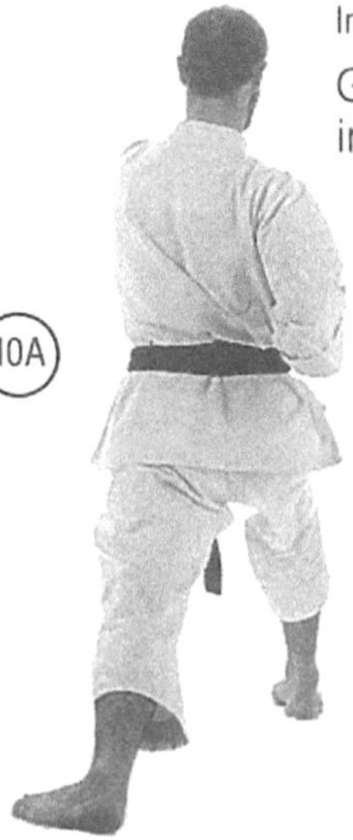

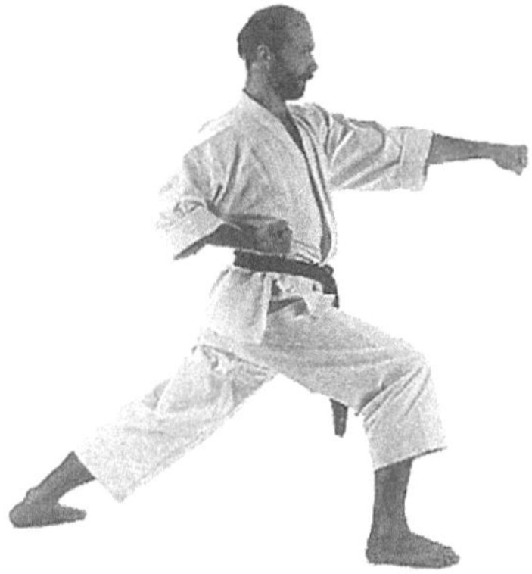

Seitliche Ansicht von rechts

(10)

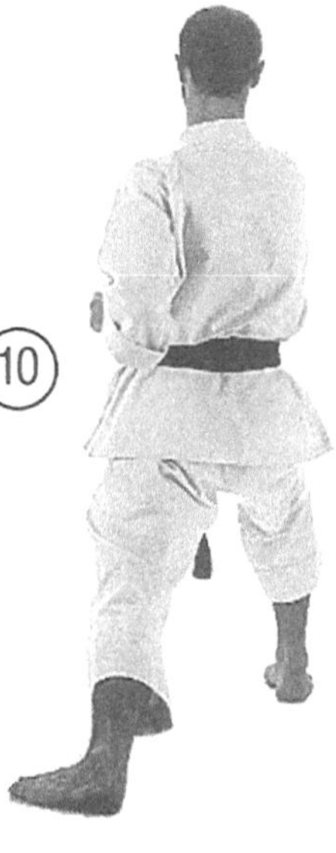

Im Stand:

Choku-Zuki in Zenkutsu-Dachi

■

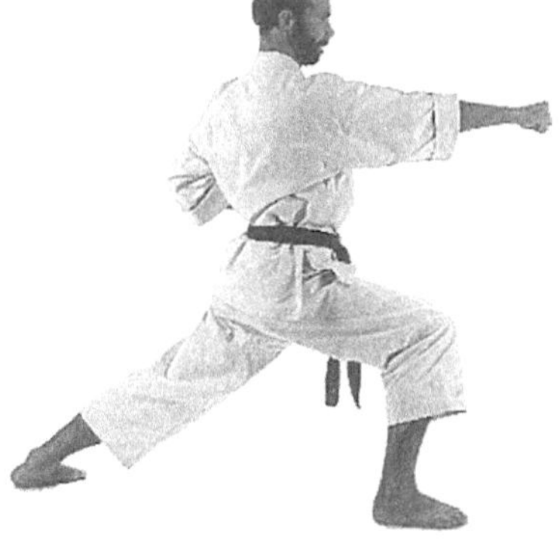

Dieser Renzuki (Doppelstoß) soll sehr schnell und auf ein Ziel gerichtet ausgeführt werden.

Seitliche Ansicht von rechts

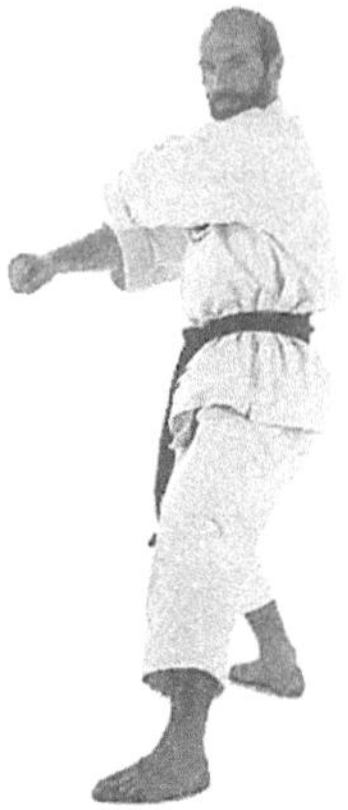

Ausholen zur Wendung um 180° (Umsetzen des hinteren Beines) mit Doppelabwehr

Die Blickwendung mit der Ausholbewegung muß unbedingt *zuerst* erfolgen, um die Drehung der Hüfte als wichtigen Kraftimpuls nutzen zu können.

11

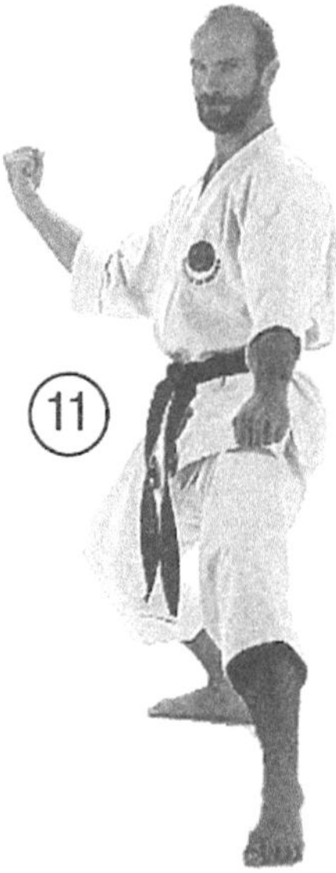

Gleichzeitig:

Gedan- und Chudan-Uke in Kokutsu-Dachi

■

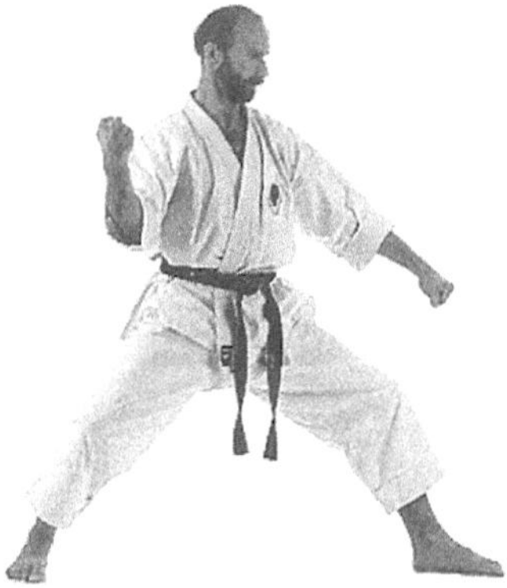

Seitliche Ansicht von links

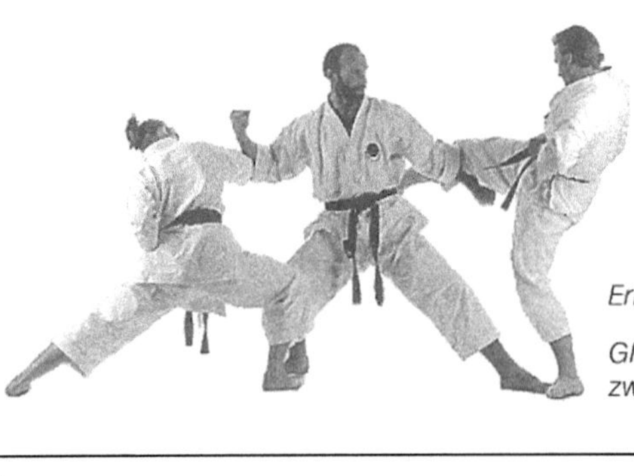

Erklärung:

Gleichzeitige Abwehr zweier Angreifer

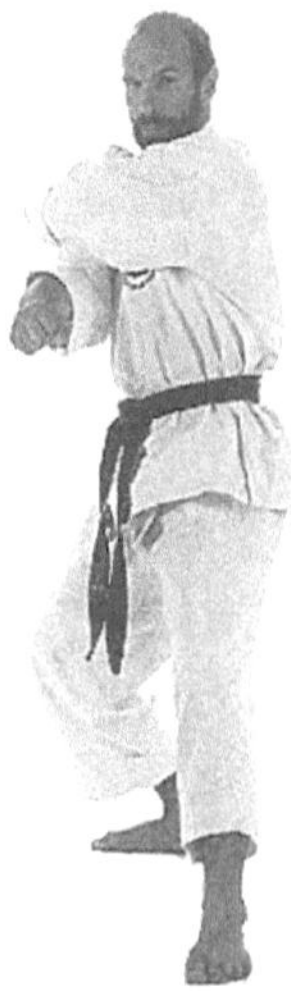

Ausholbewegung zum Aufstehen

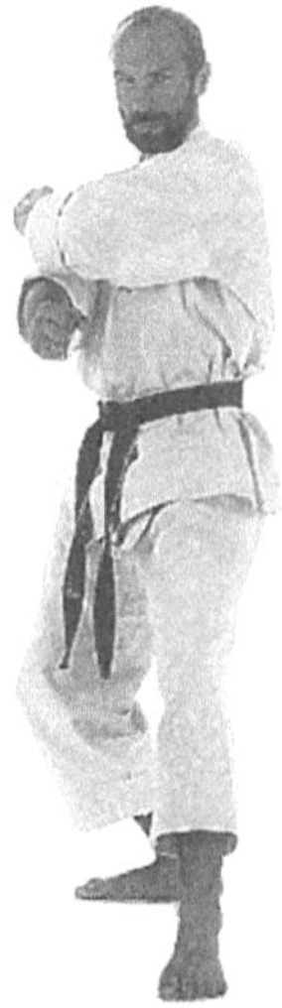

Gleichzeitiges langsames Abwehren und Zurückziehen des linken Fußes

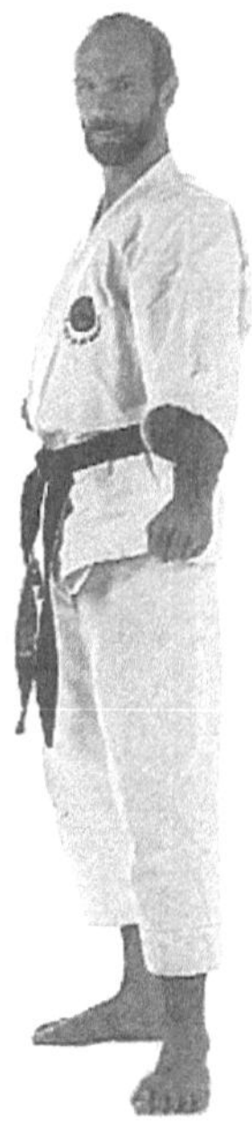

12

Gedan-Barai in Renoji-Dachi

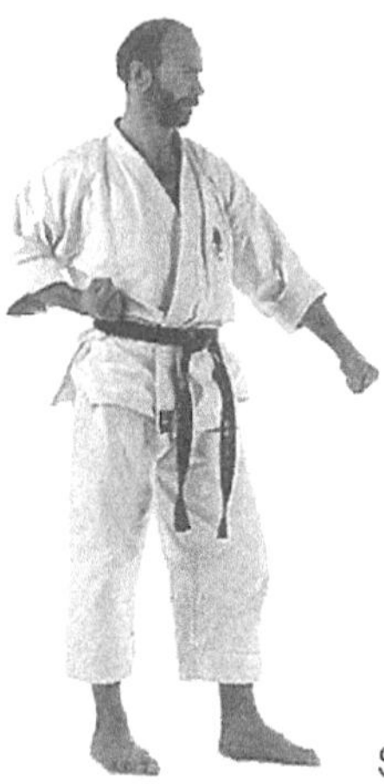

Seitliche Ansicht von rechts

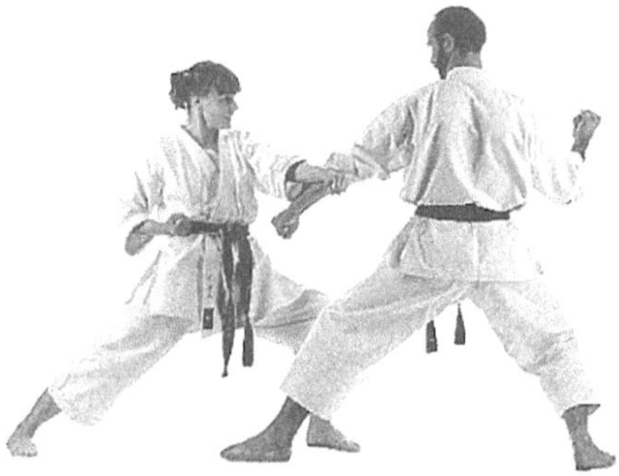

Nach der Abwehr des Gegners…

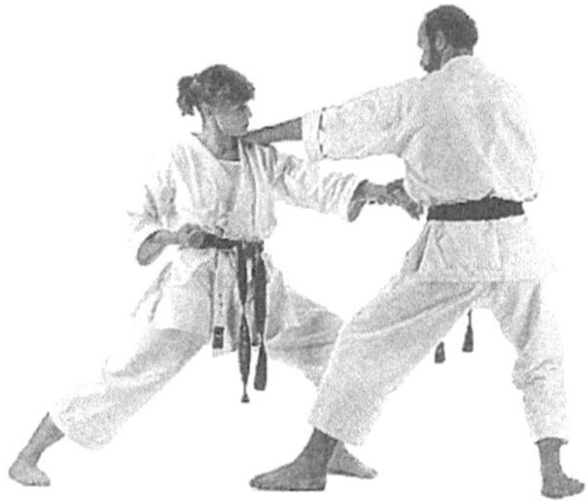

…wird dieser gefaßt…

…und unter gleichzeitigem Aufstehen…

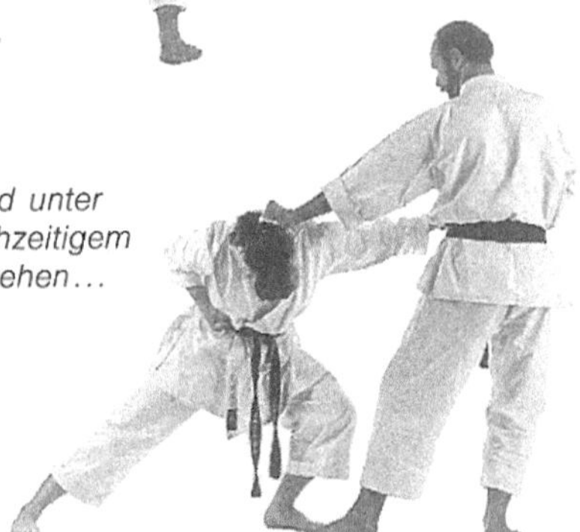

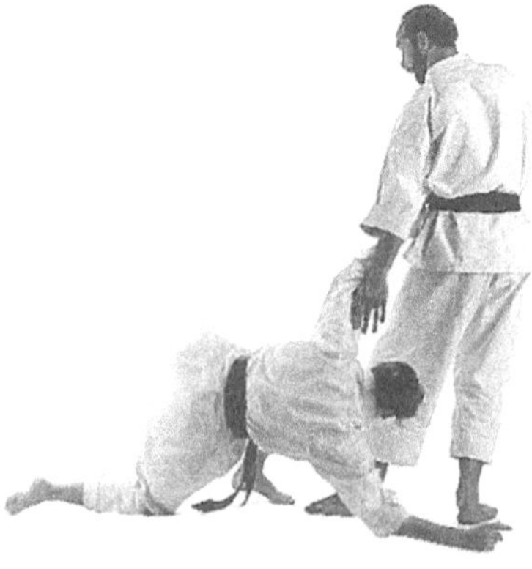

…geworfen

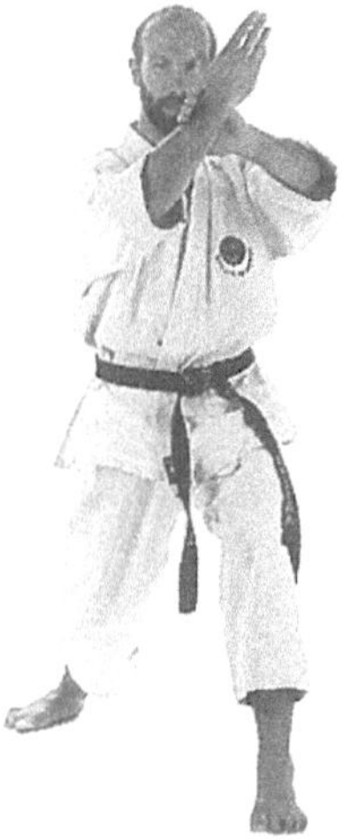

Ausholbewegung
zum Tsukami-Uke

◄

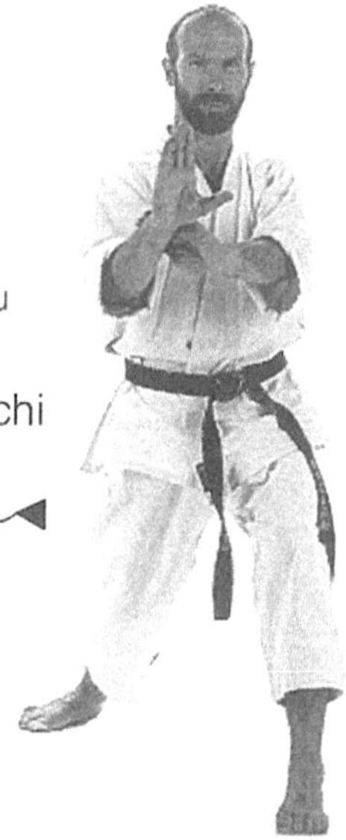

(13)

Herunterdrücken zu

Tsukami-Uke
in Zenkutsu-Dachi

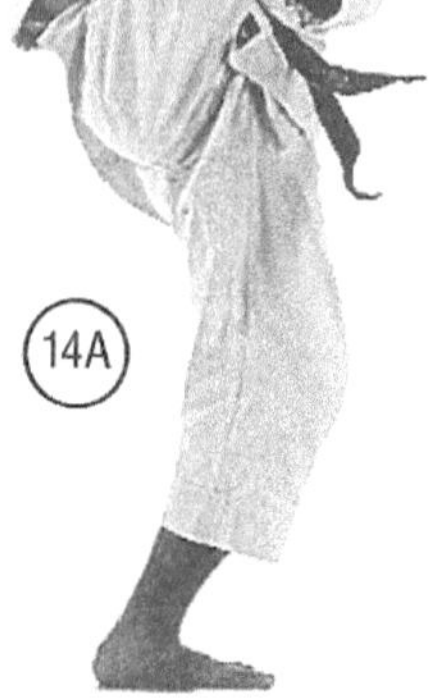

(14A)

Mae-Geri
Wie ⑧ mit gleichzeitigem
Zurückziehen der Faust

◄

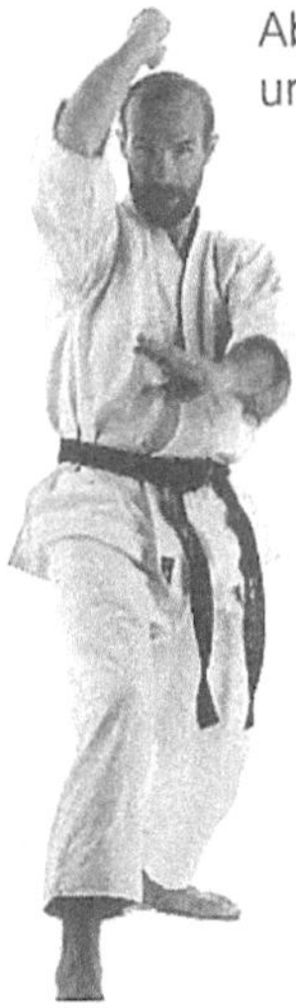

Absetzen mit Abwehr (links) und Ausholen zu Uraken-Uchi

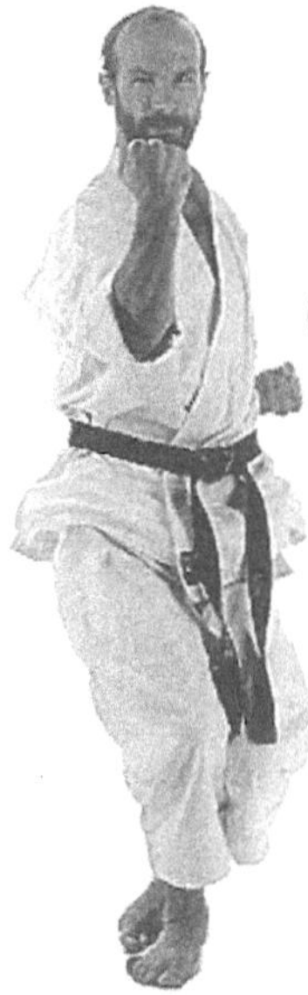

(14)

Tate-Uraken-Uchi in Kosa-Dachi

■

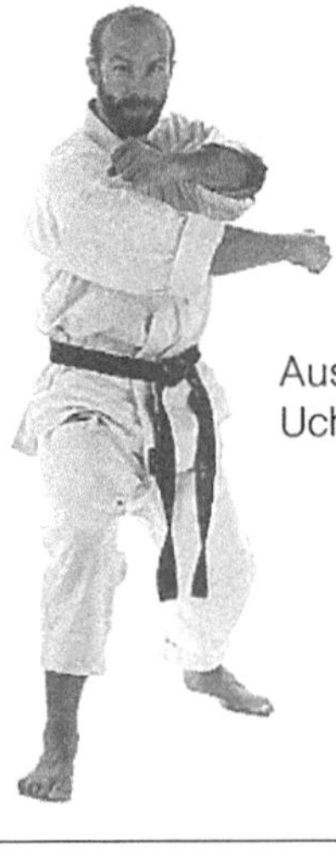

Ausholbewegung zum Uchi-Ude-Uke

Uchi-Ude-Uke
in Zenkutsu-Dachi

(15)

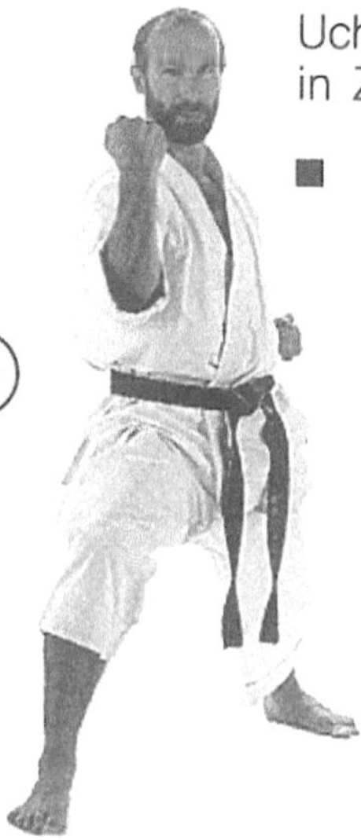

Gyakuzuki

(16A)

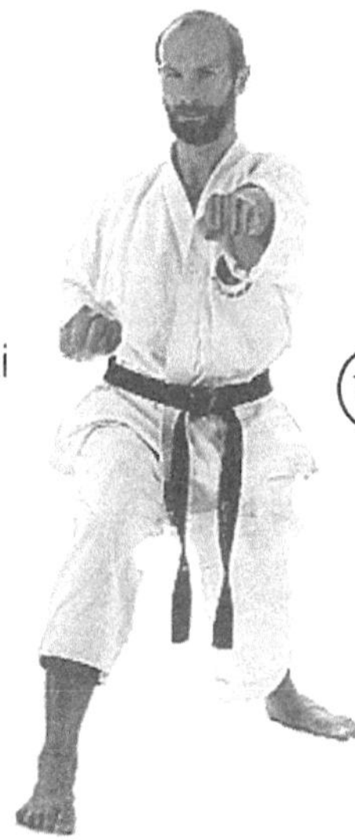

Chudan-Renzuki
in Zenkutsu-Dachi

(16)

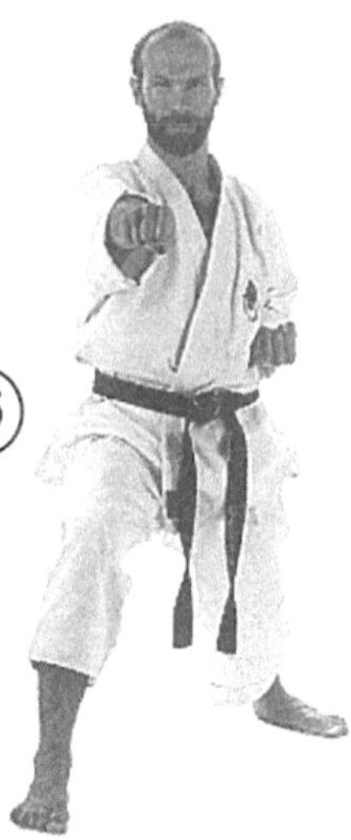

Choku-Zuki

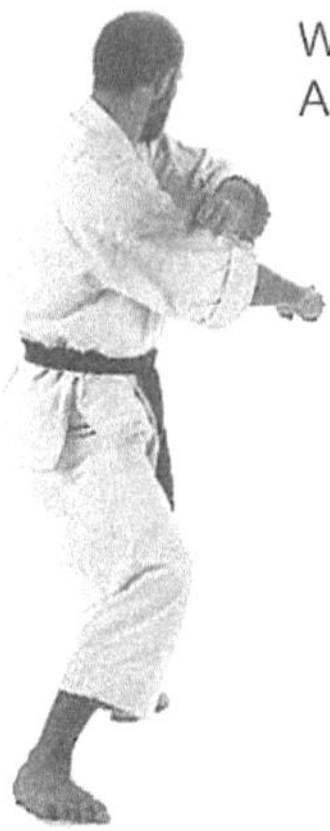

Wendung mit gleichzeitiger Ausholbewegung

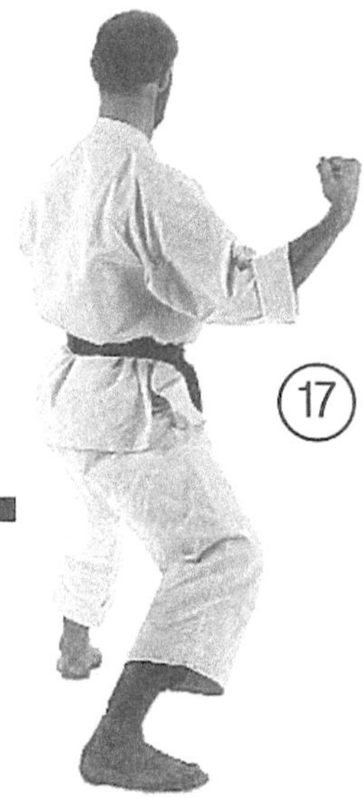

17

Gleichzeitig:

Gedan- und Chudan Uke in Kokutsu-Dachi

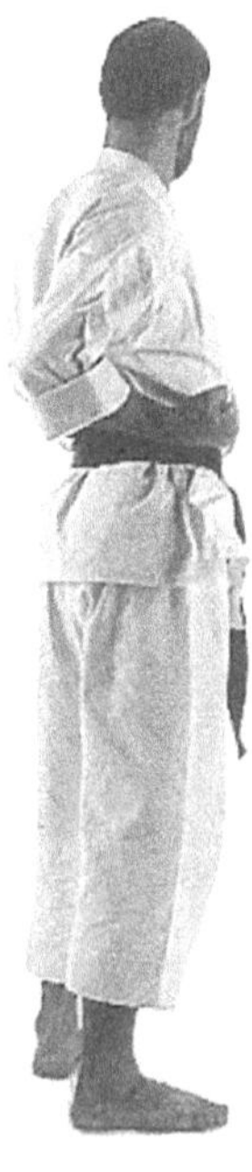

18

Aufstehen mit

Gedan-Barai in Renoji-Dachi

(wie ⑫)

Wendung um 90° nach links in

Gedan-Jodan-Uke
in Kokutsu-Dachi

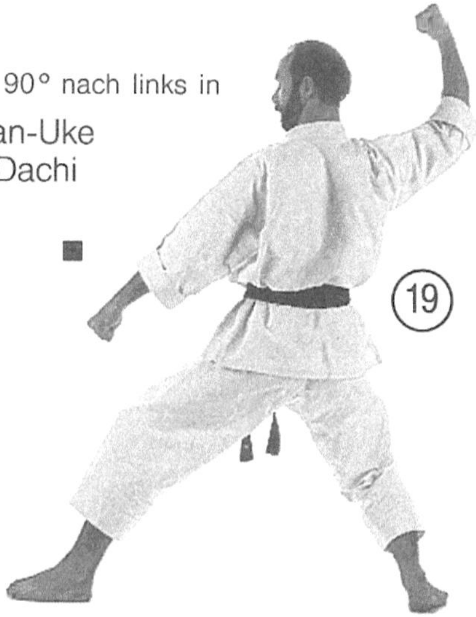

(19)

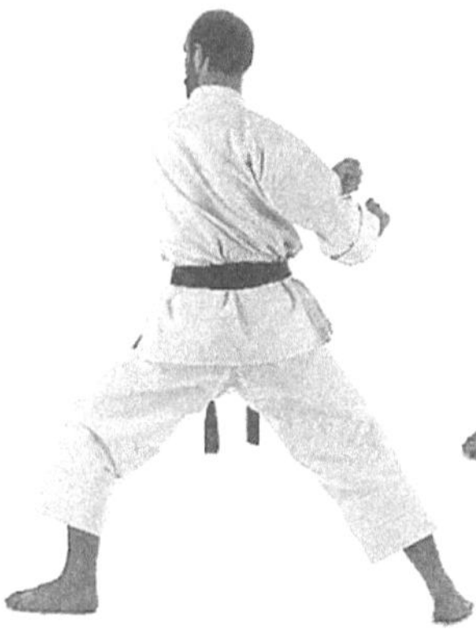

Von dort werden die Fäuste in die Nähe der Hüfte zurückgenommen, um zum Morote-Zuki auszuholen.

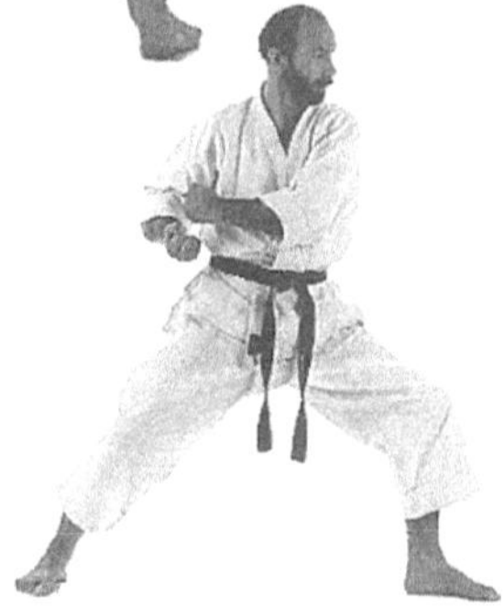

Ansicht von der Rückseite

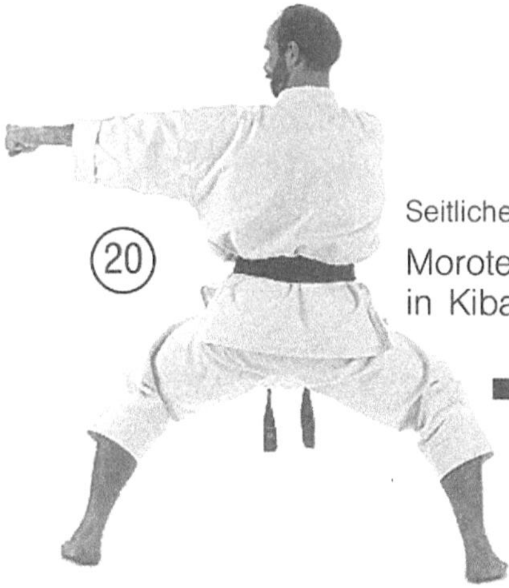

(20)

Seitliches Hereinrutschen in

Morote-Zuki
in Kiba-Dachi

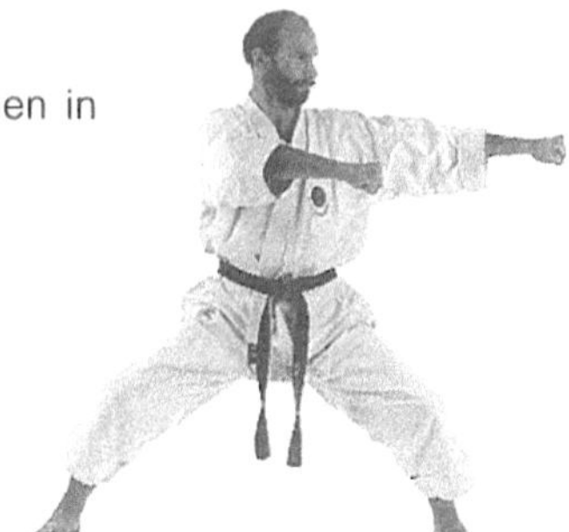

Ansicht von der Rückseite

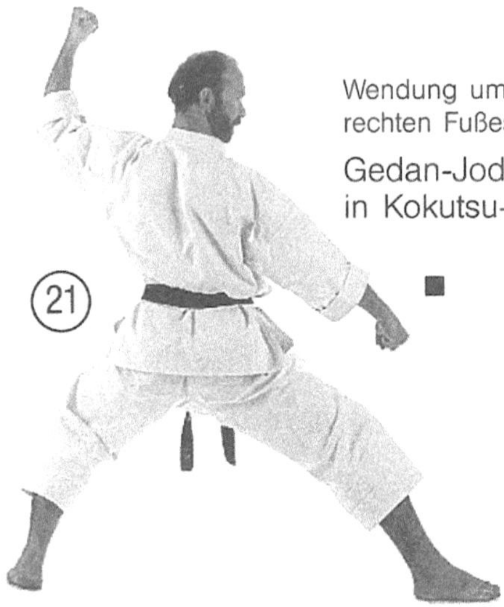

Wendung um 180° (Umsetzen des rechten Fußes) in

Gedan-Jodan-Uke
in Kokutsu-Dachi

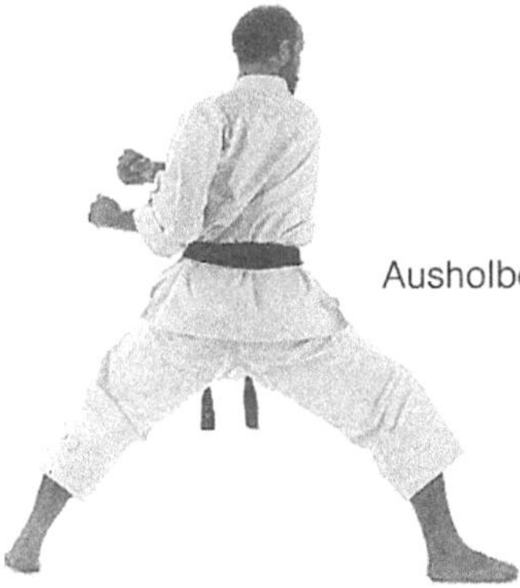

Ausholbewegung

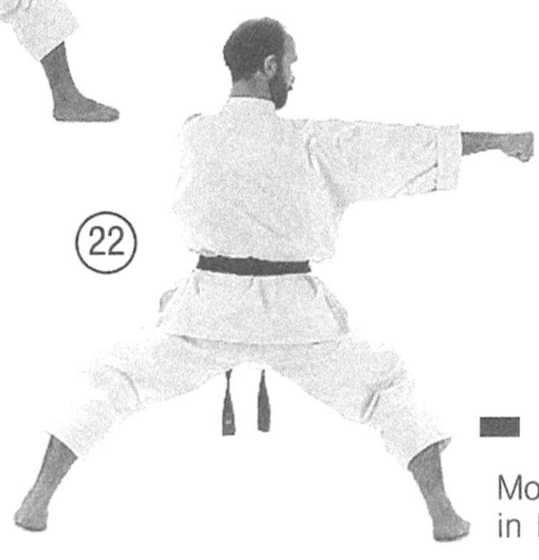

Morote-Zuki
in Kiba-Dachi

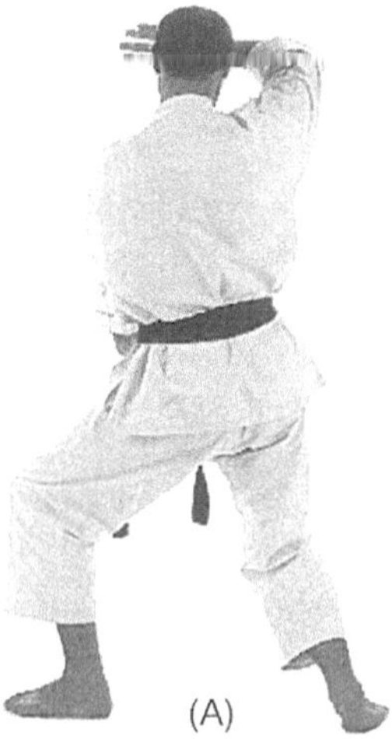

(A)

Ansatz zur Stockabwehr

Der linke Fuß wird unter den Schwerpunkt gesetzt, während die *rechte* Hand einen Jodanblock ausführt.

Diese Form (A) ist die gebräuchlichere, harmonischere, aber auch schwierigere Ausführung. Man kann auch, Form (B), unter Auslassen der Jodanblockbewegung rechts, gleich beim Umsetzen den *linken* Arm zum Jodanblock heben (B).

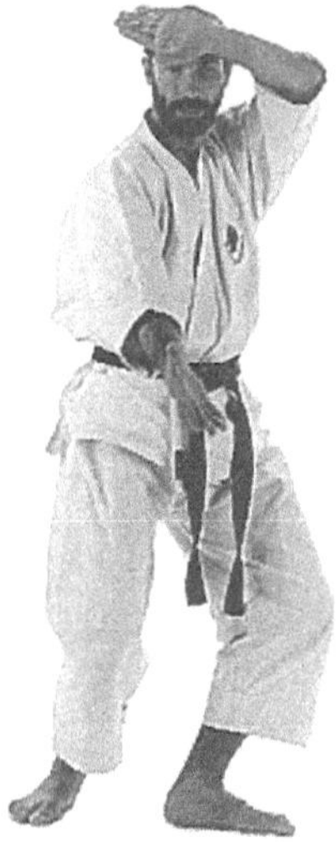

(B) Ansicht von der Rückseite

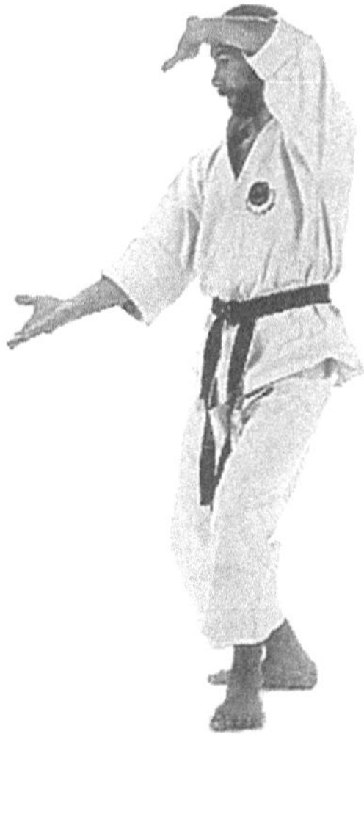

(B) Seitliche Ansicht von links

(23)

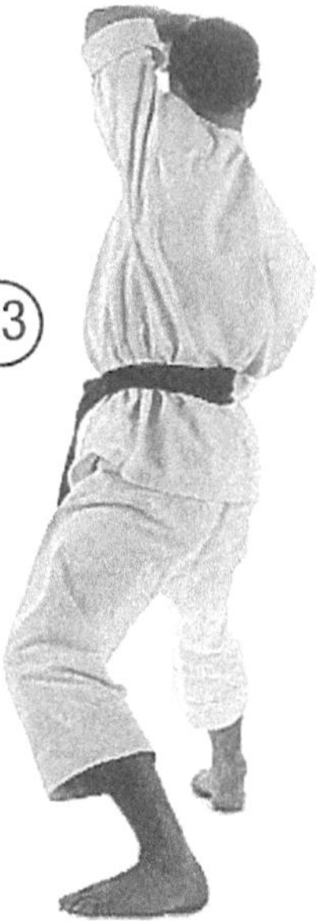

Vorsetzen des rechten Fußes in

Bo-Uke
in Kokutsu-Dachi

(Stockabwehr)

■

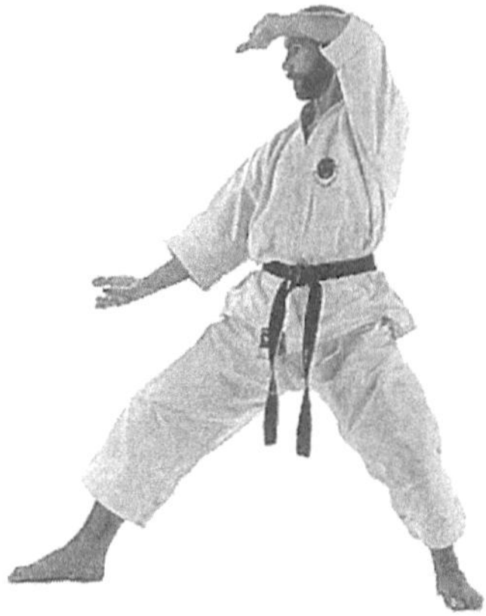

Seitliche Ansicht von links

(24)

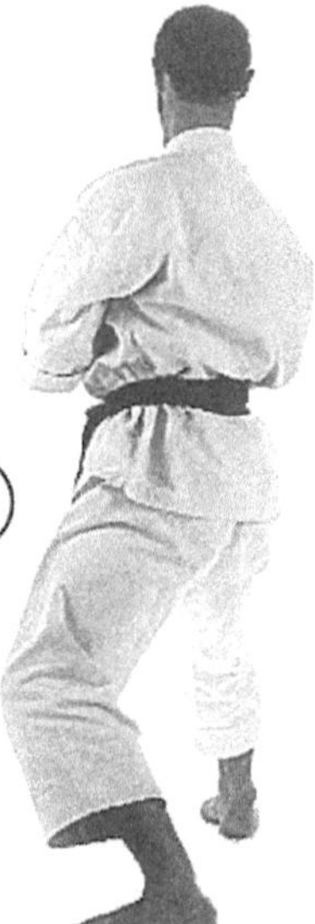

Vorrutschen mit

Bo-Tsuki
in Kokutsu-Dachi

(Stockstoß)

■

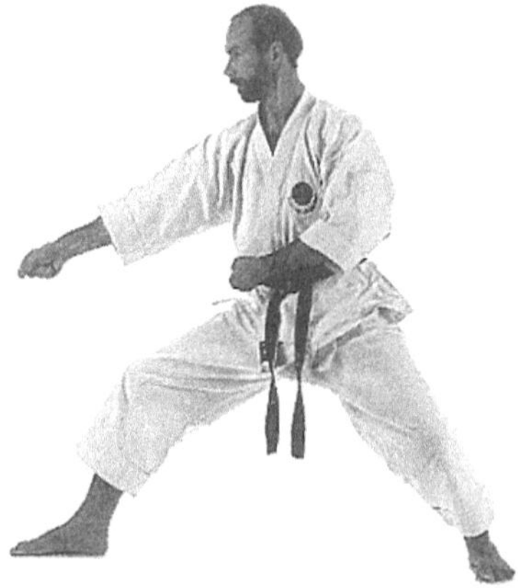

Seitliche Ansicht von links

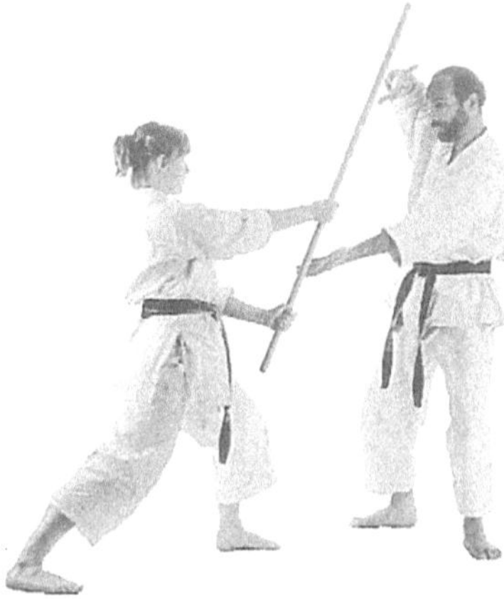

Erklärung Form A:

Während des Heranführens des linken Fußes unter den Körper rechts mit Jodan blocken

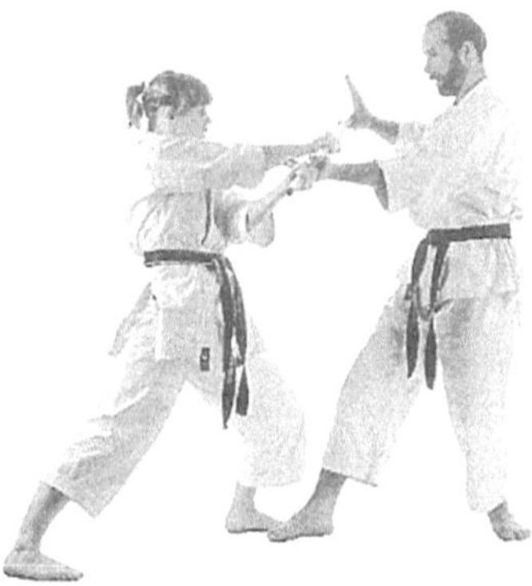

Im Vorgehen den Stock drehen…

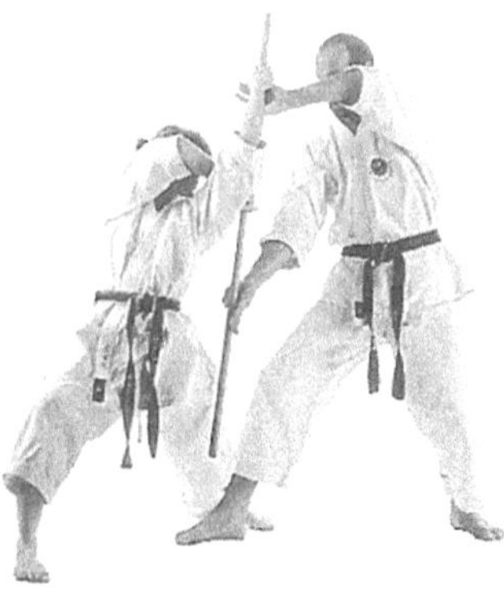

…und den Griff des Gegners brechen

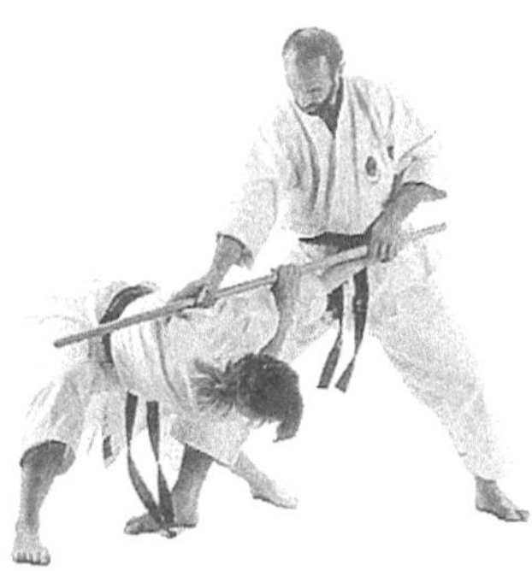

In einer Gegenbewegung den Stock vorstoßen und den Gegner werfen

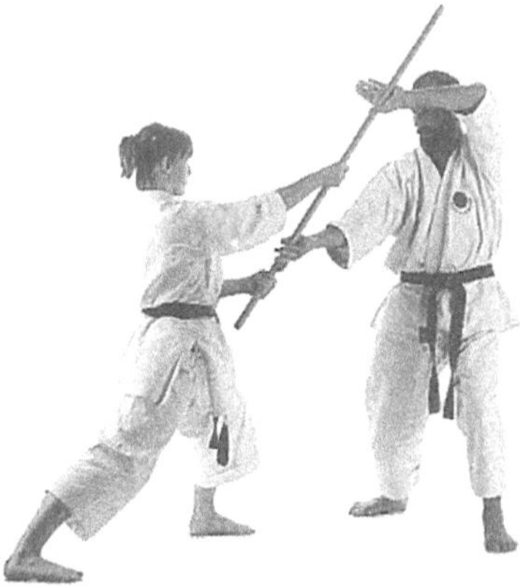

Erklärung Form B:

Blocken, während der Fuß herangezogen wird

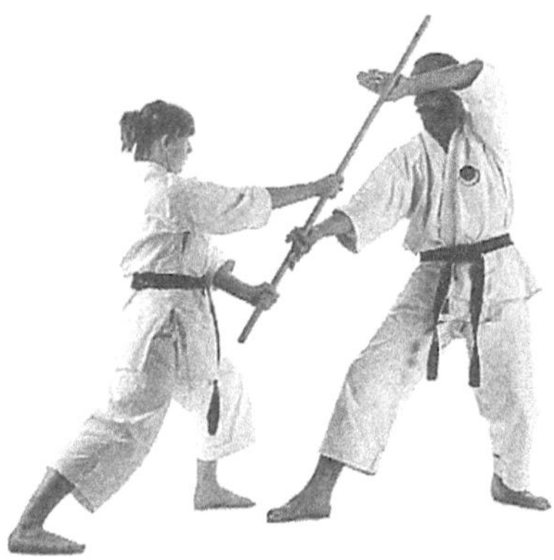

Vorsetzen des Fußes mit Stockfassen

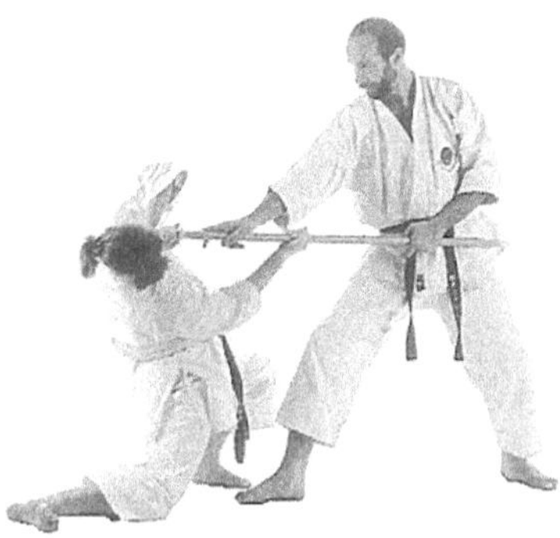

Drehen des Stockes mit Stoßen und Werfen des Gegners

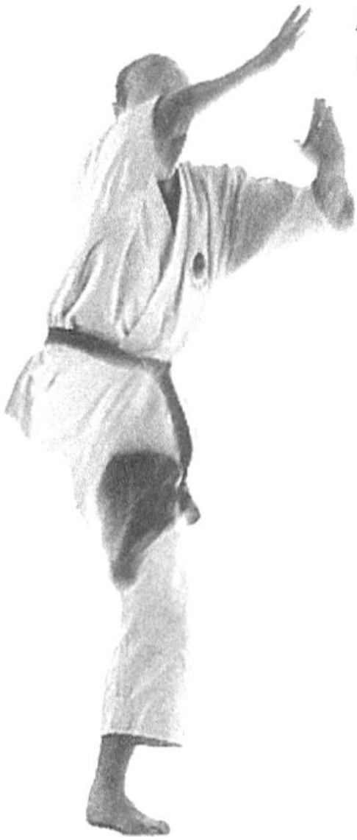

Absprung vom linken Bein mit Hochreißen der Arme

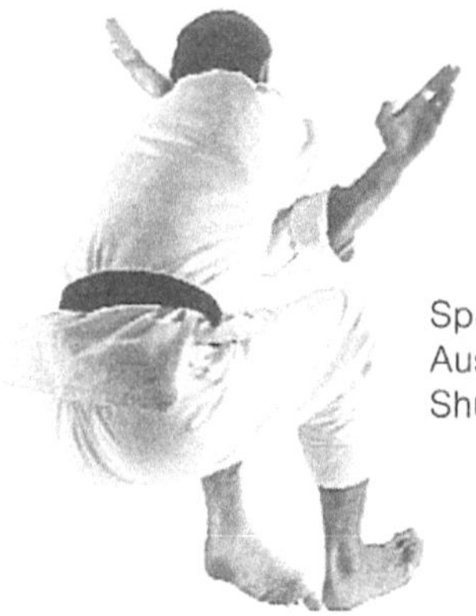

Sprung mit Ausholbewegung zum Shuto-Uke

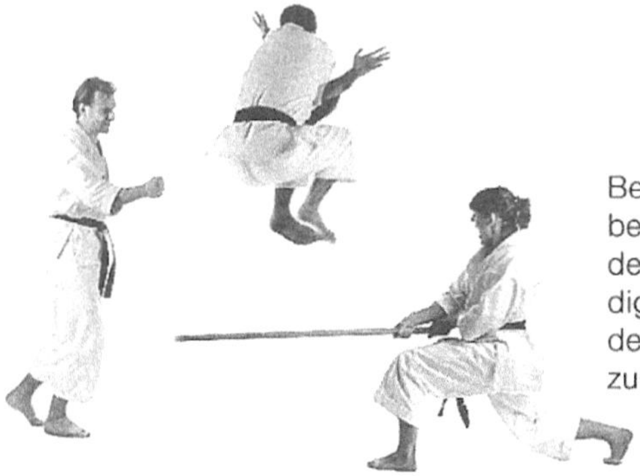

Bei diesem Sprung ist es wichtig, beide Füße hoch anzuziehen. Das gibt dem Sprung zum einen die notwendige Höhe (so kann man dem Stock des Gegners besser ausweichen), zum anderen wird dadurch die Landung – nach einer Drehung um 360° – erleichtert.

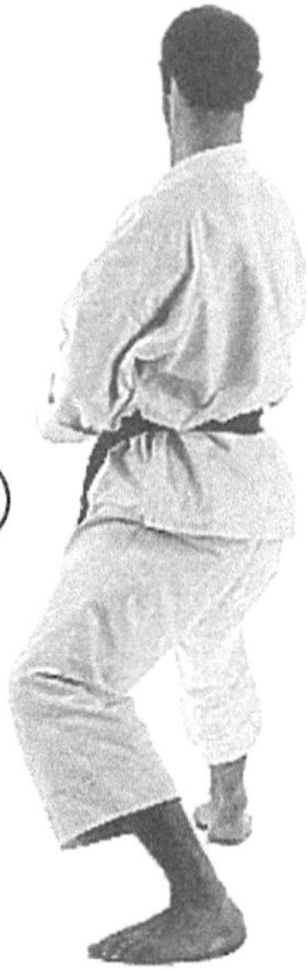

(25)

Landung mit

Shuto-Uke in Kokutsu-Dachi

■

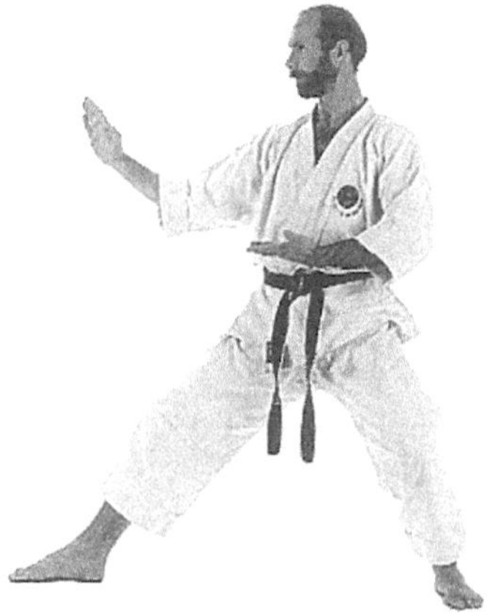

Seitliche Ansicht von links

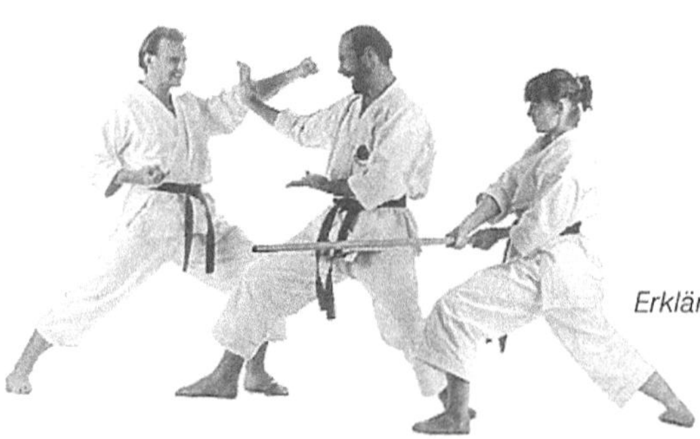

Erklärung

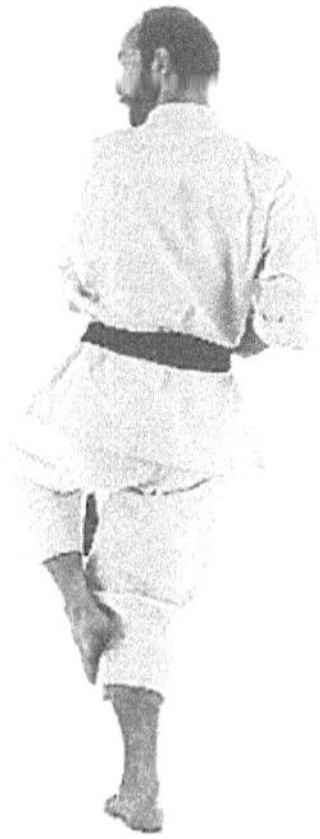

Heranziehen des linken Fußes zum Standbein

Dabei werden die Fäuste zur rechten Hüfte in Koshi-Kamae genommen.

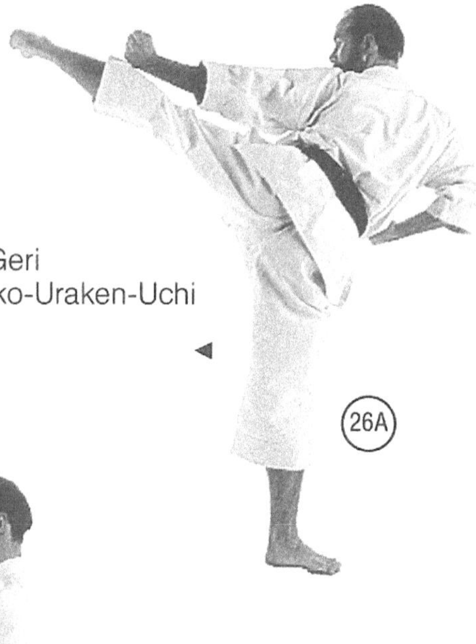

Yoko-Geri
mit Yoko-Uraken-Uchi

26A

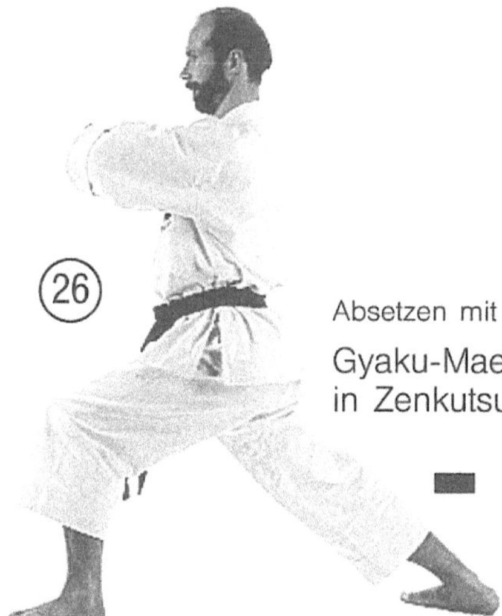

26

Absetzen mit

Gyaku-Mae-Empi
in Zenkutsu-Dachi

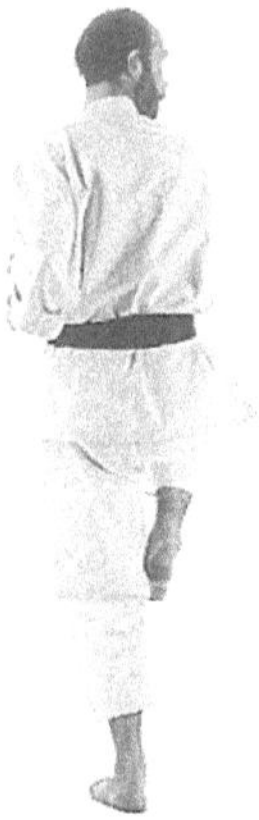

Wendung mit Heranziehen des rechten Beines zum Knie und Koshi-Kamae

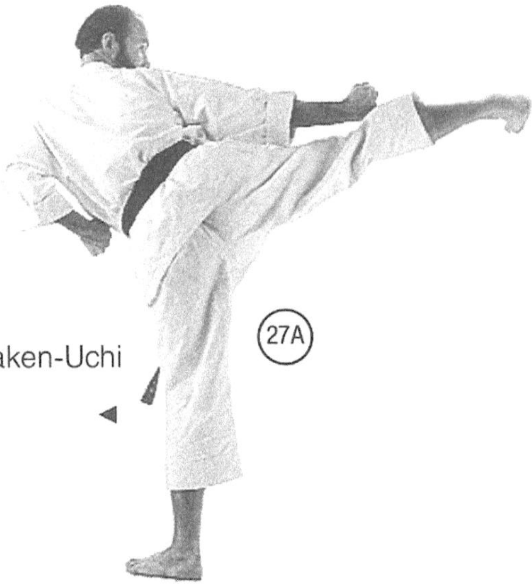

Yoko-Geri
mit Yoko-Uraken-Uchi

27A

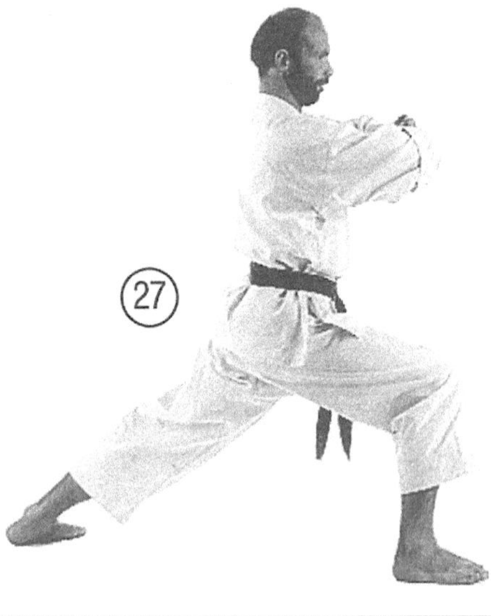

27

Absetzen mit

Gyaku-Mae-Empi
in Zenkutsu-Dachi

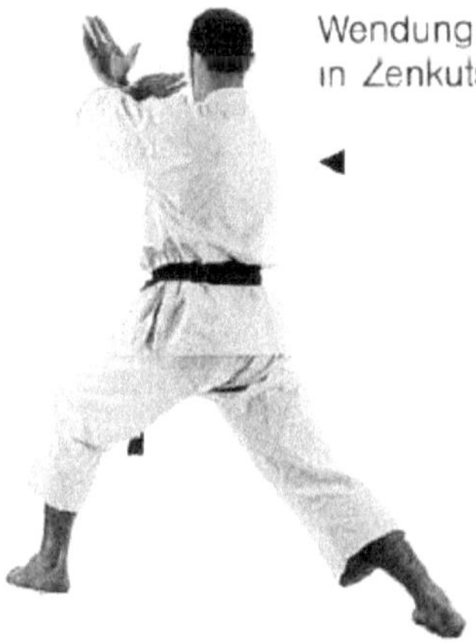

Wendung auf der Stelle
in Zenkutsu-Dachi 45°

Tsukami-Uke
in Zenkutsu-Dachi

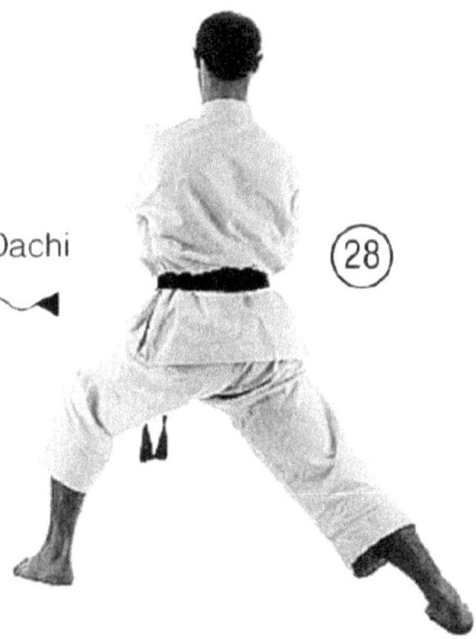

(28)

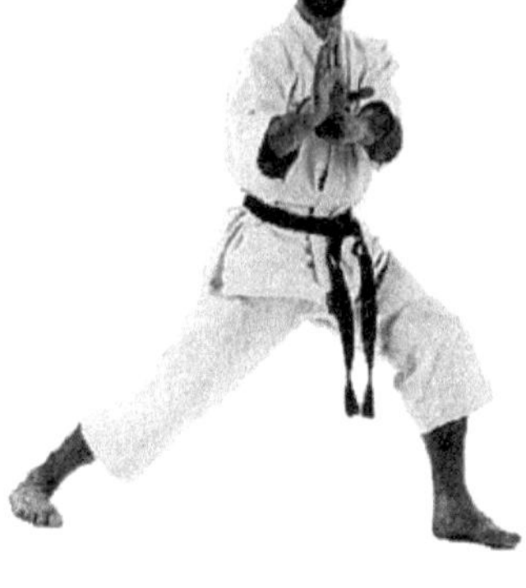

Ansicht von der Rückseite

Mae-Geri

Die Faust wird an den Körper zurück gerissen.

◄

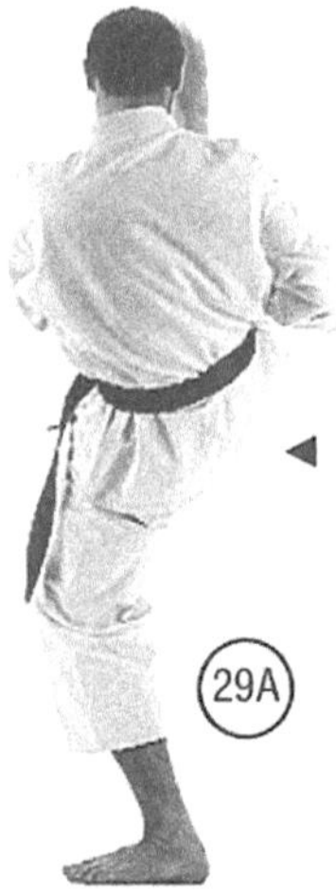

29A

Absetzen mit

Uraken-Uchi
in Kosa-Dachi

■

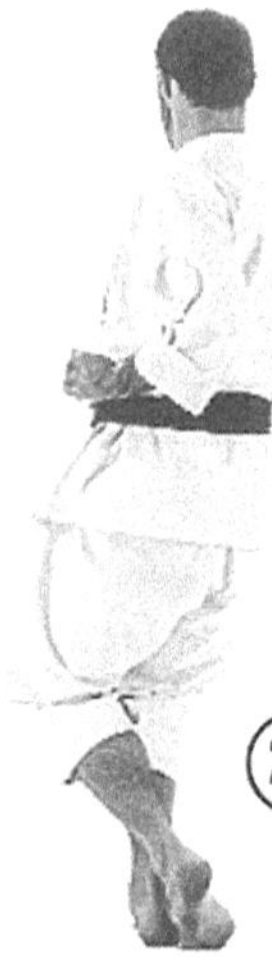

29

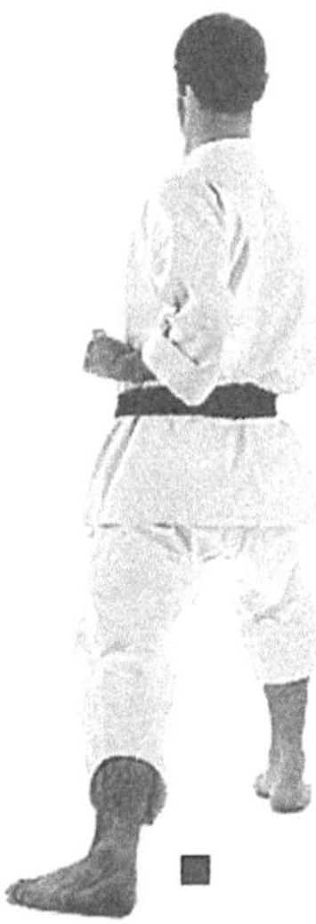

30

■

Zurücksetzen mit

Uchi-Ude-Uke
in Zenkutsu-Dachi

Chudan-Renzuki
in Zenkutsu-Dachi

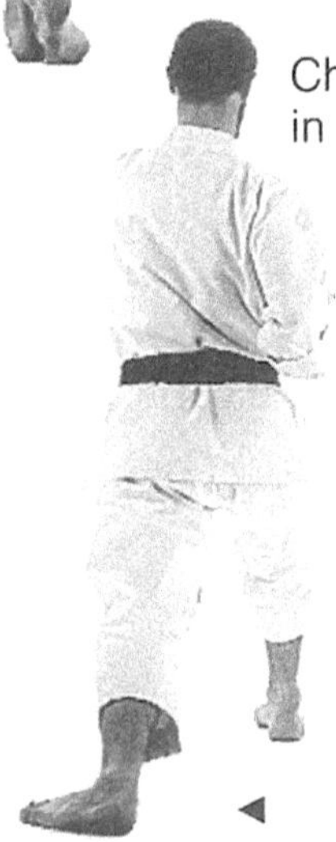

31A

◄

Gyaku-Zuki

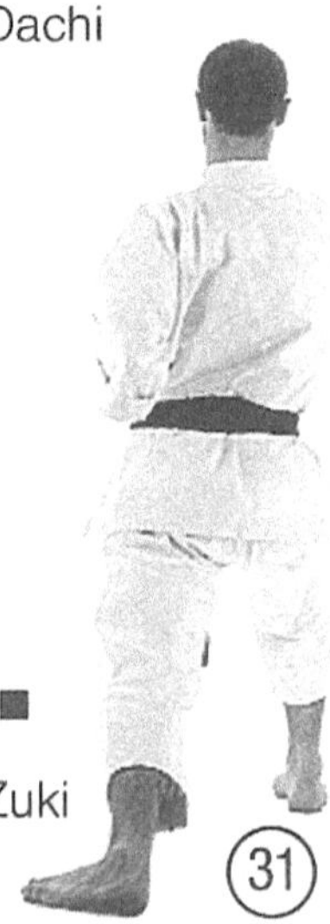

■

Choku-Zuki

31

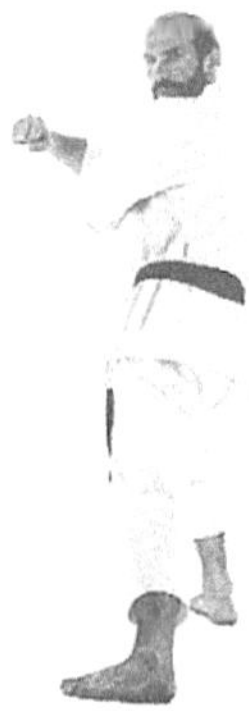

Ausholen zum
Haishu-Uke

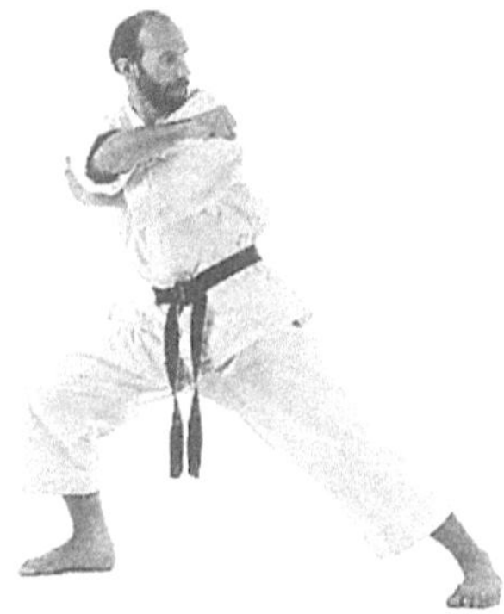

Seitliche Ansicht von links

32

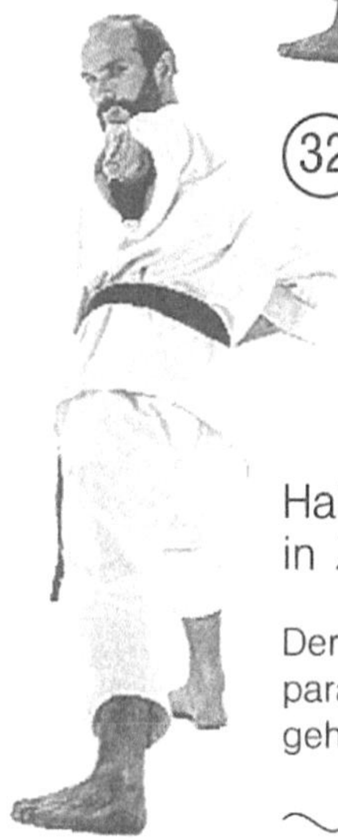

Haishu-Uke
in Zenkutsu-Dachi

Der linke Arm wird parallel zum Boden gehalten.

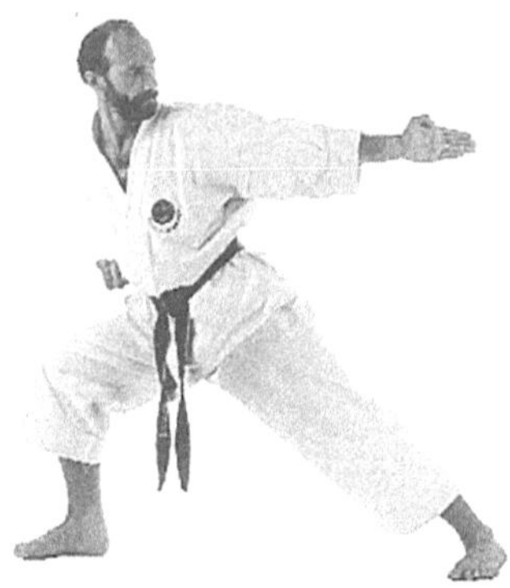

Seitliche Ansicht von links

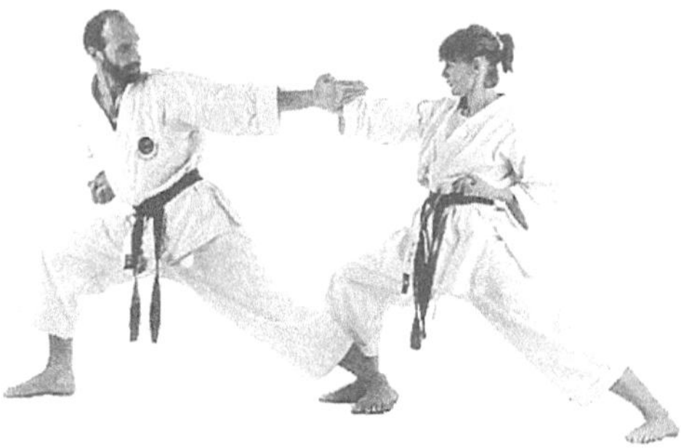

Erklärung

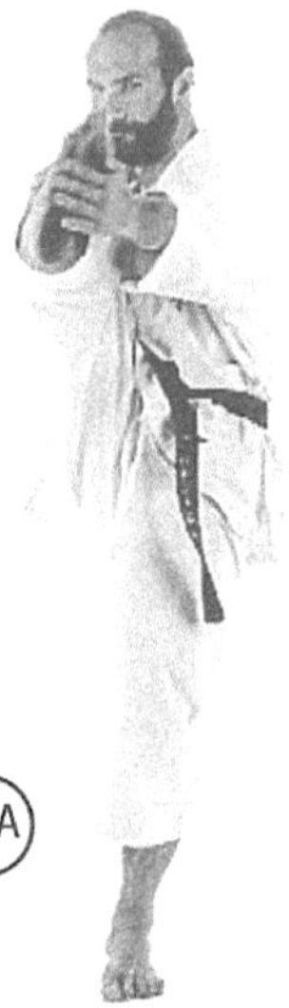

33A

Mika-Zuki-Geri

(Wird in der Drehung zum Sprung gegen die ausgestreckte Hand ausgeführt)

◄

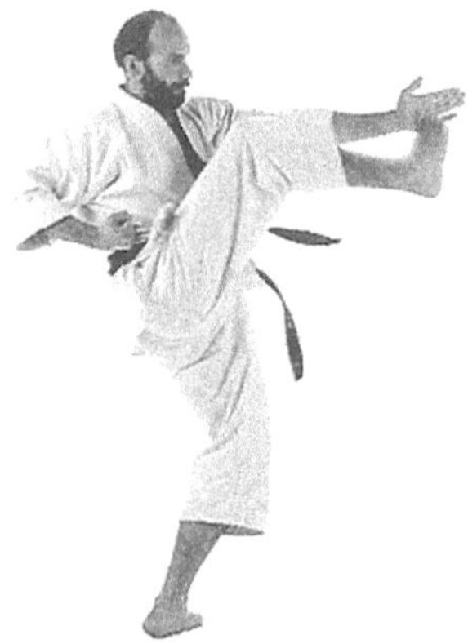

Seitliche Ansicht von links

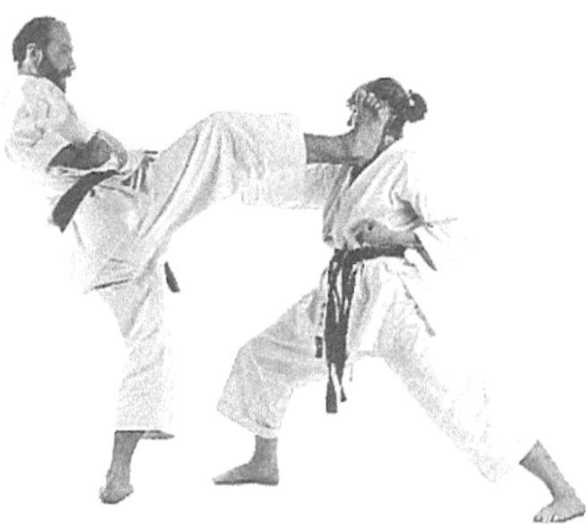

Erklärung

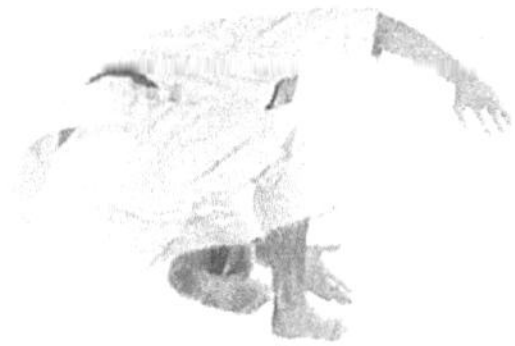

Sprung mit Drohung um 360°

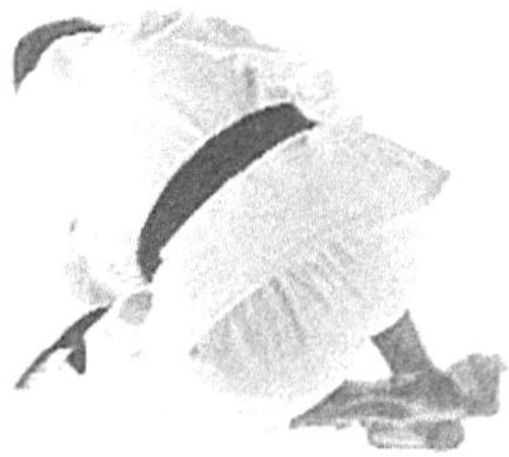

Wichtig für das Gelingen des Sprunges ist: energisches Hochreißen des rechten Beines (Mikazuki-Geri), kugelförmiges Schließen des Körpers in der Luft, um die Drehung zu beschleunigen, frühes Öffnen in den Stand (Ushiro-Geri), um die Drehung abzustoppen.

(33)

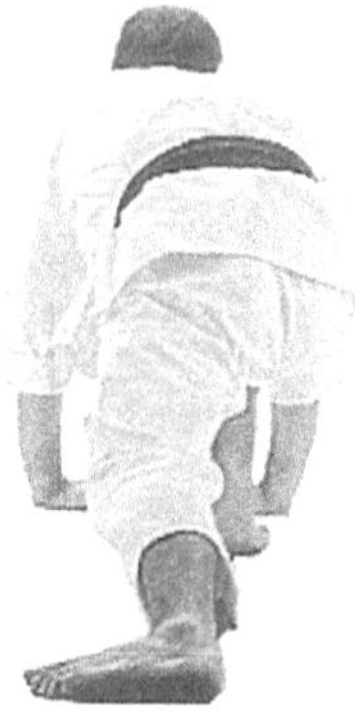

Landung mit

Ushiro-Geri

Die Landung erfolgt auf einer Linie. Die Ferse des linken Fußes soll dabei festen Bodenkontakt haben, auch wenn das anatomisch ungünstig ist (Verletzungsgefahr im Knie).

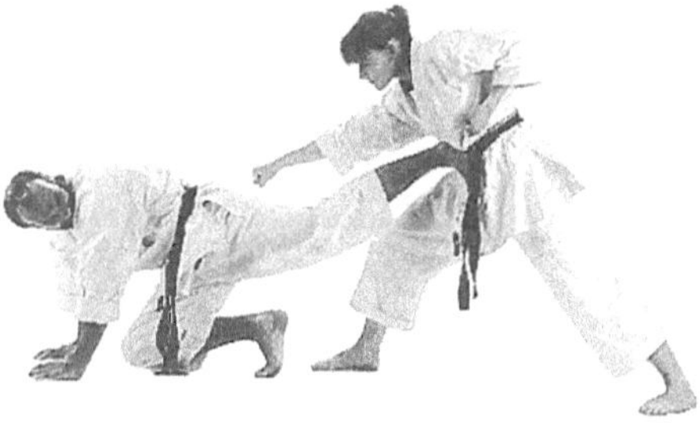

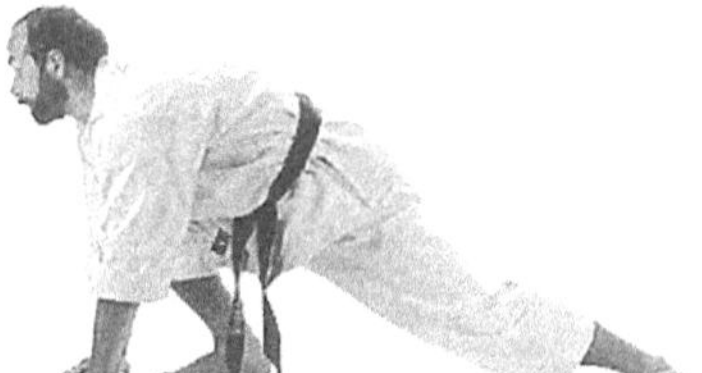

Seitliche Ansicht von links

Erklärung:

Aus dem Sprung wird ein Ushiro-Geri gegen den nachsetzenden Gegner getreten

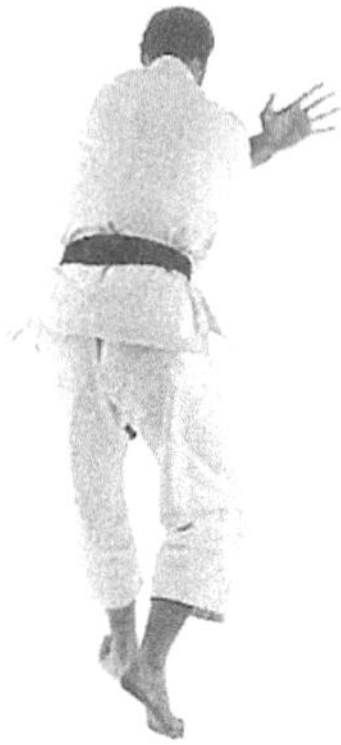

Sofortiges Umspringen nach der Landung

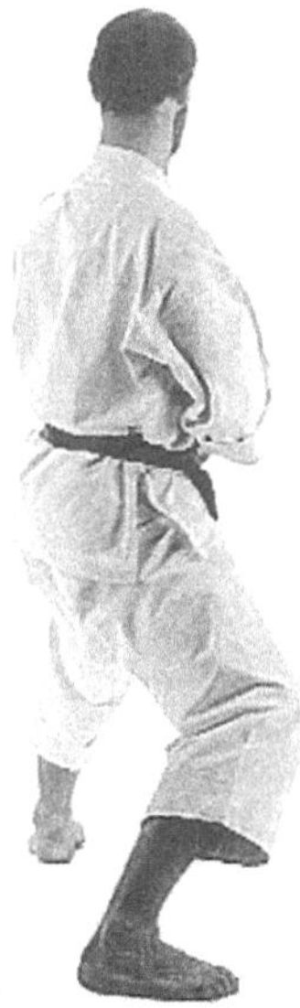

(34)

Landung mit

Morote-Gedan-Shuto-Uke in Kokutsu-Dachi

Die rechte Hand wird auch zur Abwehr benutzt und liegt daher an der linken kurzen Rippe.

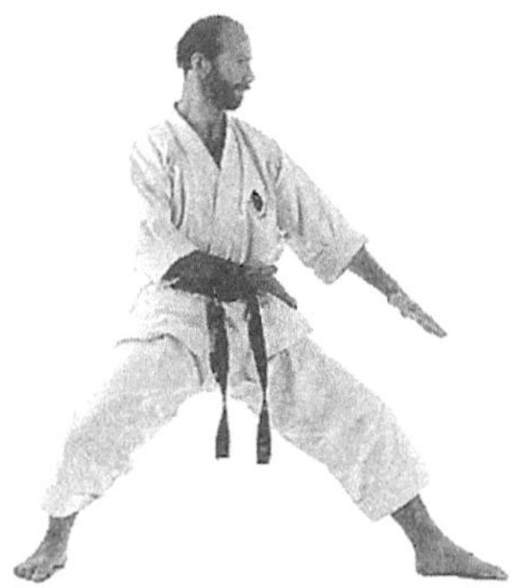

Seitliche Ansicht von rechts

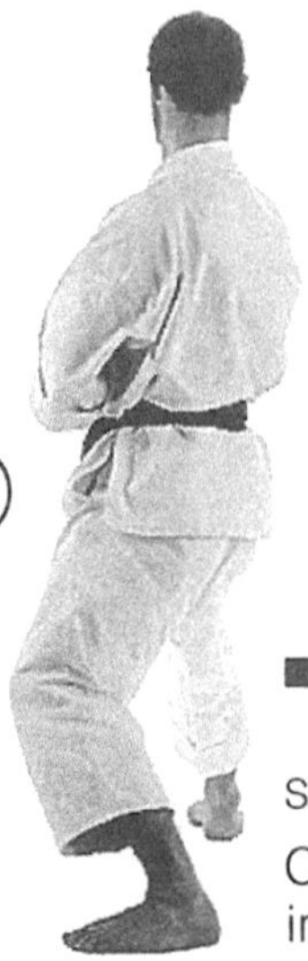

(35)

Schritt vorwärts mit

Chudan-Shuto-Uke in Kokutsu-Dachi

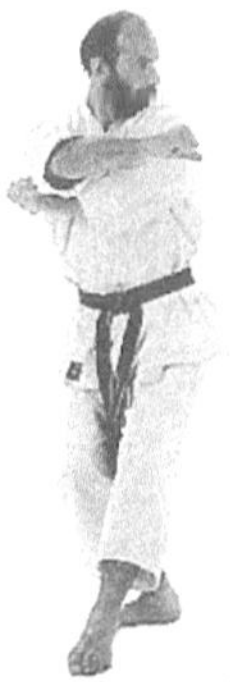

Wendung um 90° nach rechts, um den vorderen Fuß, mit Ausholbewegung

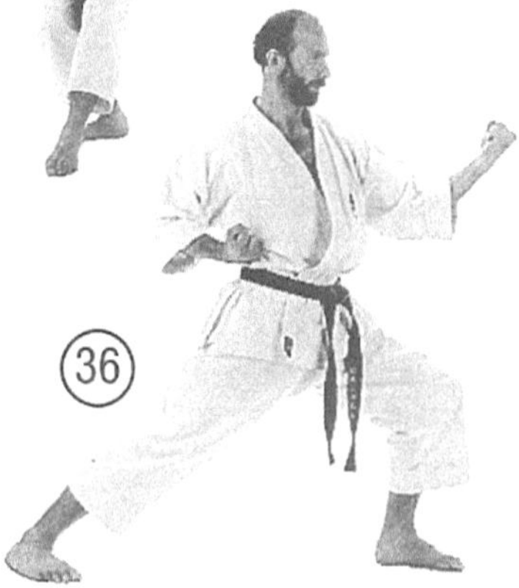

36

Uchi-Ude-Uke
in Zenkutsu-Dachi

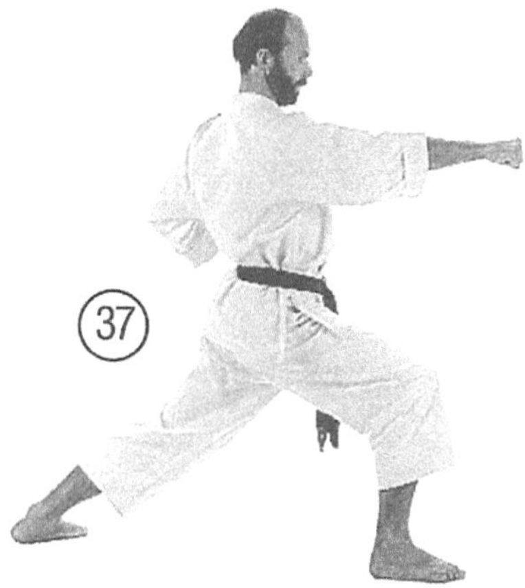

37

Schritt vorwärts:

Oizuki in Zenkutsu-Dachi

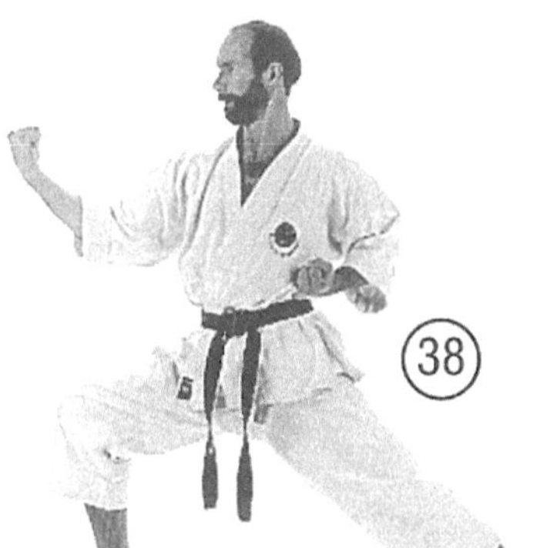

38

Wendung um 180°
um den hinteren Fuß in

Uchi-Ude-Uke
in Zenkutsu-Dachi

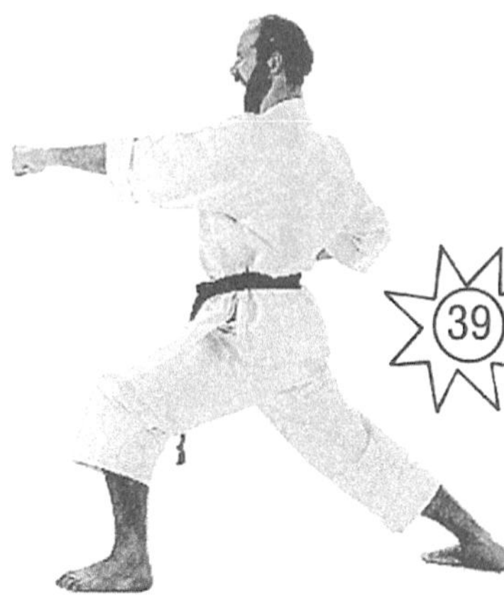

39

Schritt vorwärts:

Oizuki in
Zenkutsu-Dachi mit Kiai

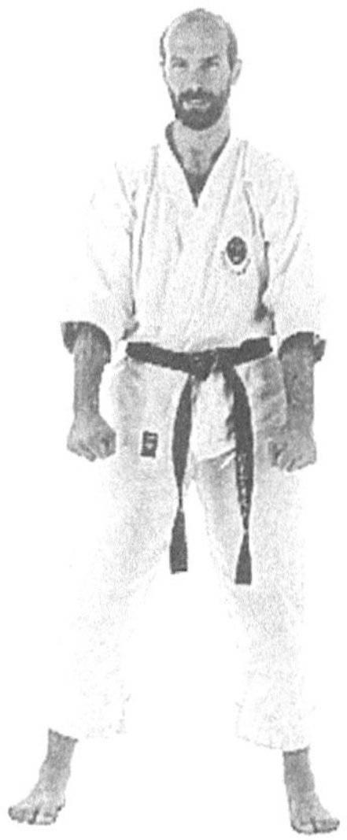

Yame

Aufstehen mit Zanshin in Shizentai

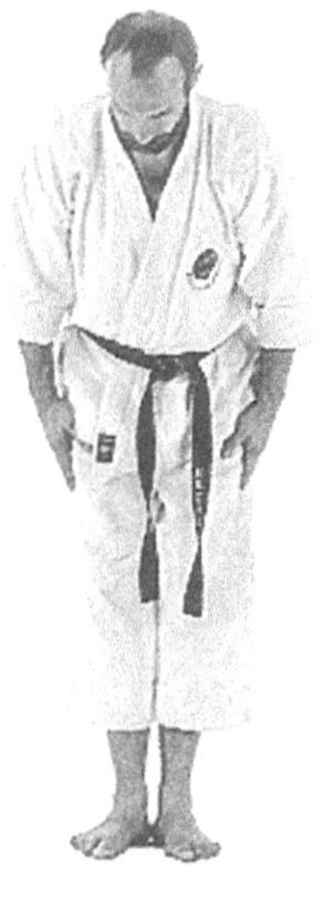

Ritsu-Rei in Musubi-Dachi

Abgrüßen

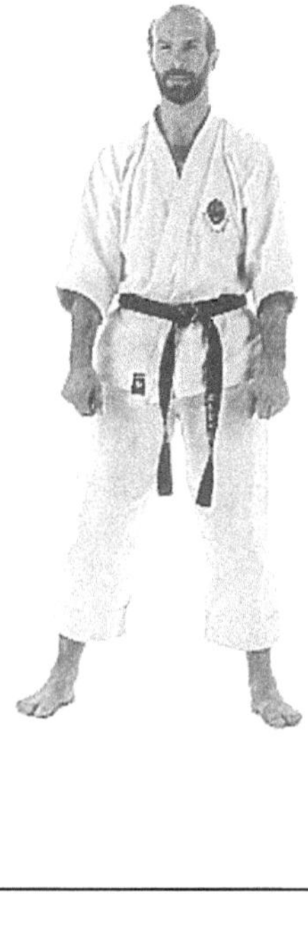

Entspannung

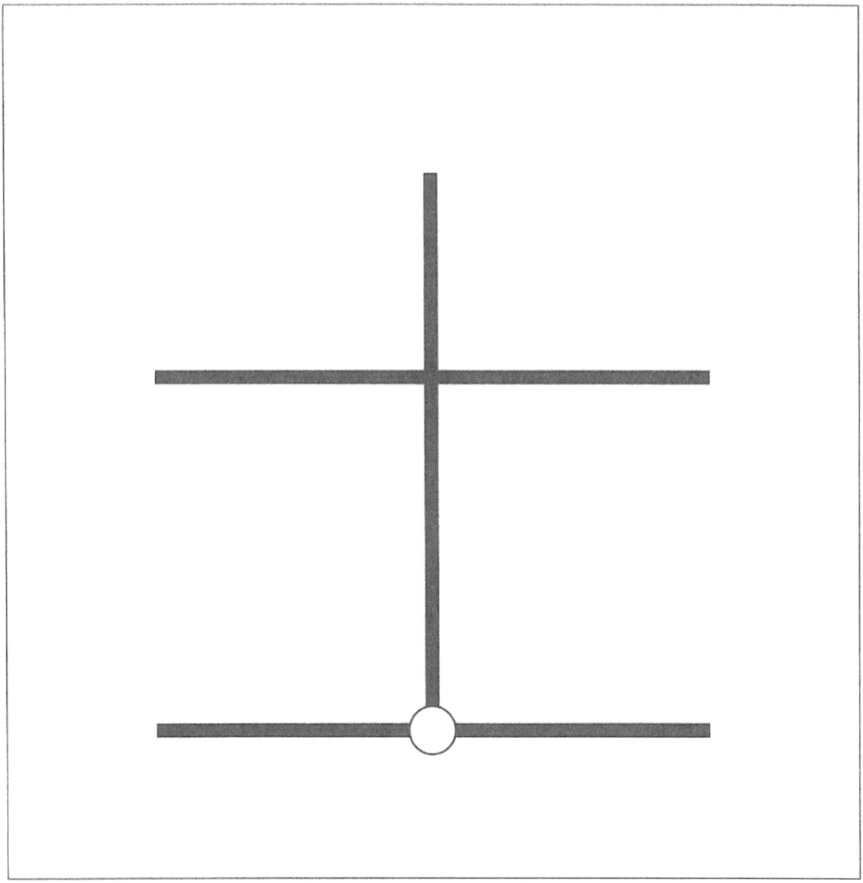

Schrittdiagramm (Embusen) der Kata Kanku-Sho

Ablauf der 39 Stellungen der Kata Kanku-Sho in Einzelbildern

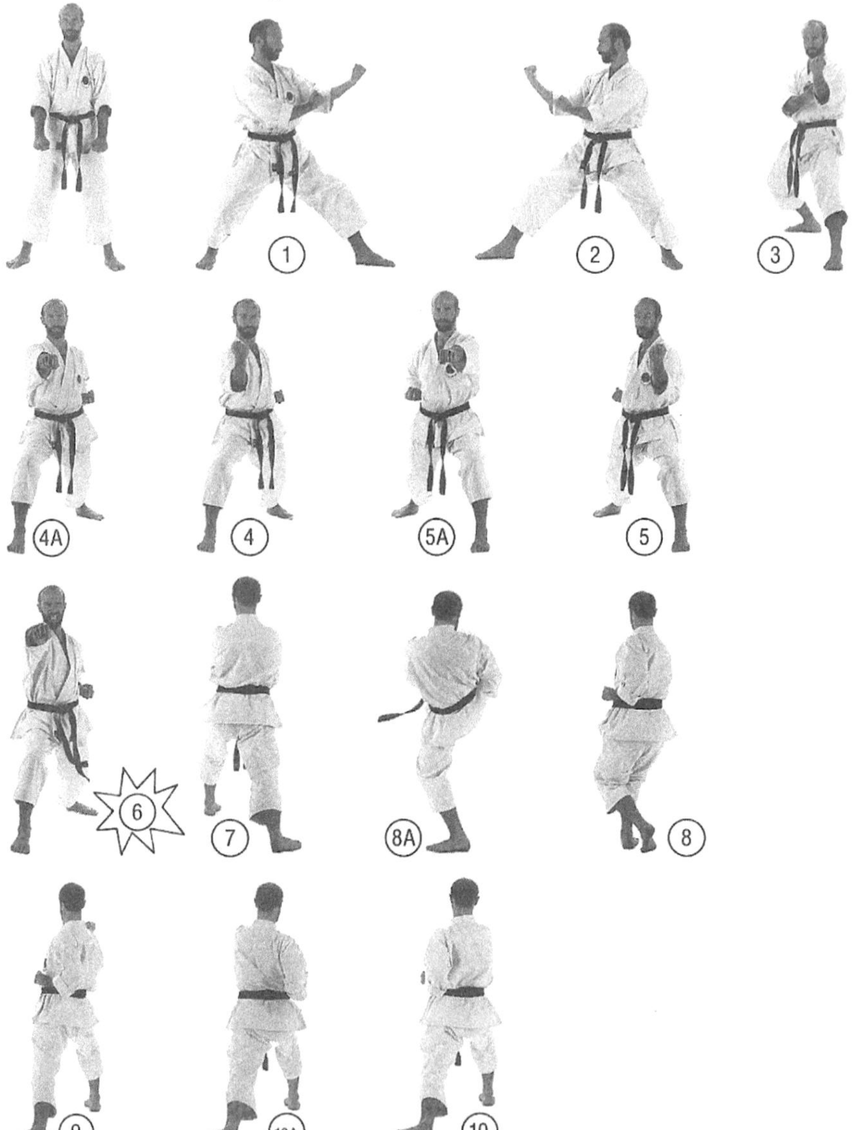

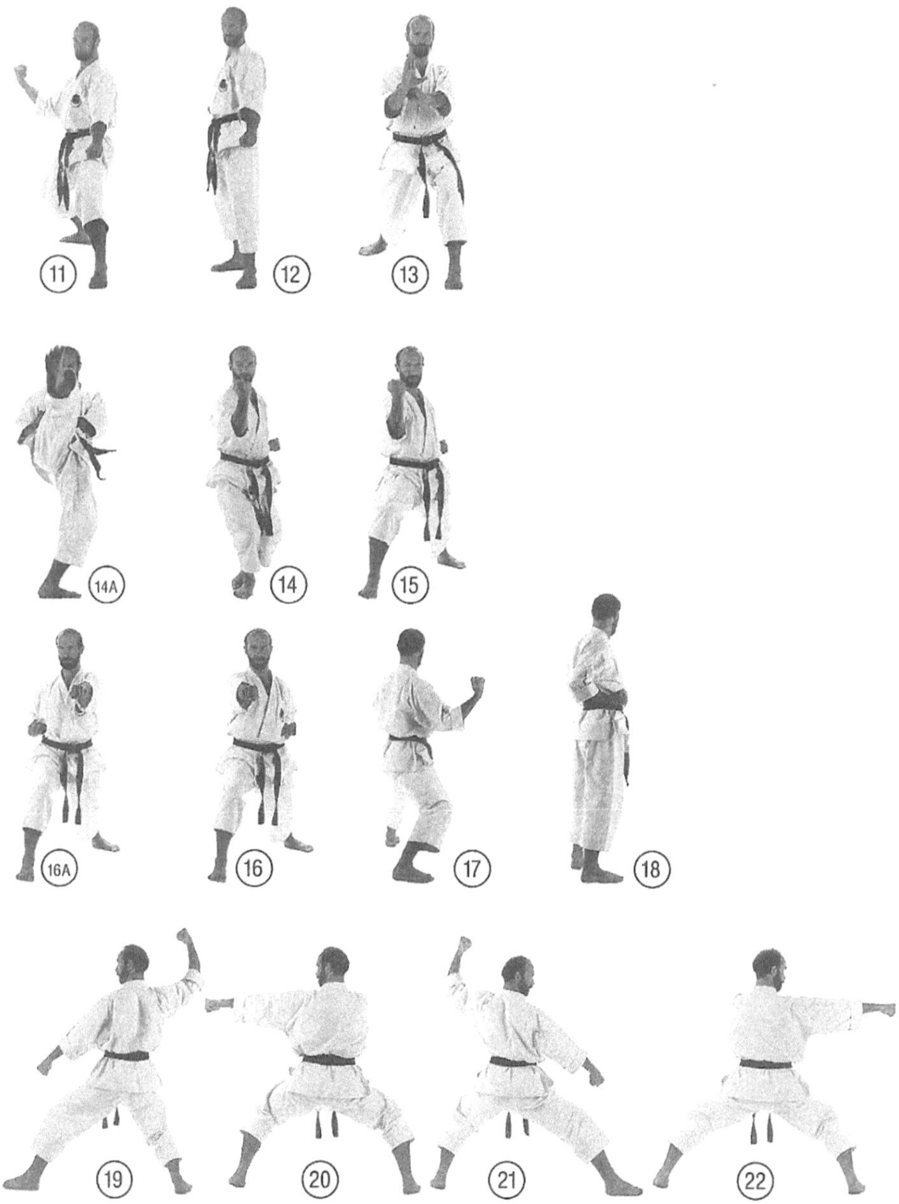
11
12
13
14A
14
15
16A
16
17
18
19
20
21
22

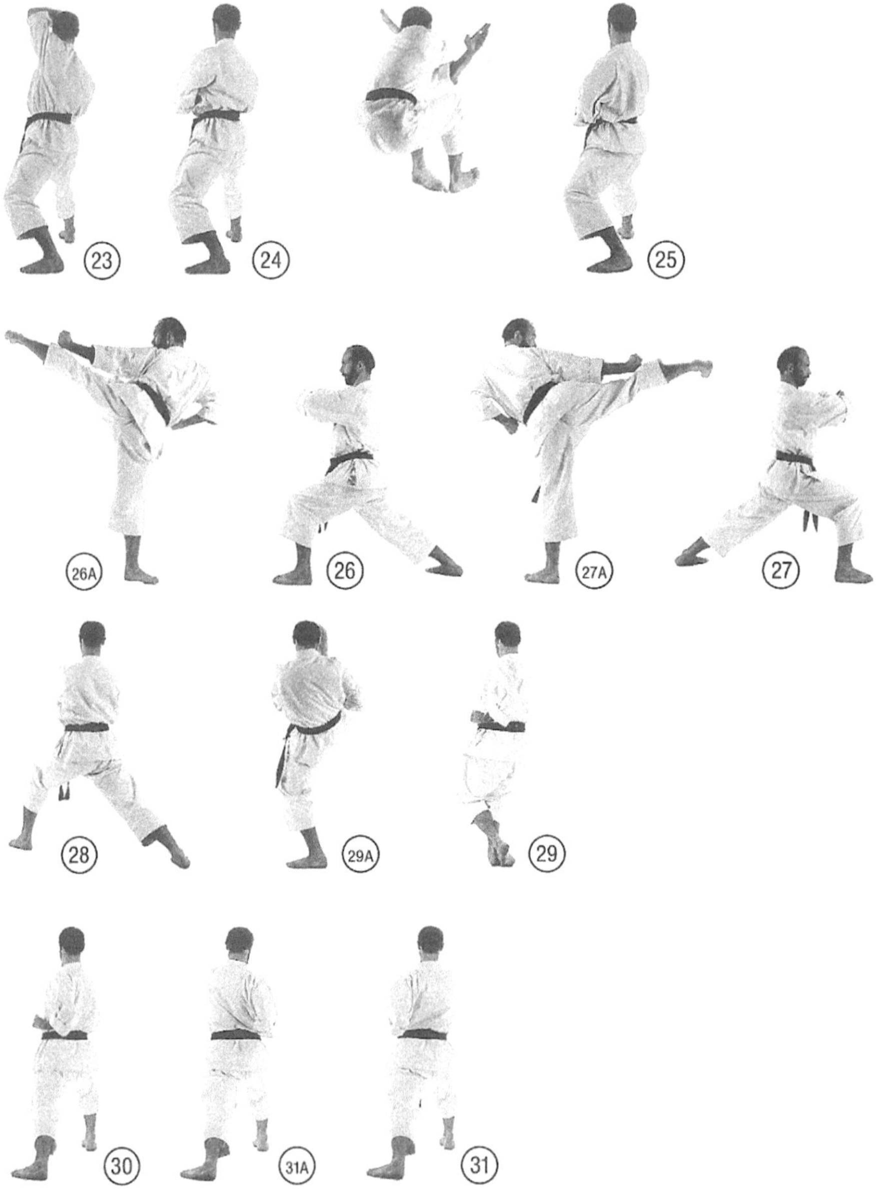
23
24
25
26A
26
27A
27
28
29A
29
30
31A
31

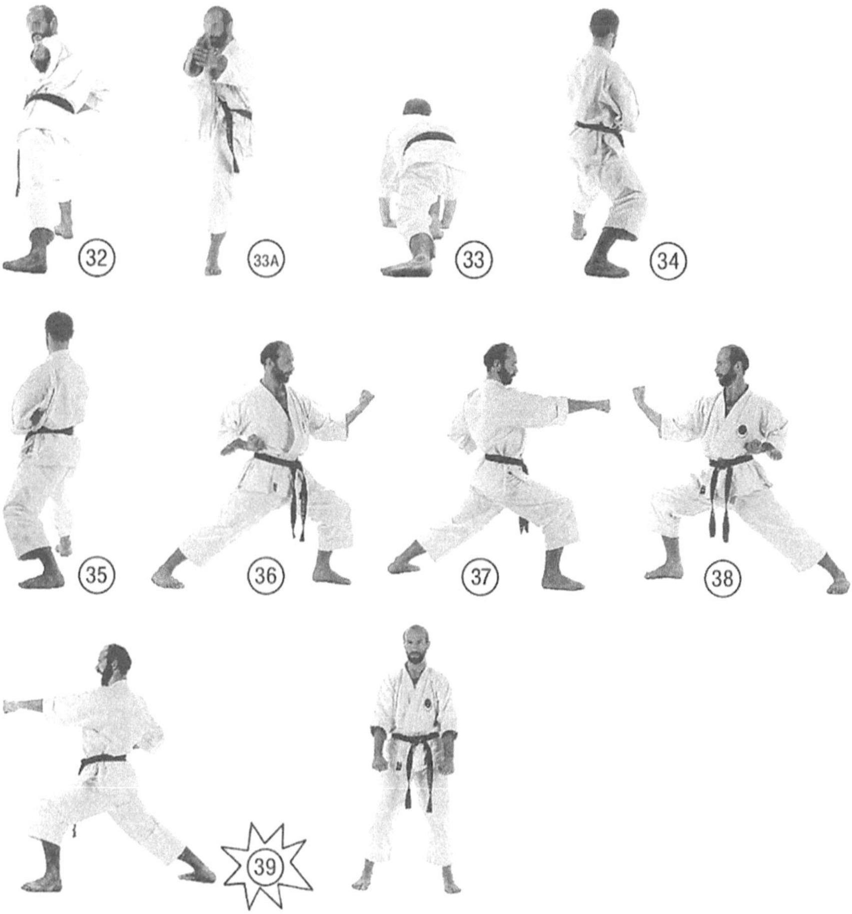
32
33A
33
34
35
36
37
38
39

Kata Nijushiho

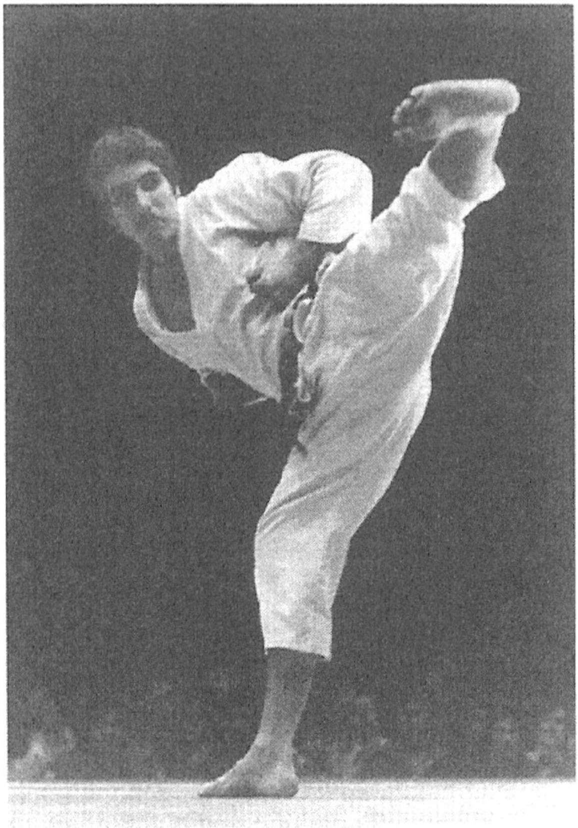

Nijushiho ist eine Kata, die zur Niigaki-Schule gehört. Sie wird auch „Niseshi" genannt und gehört damit in die gleiche Gruppe wie Unsu und Sochin. Diese Kata sind nicht aus den drei ursprünglichen Karate-Schulen der Insel Okinawa entstanden, dem Shuri-Te und dem Tomari-Te, aus denen sich Shotokan entwickelt hat, und dem Naha-Te, das u.a. dem Goju-Ryu zugrunde liegt. Ihre Herkunft ist daher ungewiss. Trotzdem wird sie in verschiedenen Stilen des Shorin-Ryu (Shotokan, Wado-Ryu, Shito-Ryu) geübt. Sie zeichnet sich durch fließende Bewegungen und einen immer wieder spürbaren Wechsel zwischen langsamem Spannungsaufbau und explosiver Lösung in starke Empi-Techniken (in drei verschiedenen Ausführungen!) aus. Die häufige Anwendung offener Handtechniken entspricht mehr der Naha-Te-Schule und erfordert besonderes Training, um sie ebenso wirkungsvoll durchzuführen wie Fausttechniken. Die Bewegung beim ersten Kiai, die den Gegner irritieren soll, findet sich in ähnlicher Form in der Kata Unsu. Um sie und die folgende Mae-Geri-Abwehr mit offenen Händen überzeugend anwenden zu können, bedarf es einer besonderen Kraft und Ausstrahlung des Vortragenden, die nur durch intensives Bemühen um den Sinn dieser Techniken erreicht werden kann.

Auch wenn der Ablauf der Kata leicht zu erlernen ist, sollte sie erst nach langjähriger Karatepraxis vorgeführt werden!

Diese Kata beinhaltet 24 Positionen, die in 60 Sekunden vorgetragen werden.

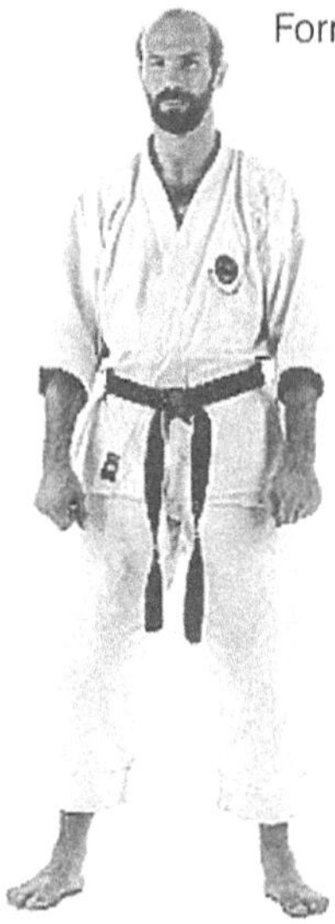

Formlose Aufstellung

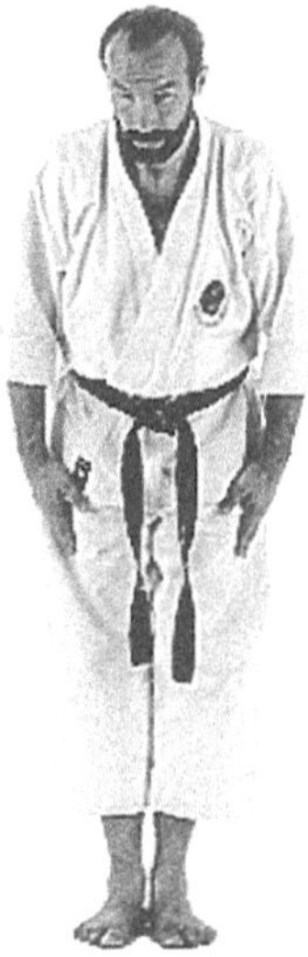

Ritsu-Rei

Gruß im Stand (Musubi-Dachi)

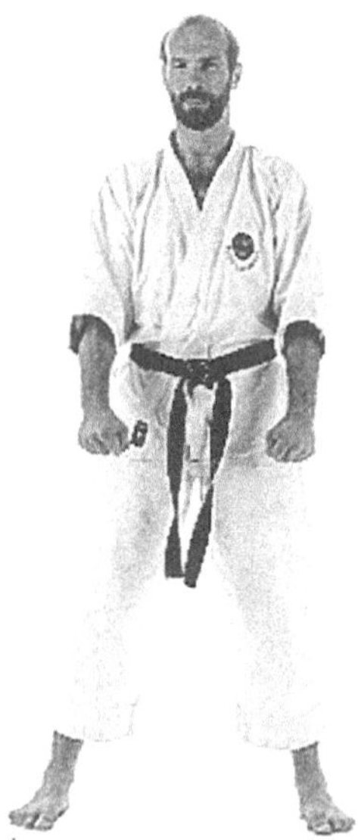

Yoi
in Shizentai

Gespannte Aufmerksamkeit
vor Beginn der Kata

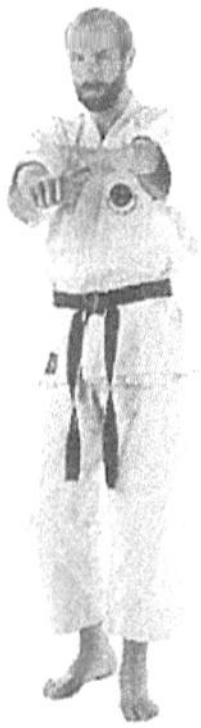

Ausholen und Beginn des Zurücksetzens

Neben der hier gezeigten Form gibt es auch die Möglichkeit, mit beiden (geöffneten) Händen auszuholen.

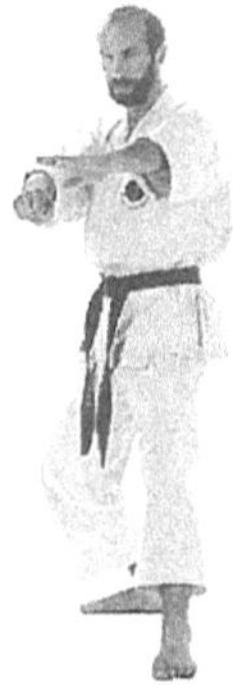

Die Ausholbewegung erfolgt gleitend ohne Arretierung am Beginn der Bewegung. Sie soll im Zusammenwirken mit der Rücksetzbewegung in Kokutsu-Dachi ausgeführt werden, so daß die Ziehbewegung gleichzeitig mit der Rückrutschbewegung des vorderen Fußes endet.

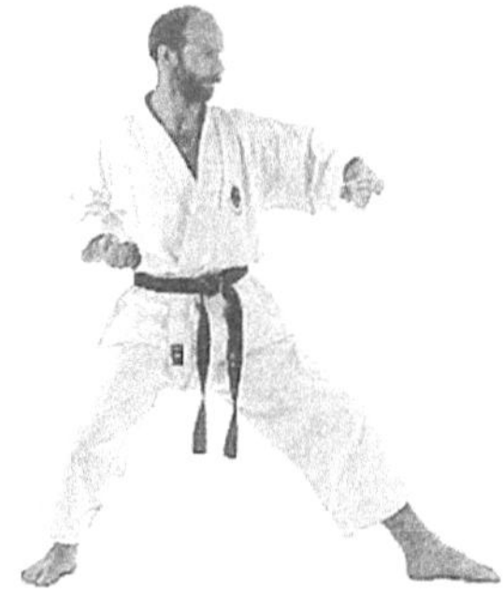

Seitliche Ansicht von links

(1)

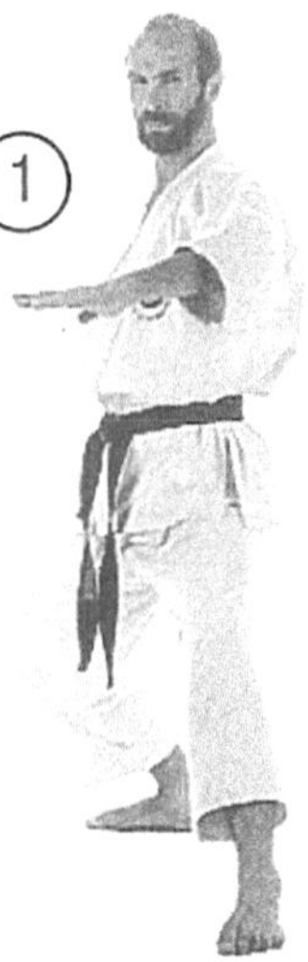

Chudan-Osae-Uke
in Kokutsu-Dachi

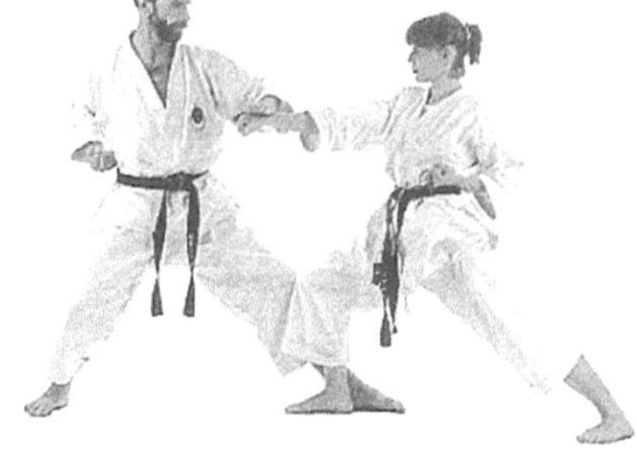

Erklärung

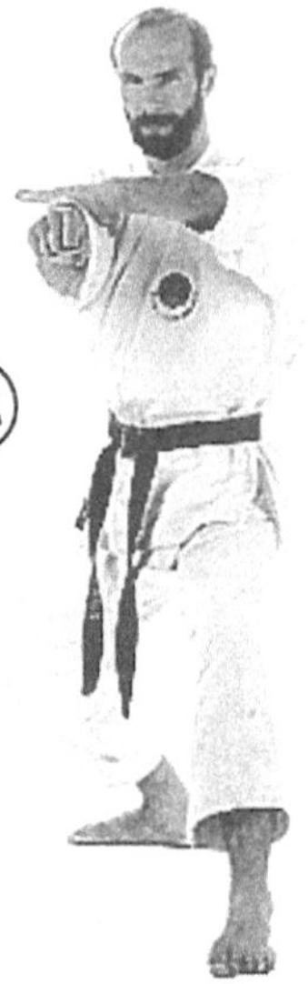

2A

Vorrutschen in

Kokutsu-Dachi
mit Gyaku-Zuki

◄

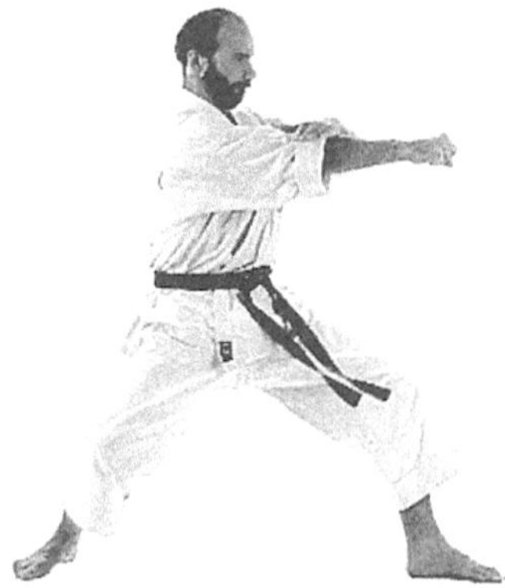

Seitliche Ansicht von links

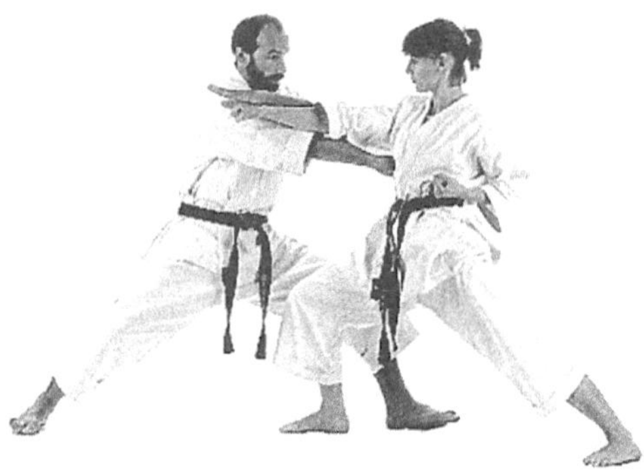

Erklärung

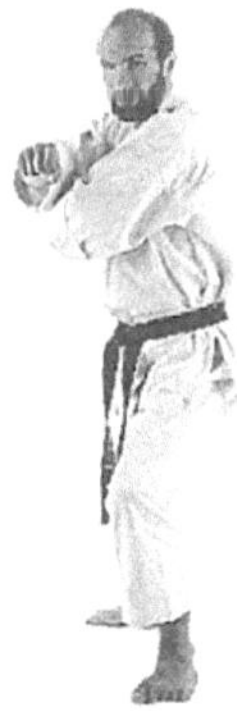

Ausholbewegung gleichzeitig mit dem Vorsetzen des linken Fußes

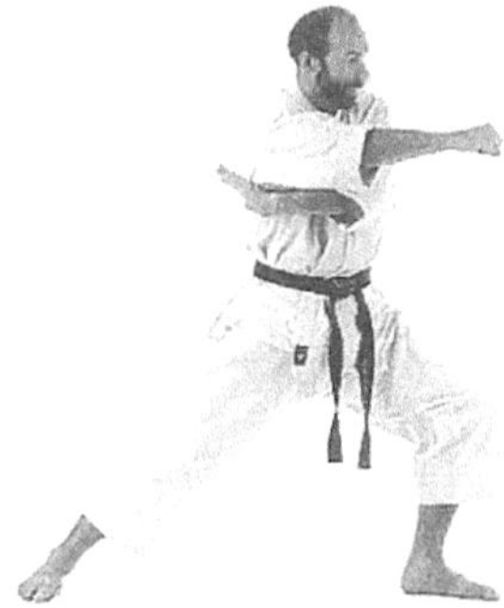

Seitliche Ansicht von links

Empi-Uchi in linksseitigem Shizentai

(2)

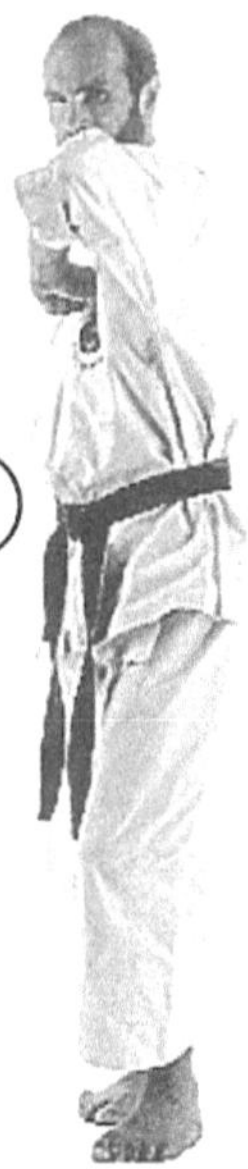

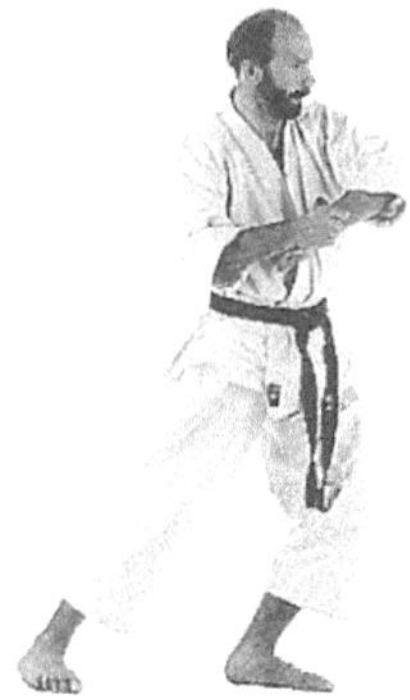

Seitliche Ansicht: Fortsetzen der Bewegung unter Heranziehen des hinteren Fußes bis in die Endstellung

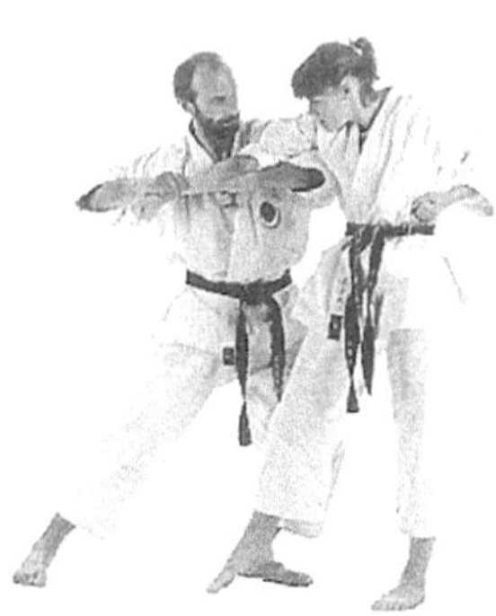

Erklärung:

Gegenangriff in die Achsel

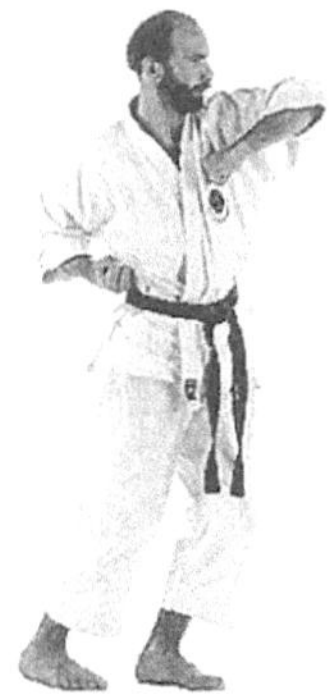

Seitliche Ansicht von links

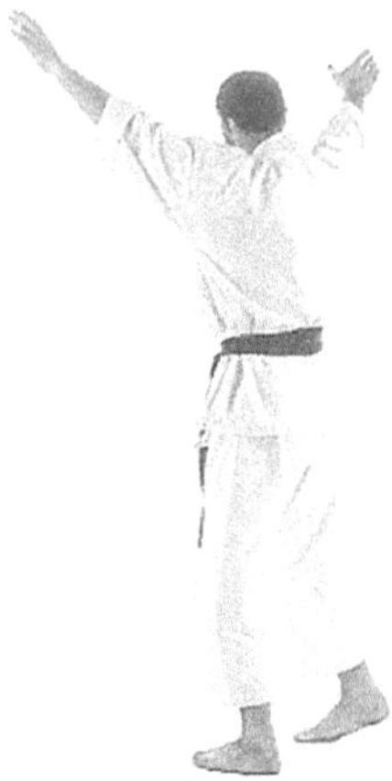

Wendung um 180° auf dem linken Fuß in Sanchin-Dachi mit Aushol- und (Abwehr-)bewegung

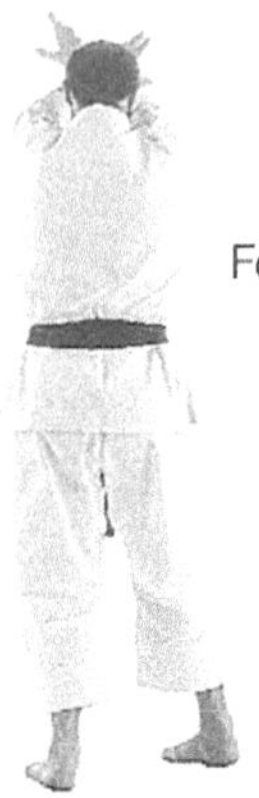

Fortsetzung der Bewegung

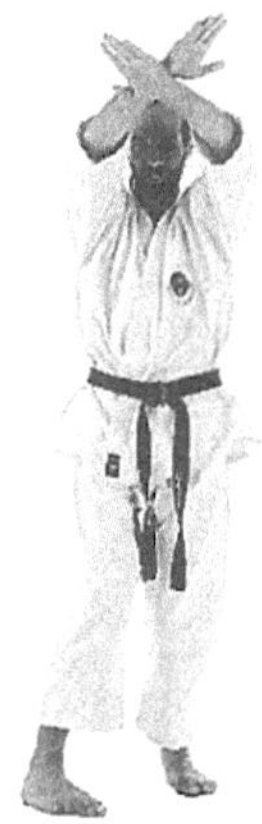

Ansicht von der Rückseite

Sanchin-Dachi

Um Sanchin-Dachi einzunehmen, öffnet man die Füße aus Musubi-Dachi (A) durch Heraussetzen der Fersen (B) und stellt dann einen Fuß auf die Linie der Zehen des hinteren Fußes (C).

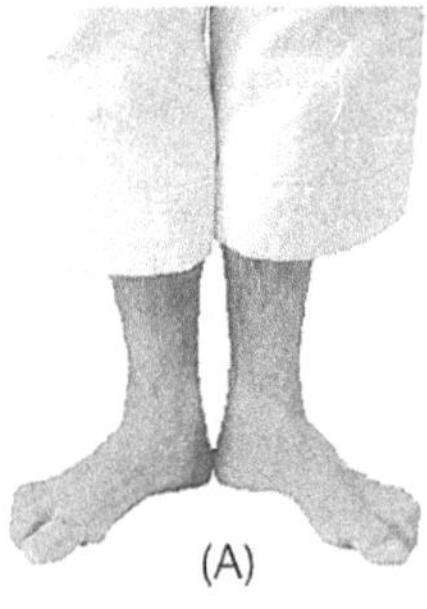

(A)

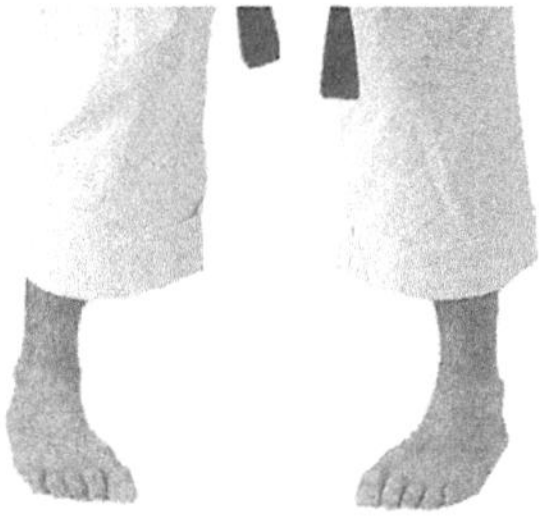

(B)

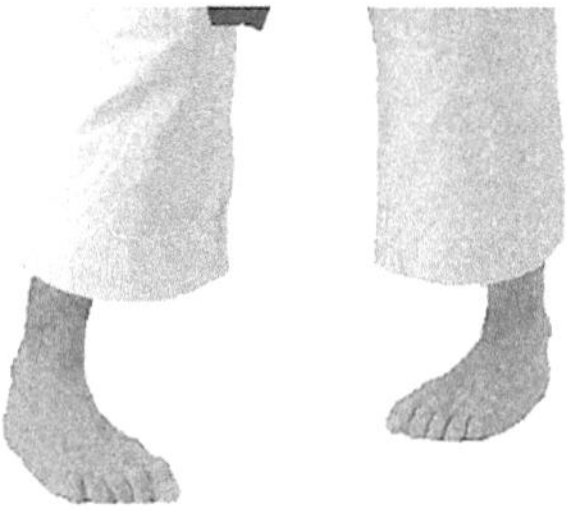

(C)

Moroto Kochi Kamae in Sanchin-Dachi

3A

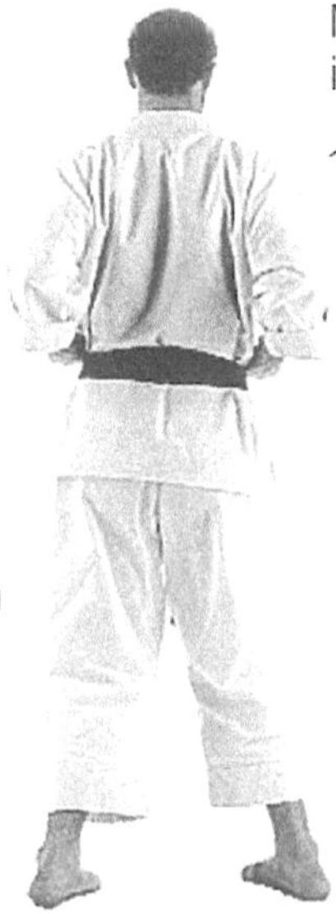

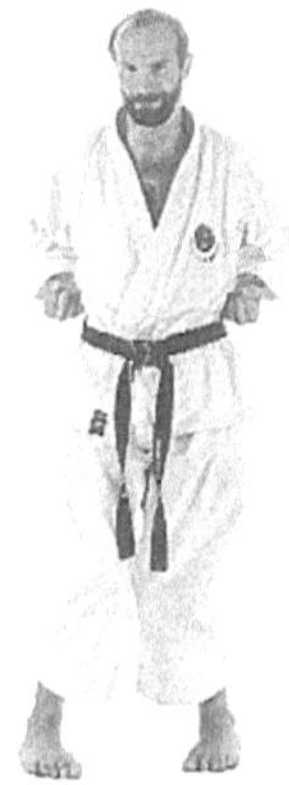

Ansicht von der Rückseite

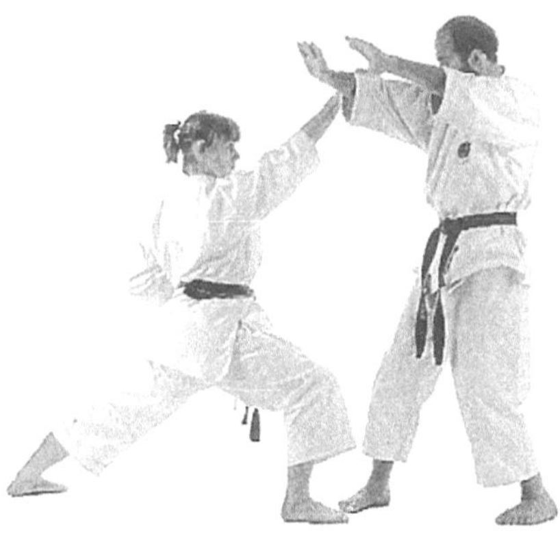

Erklärung:

Aus der Drehung wird der Gegner mit Jodan geblockt ...

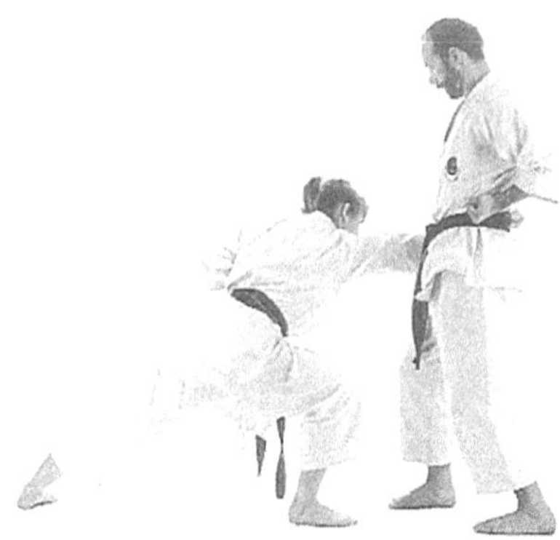

... und sein Gleichgewicht durch Vorziehen gebrochen

(3)

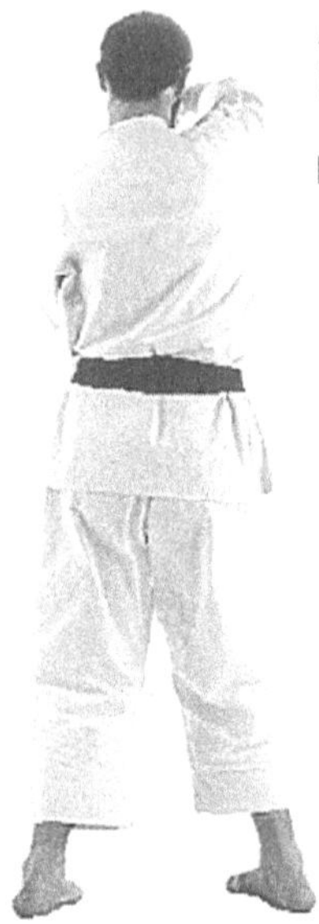

Awase-Zuki in Sanchin-Dachi

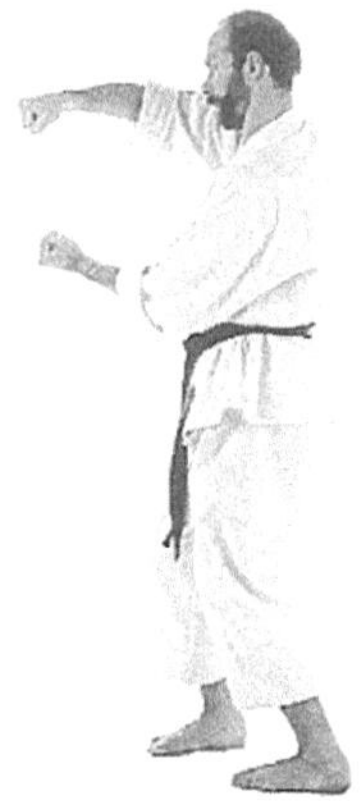

Seitliche Ansicht von links

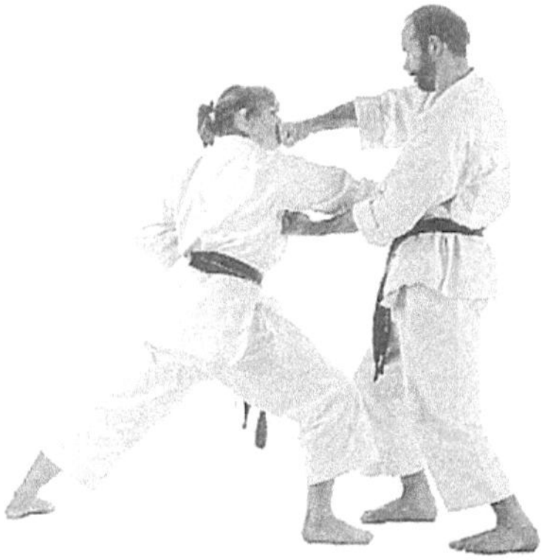

Erklärung

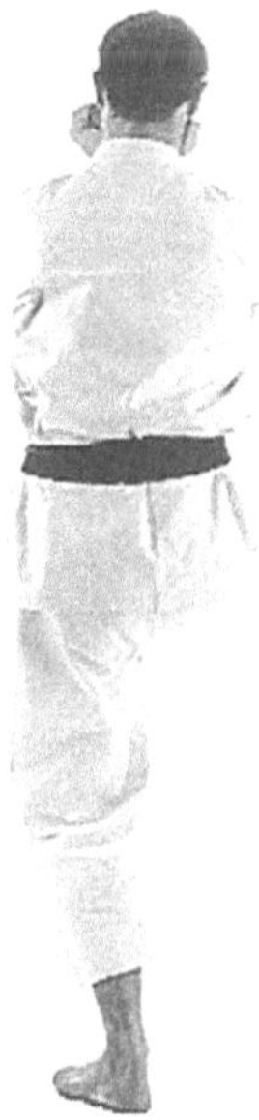

Hasami-Uke in Kata-Ashi-Dachi

(Scherblock)

◄

4A

Das Heben des Knies ist eine Ausweichbewegung oder ein zusätzlicher Block.

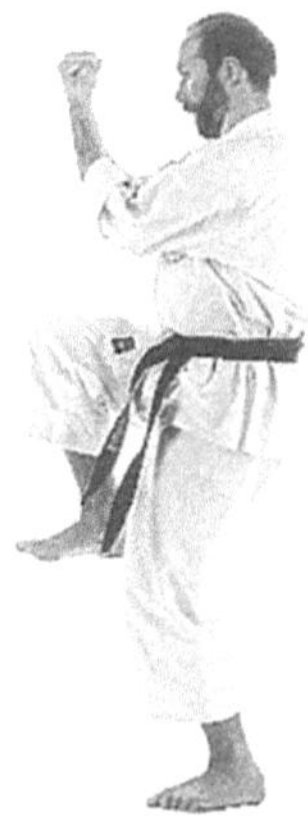

Seitliche Ansicht von links

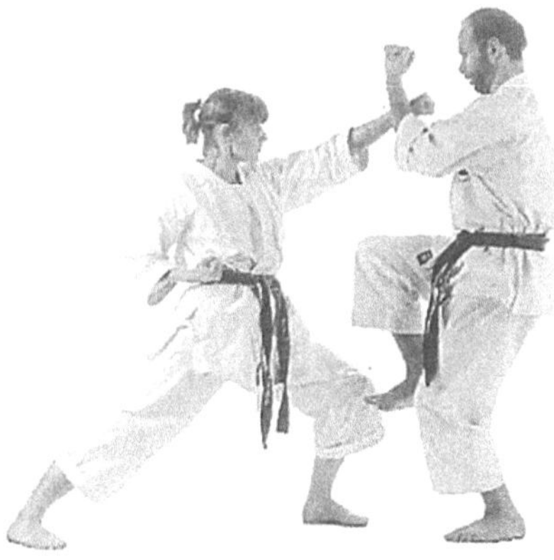

Erklärung

Absetzen mit

Kakiwake-Uke in Zenkutsu-Dachi

(4)

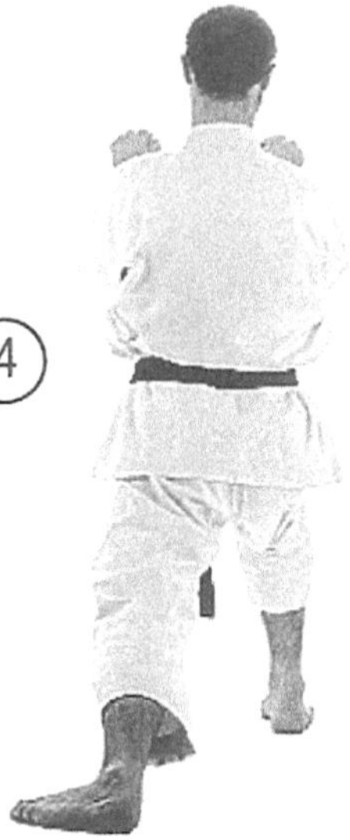

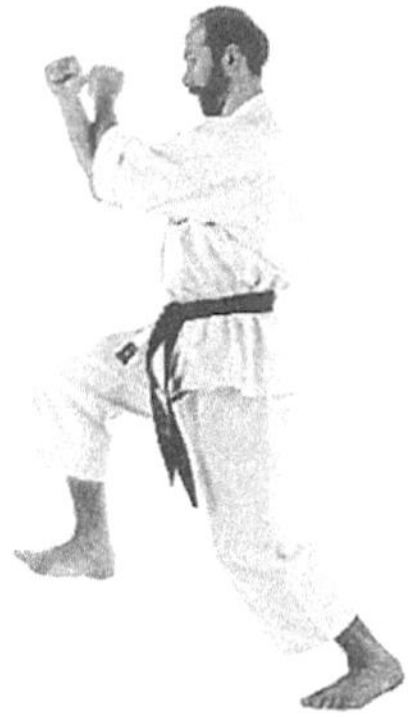

Seitliche Ansicht von links

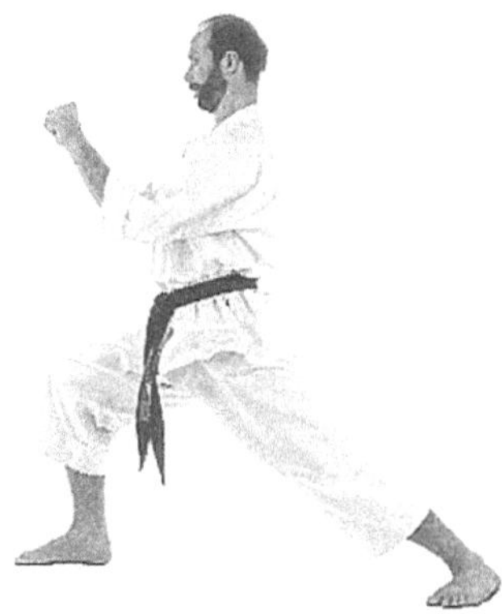

Im Absetzen wird mit überkreuzten Armen zum Kakiwake-Uke ausgeholt.

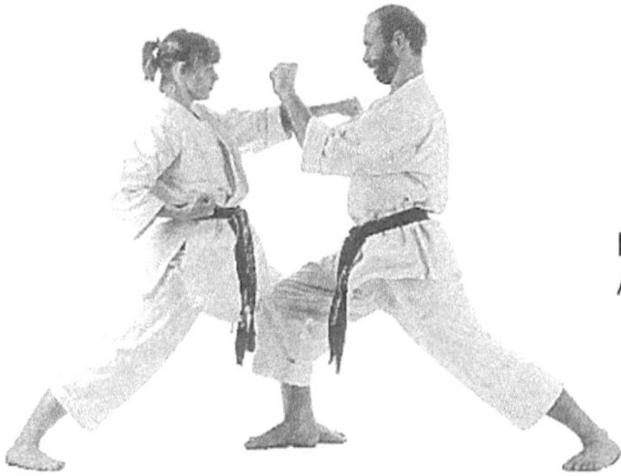

Erklärung

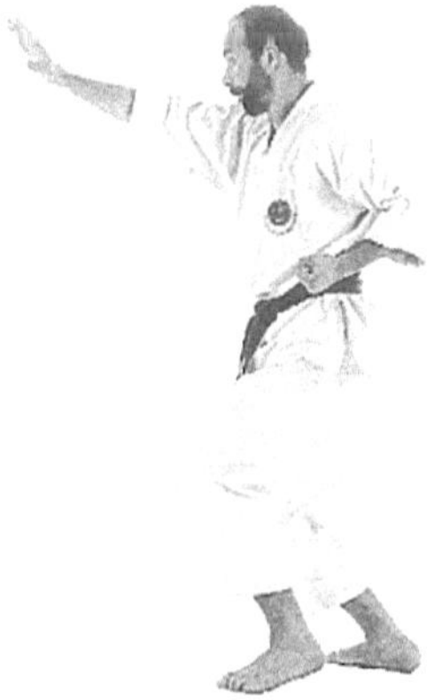

Umsetzen (Wendung um 90° auf dem rechten Fuß mit Ausholbewegung rechts)

Dabei wird die linke Hand bis an die Hüfte zurückgezogen.

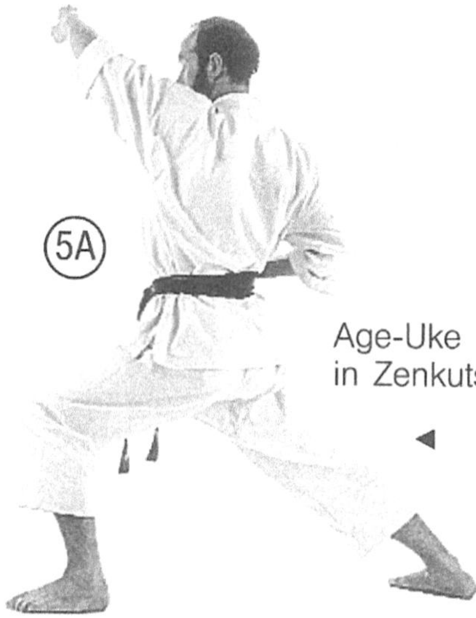

(5A)

Age-Uke
in Zenkutsu-Dachi

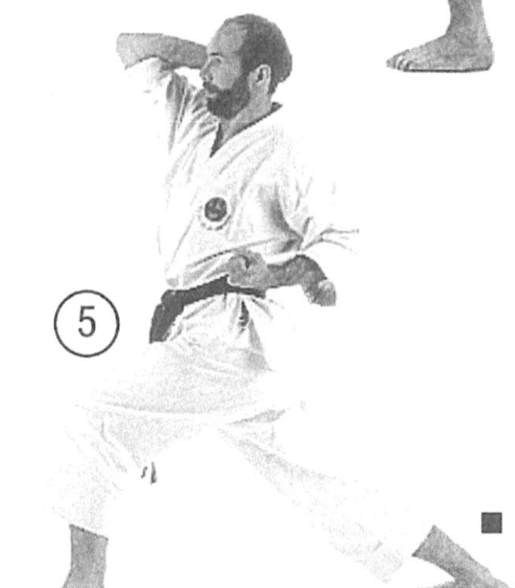

(5)

Jodan-Gyaku-Tate-Empi-Uchi
in Zenkutsu-Dachi

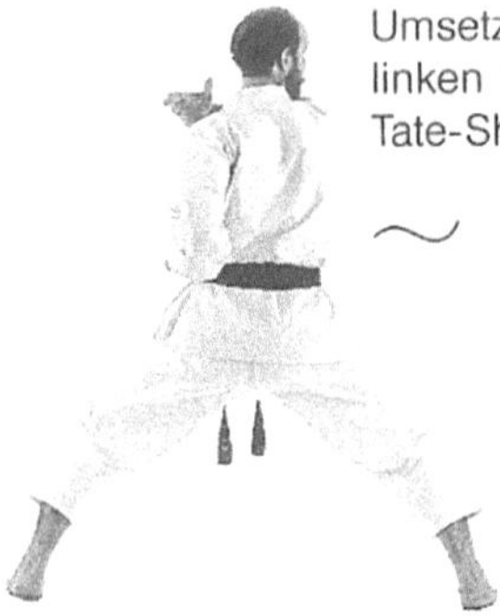

Umsetzen in Kiba-Dachi (auf dem linken Fuß) und Ausholen zum Tate-Shuto-Uke

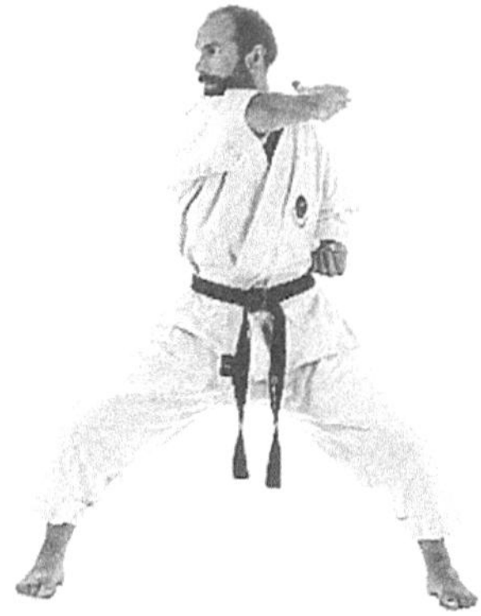

Ansicht von der Rückseite

6

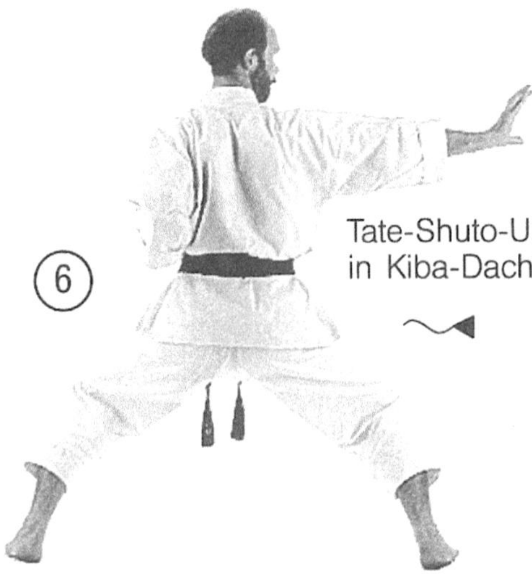

Tate-Shuto-Uke in Kiba-Dachi

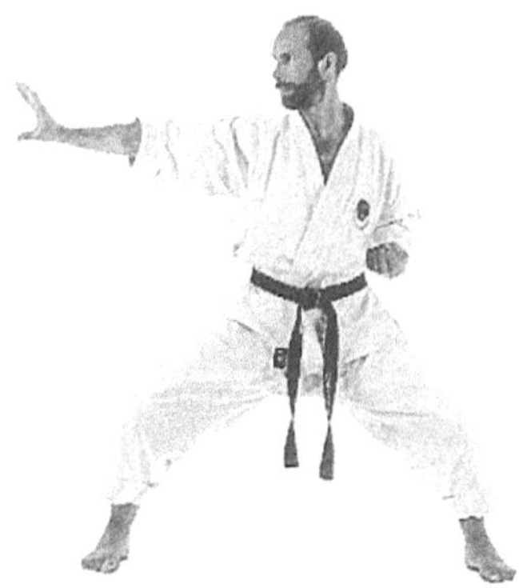

Ansicht von der Rückseite

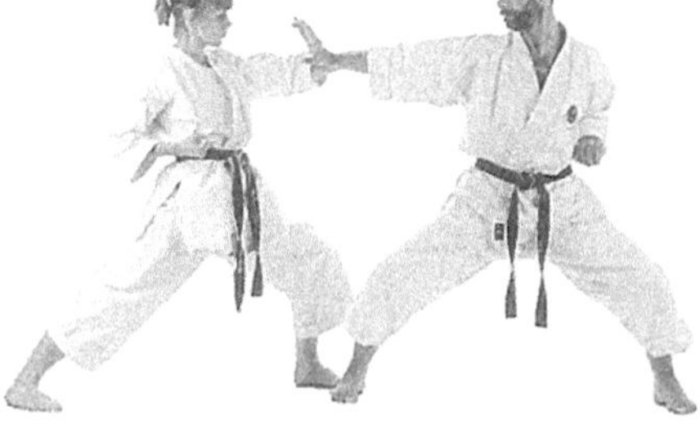

Erklärung

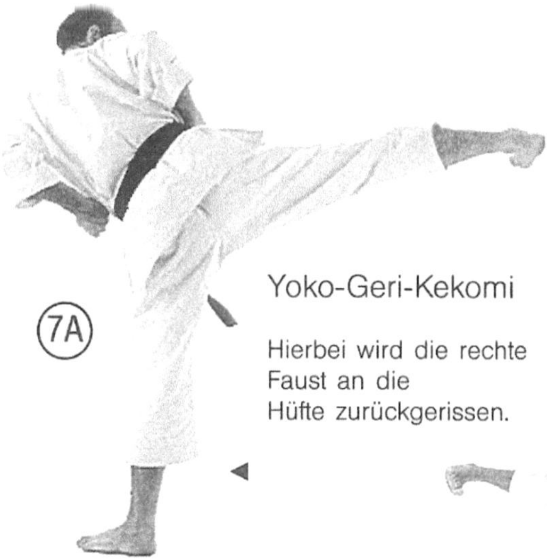

7A

Yoko-Geri-Kekomi

Hierbei wird die rechte
Faust an die
Hüfte zurückgerissen.

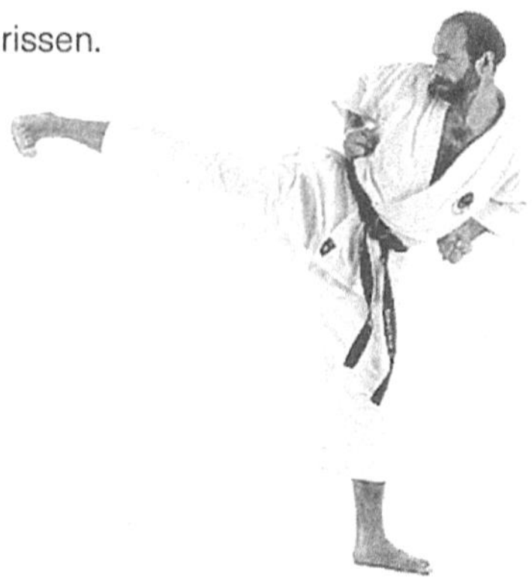

Ansicht von der Rückseite

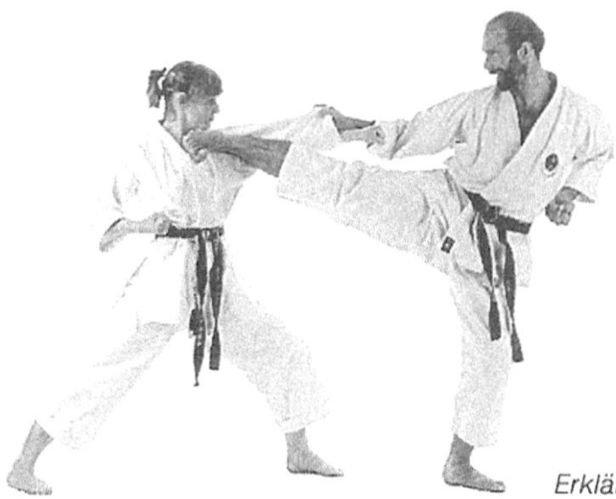

Erklärung

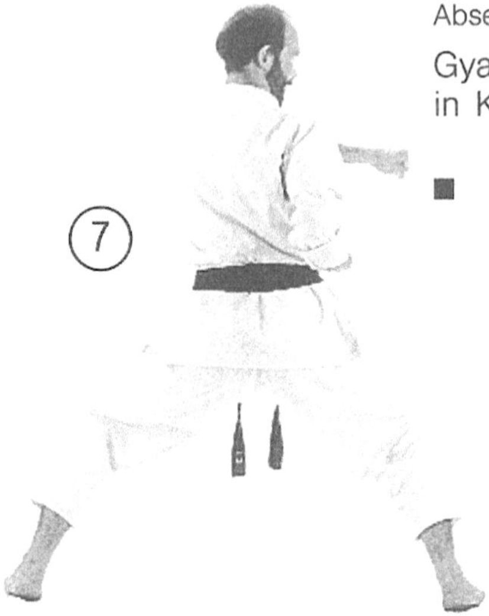

Absetzen mit

Gyaku-Zuki in Kiba-Dachi

■

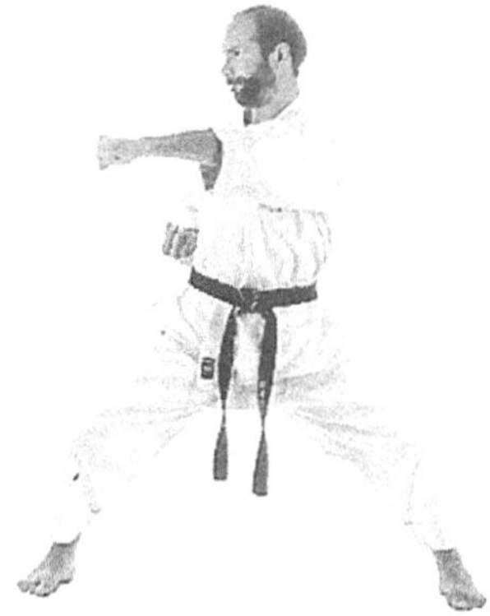

Ansicht von der Rückseite

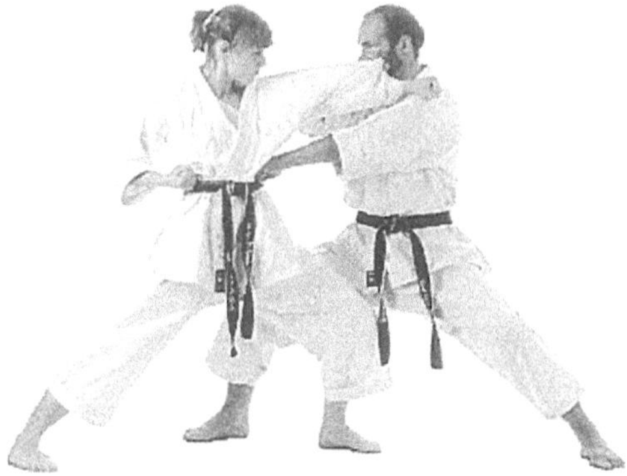

Erklärung

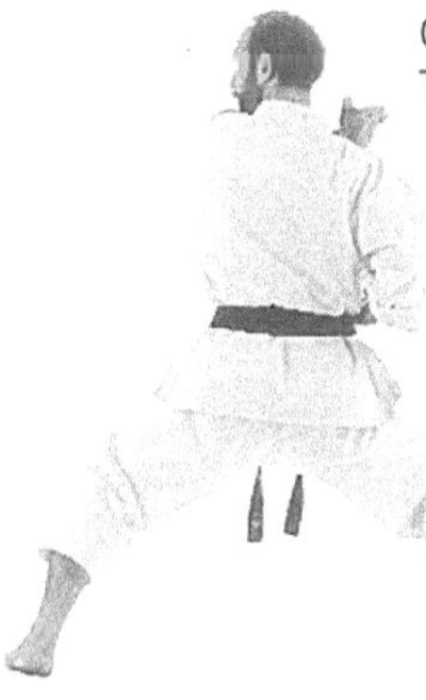

Große Ausholbewegung zum Tate-Shuto-Uke

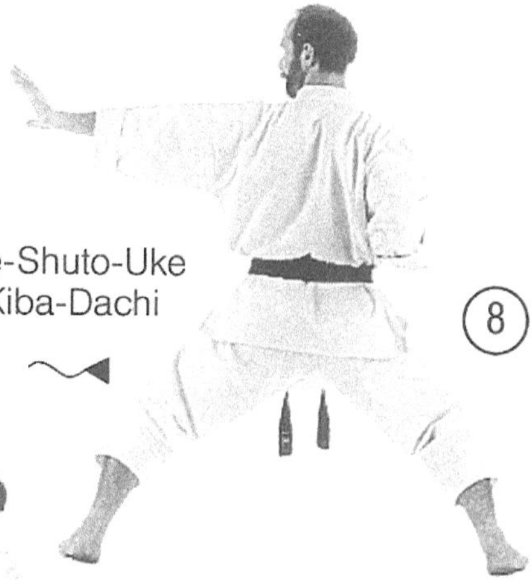

Tate-Shuto-Uke in Kiba-Dachi

8

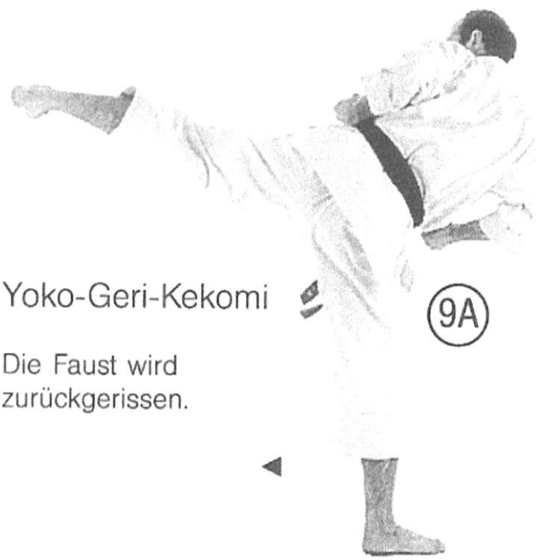

Yoko-Geri-Kekomi

9A

Die Faust wird zurückgerissen.

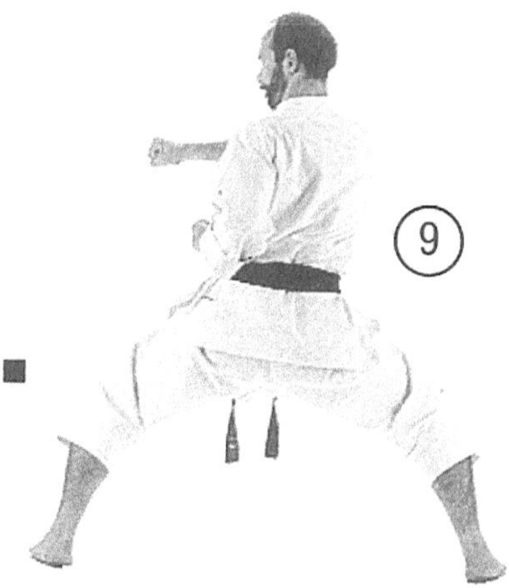

9

Absetzen mit

Gyaku-Zuki in Kiba-Dachi

Zurückziehen des linken Fußes mit

Chudan-Maki-Otoshi-Uke

10A

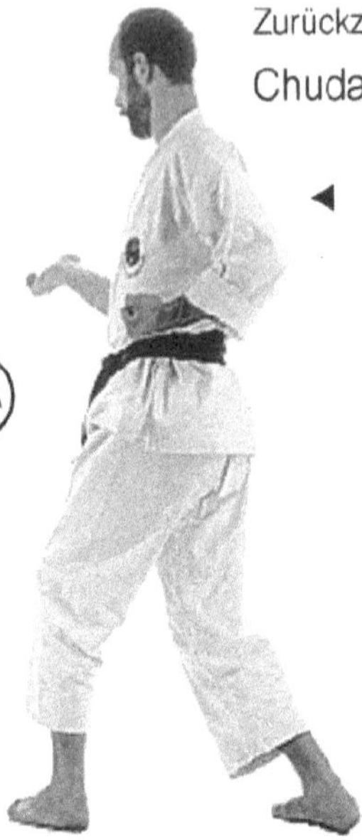

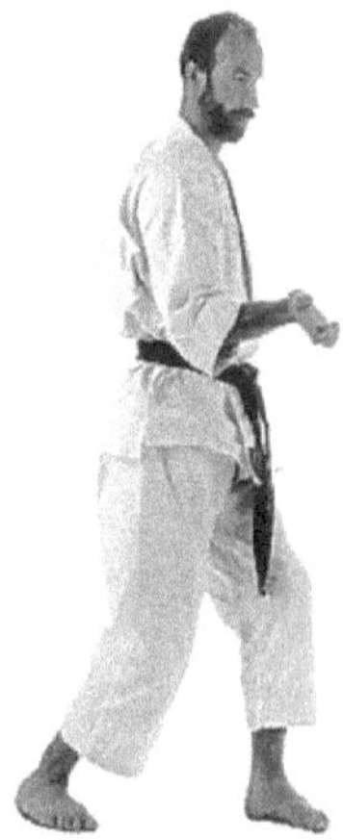

Ansicht von der Rückseite

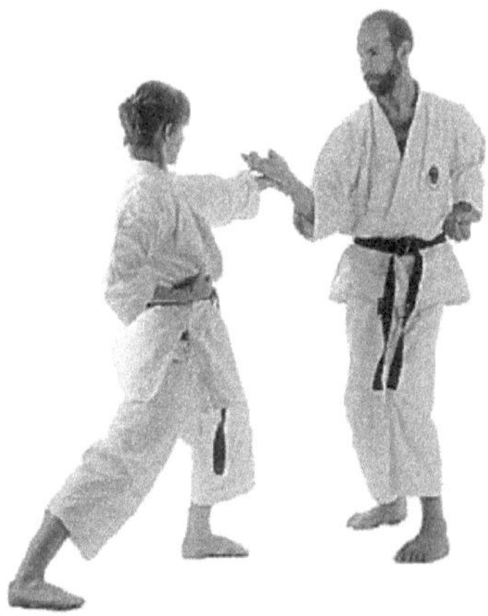

Erklärung

(10)

Vorsetzen des rechten Fußes in

Zenkutsu-Dachi mit Teisho-Awase-Zuki

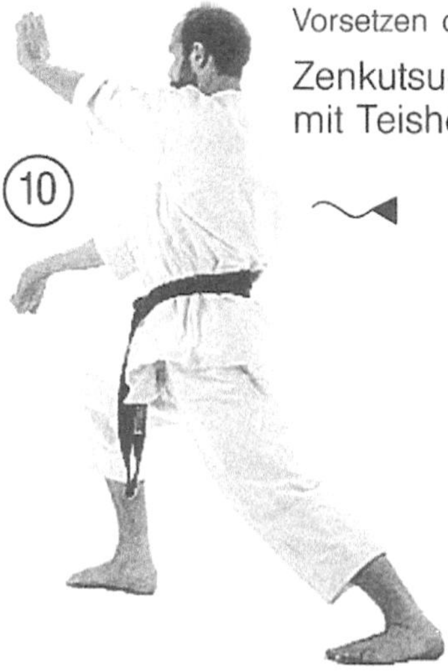

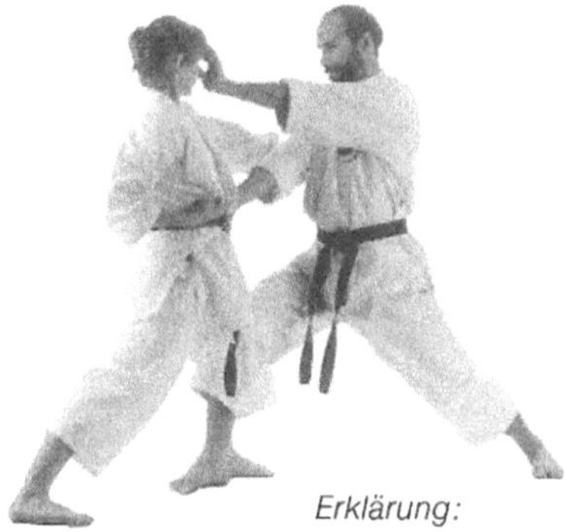

Erklärung:

Gegenangriff

(11)

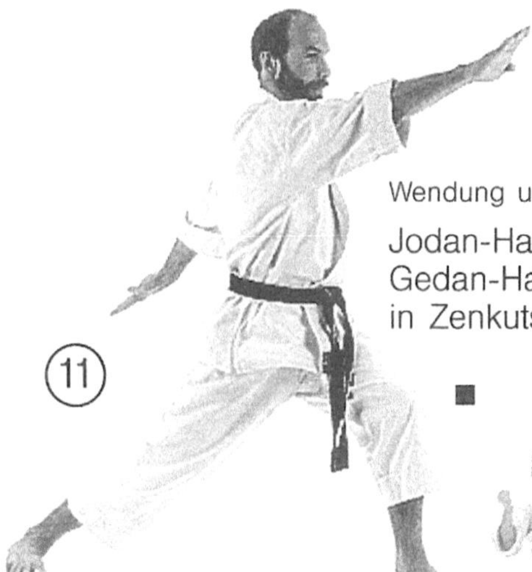

Wendung um 180° in

Jodan-Haito-Uchi und Gedan-Haito-Uke in Zenkutsu-Dachi

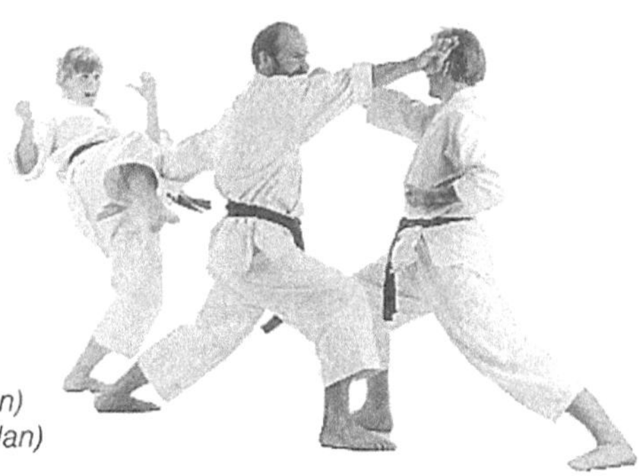

Erklärung:

Gleichzeitiger Gegenangriff (Jodan) und Block eines Fußangriffs (Gedan)

Jodan-Haishu-Uchi in Heisoku-Dachi mit Kiai

Die Dynamik in dieser Position wird vor allem durch das schwungvolle Aufstehen in exakter Verbindung mit dem Hochreißen der linken Hand erreicht.

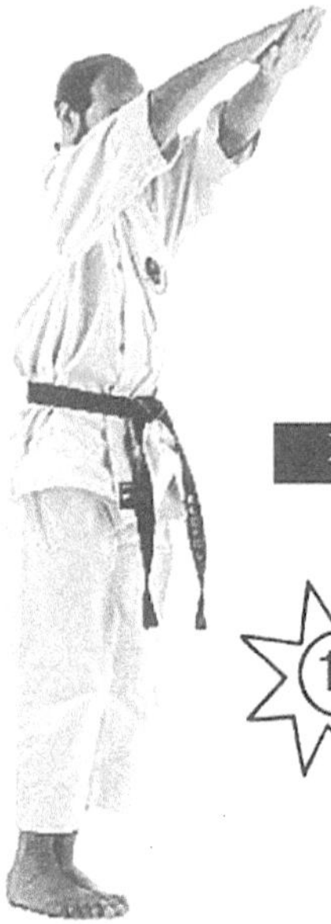

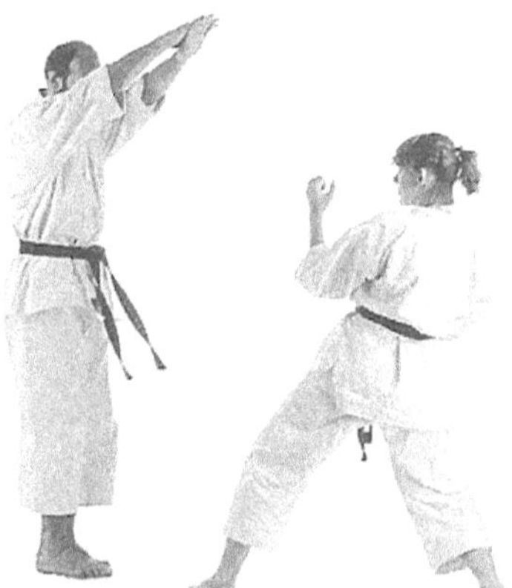

Erklärung A:

Irritieren (Erschrecken) eines Gegners

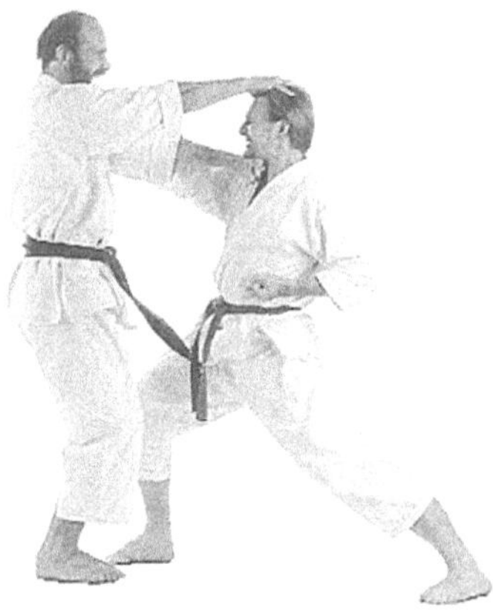

Erklärung B:

Gegenangriff

13A

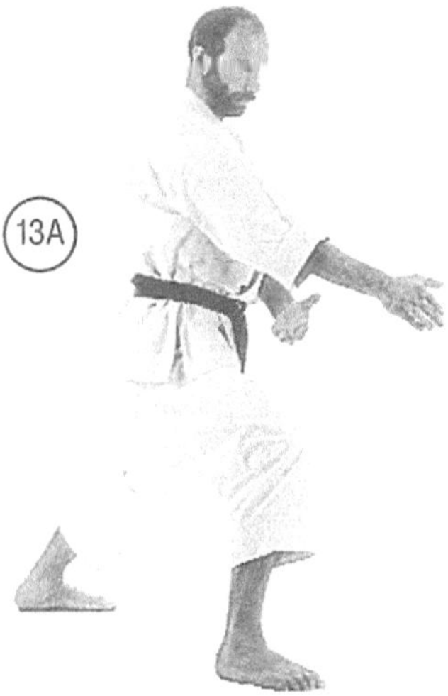

Gedan-Sukui-Uke mit Gedan-Teisho-Uke in Sochin-Dachi

◄

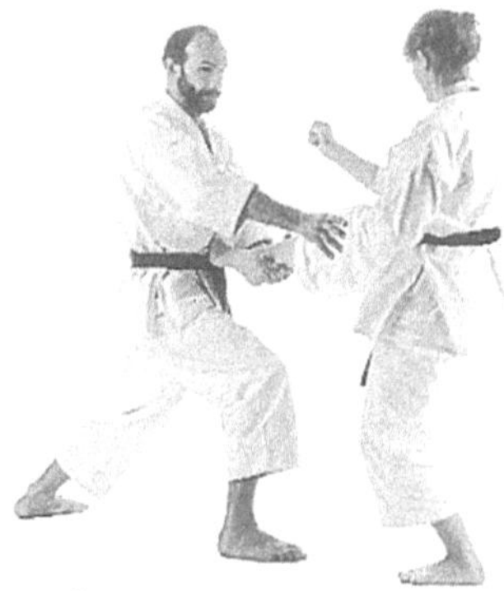

Die Ausführung in Sochin-Dachi ist sinnvoller als die in Zenkutsu-Dachi, da sie der natürlichen Bewegung bei diesem Block mehr entspricht. Sie wird aber auch in Zenkutsu-Dachi ausgeführt.

Erklärung:

Erfassen und Blockieren des Mae-Geri-Angriffs

13

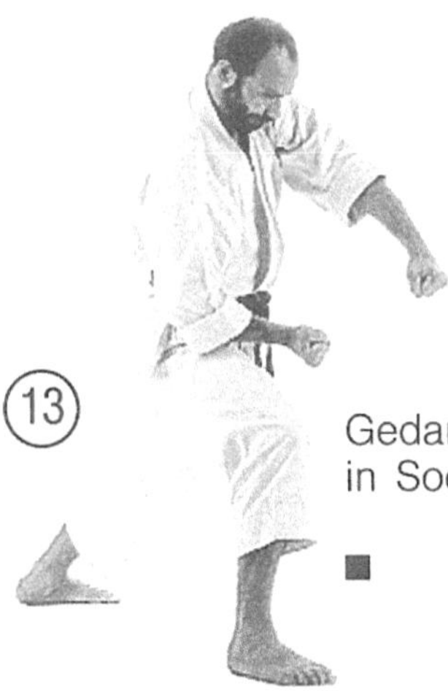

Gedan-Awase-Zuki in Sochin-Dachi

■

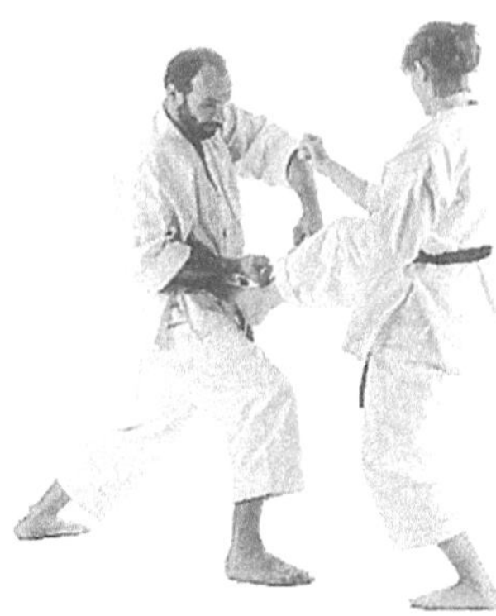

Beide Bewegungen werden sehr schnell hintereinander ausgeführt, ohne die angemessene Arretierung zu vernachlässigen.

Erklärung:

Gegenangriff mit Doppelzuki auf das Schienbein

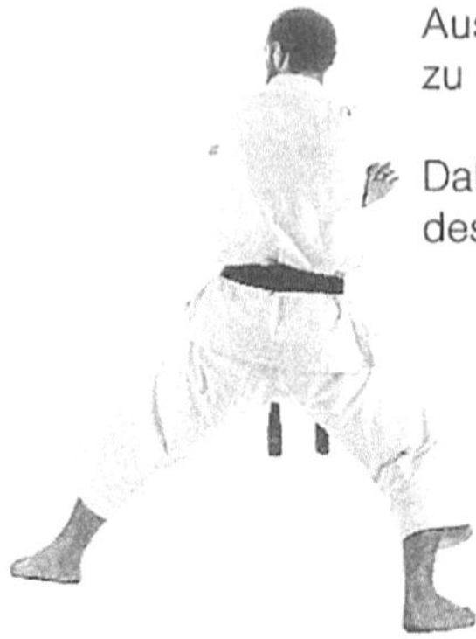

Ausholbewegung mit Umsetzen
zu Kokutsu-Dachi (45°)

Dabei wird weit ausgeholt und der linke Fuß in die Linie des Kokutsu-Dachi gebracht.

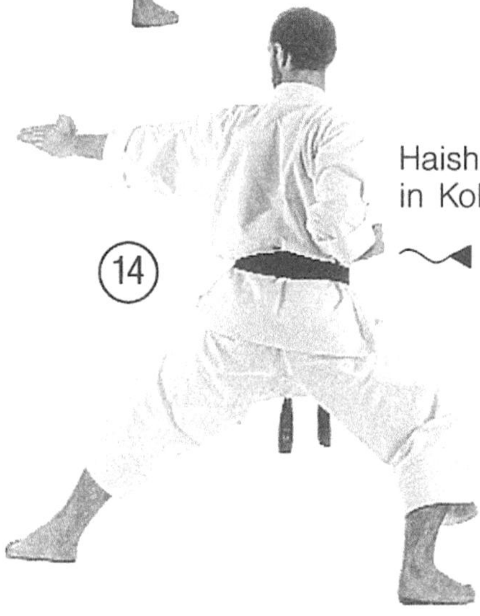

(14)

Haishu-Uke
in Kokutsu-Dachi

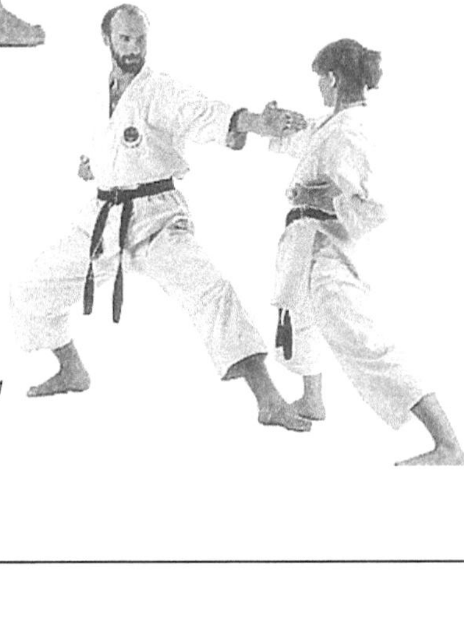

Erklärung

15

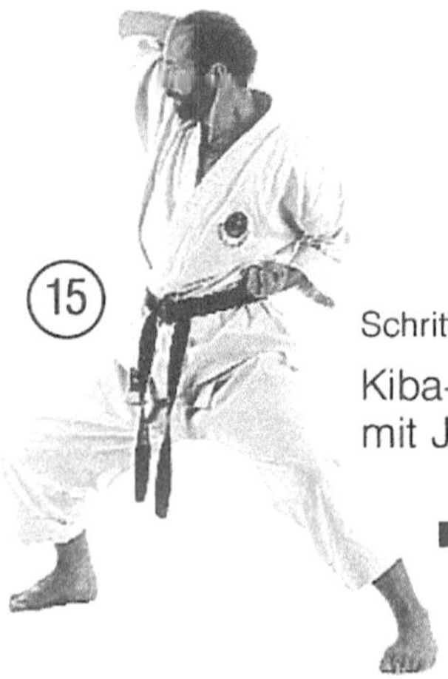

Schritt vorwärts in

Kiba-Dachi
mit Jodan-Tate-Empi

Erklärung

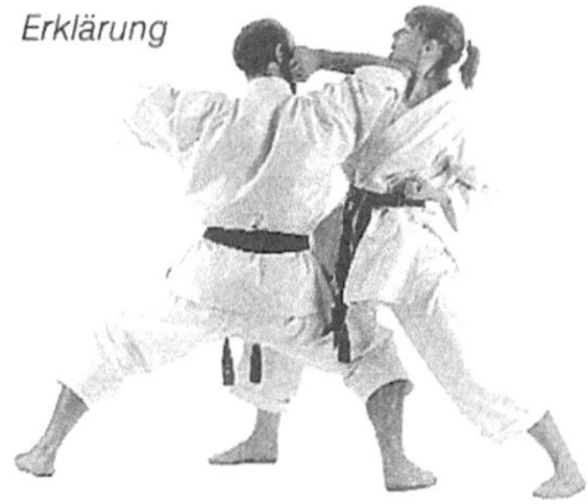

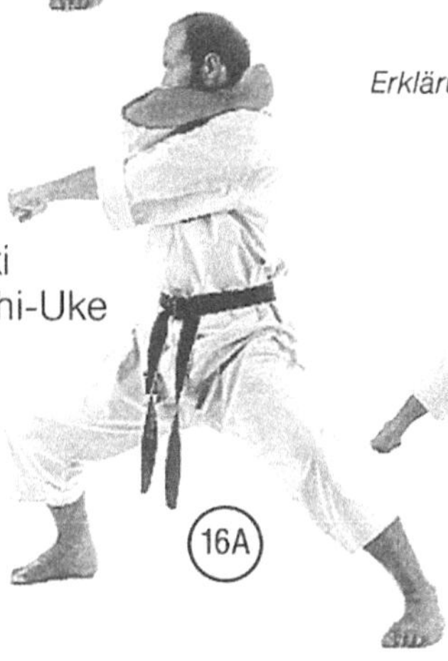

16A

Hereinrutschen mit

Gedan-Gyaku-Zuki
und Jodan-Nagashi-Uke
in Kiba-Dachi

Erklärung

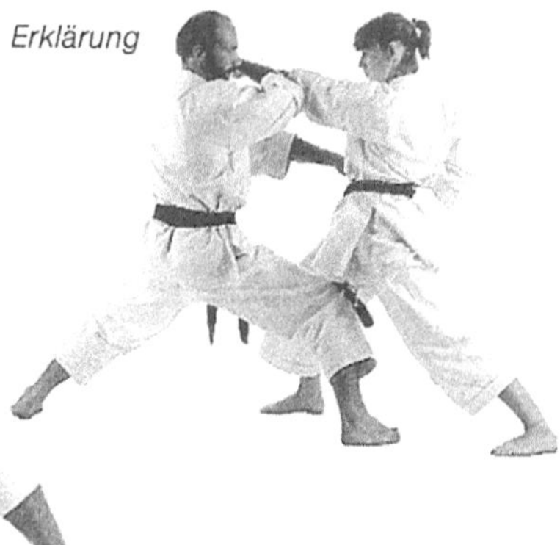

16

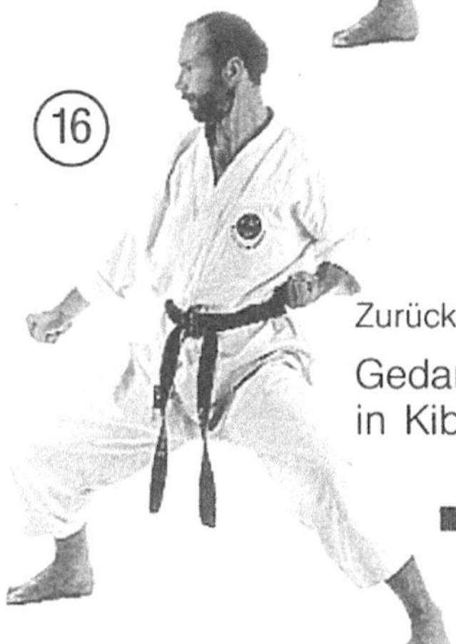

Zurückrutschen mit

Gedan-Barai
in Kiba-Dachi

Erklärung

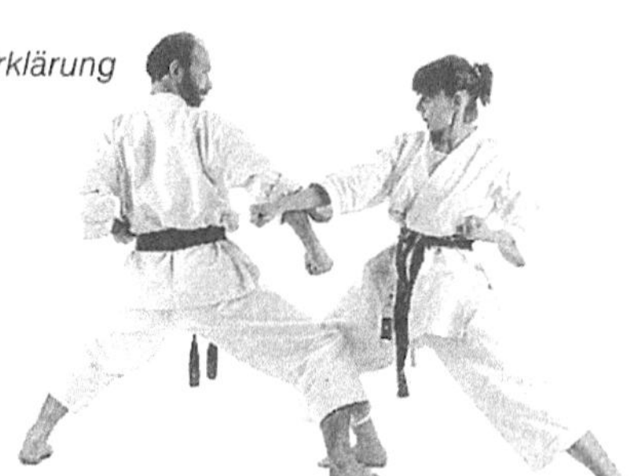

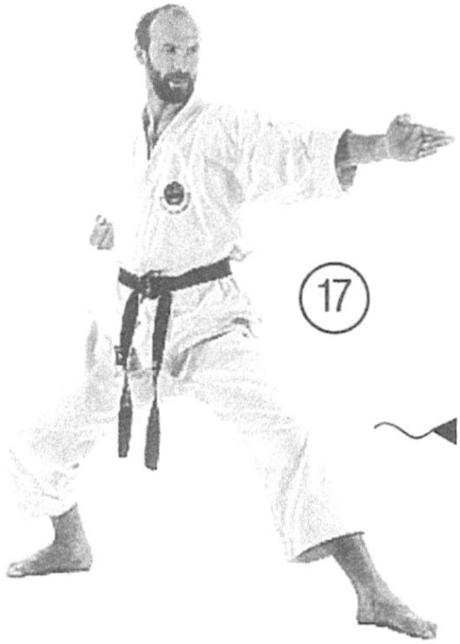

(17)

Wendung um 180° in
Kokutsu-Dachi
mit Haishu-Uke

Da die Füße im Kiba-Dachi bereits auf einer Linie stehen, braucht der hintere Fuß nur gedreht zu werden.

Schritt vorwärts in
Kiba-Dachi
mit Mae-Empi

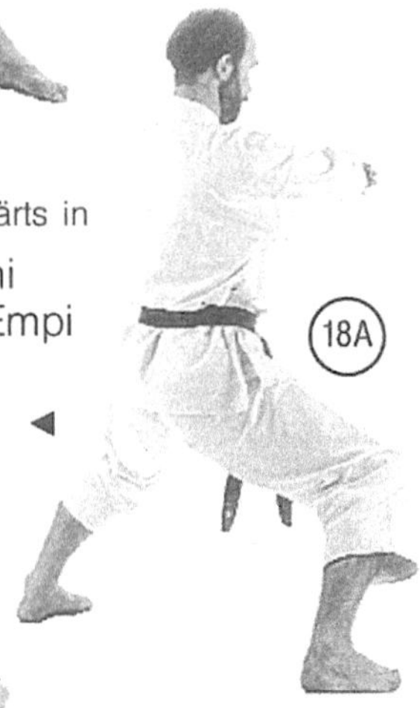

(18A)

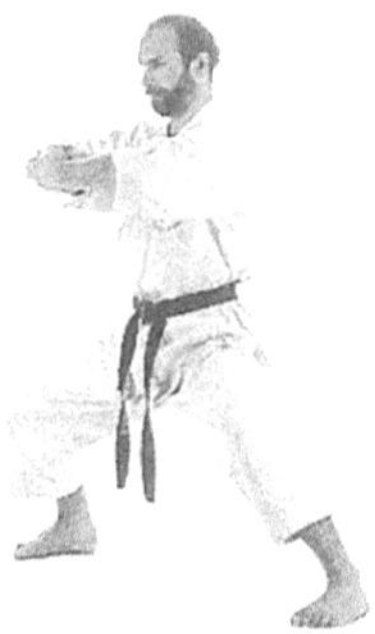

Ansicht von der Rückseite

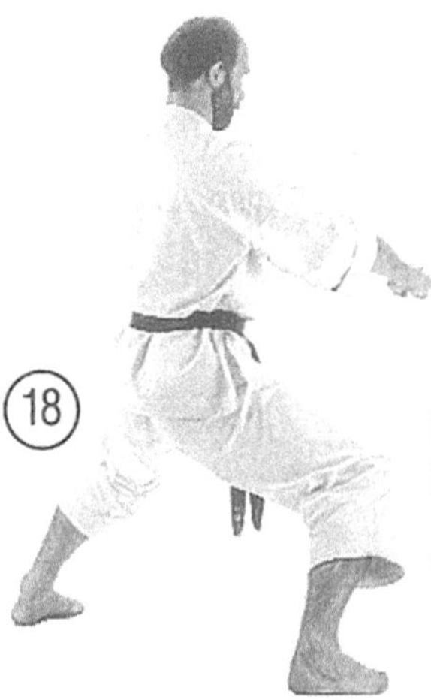

(18)

Gedan-Barai
in Kiba-Dachi

Die Haltung der linken Faust soll sich natürlich ergeben. Dabei ist es gleichgültig, ob sie auf dem Unterarm oder in der Armbeuge ruht.

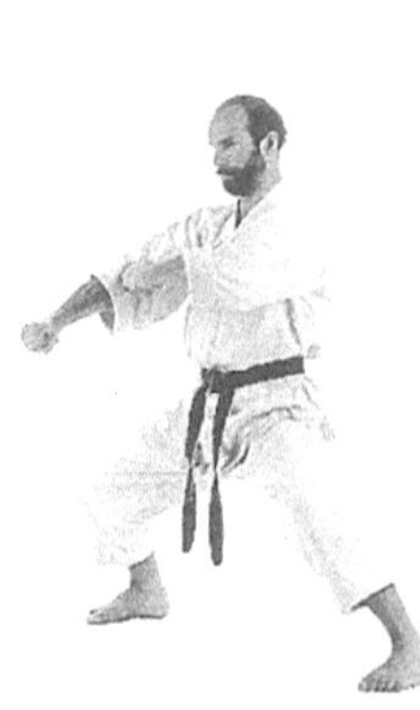

Ansicht von der Rückseite

Erklärung der drei letzten Techniken:

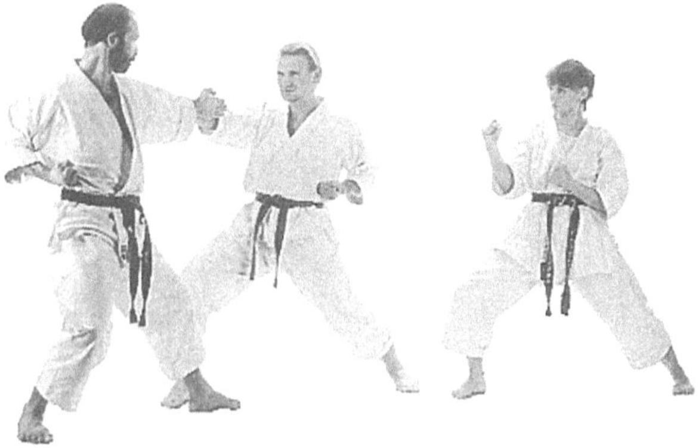

Block des ersten Angriffs

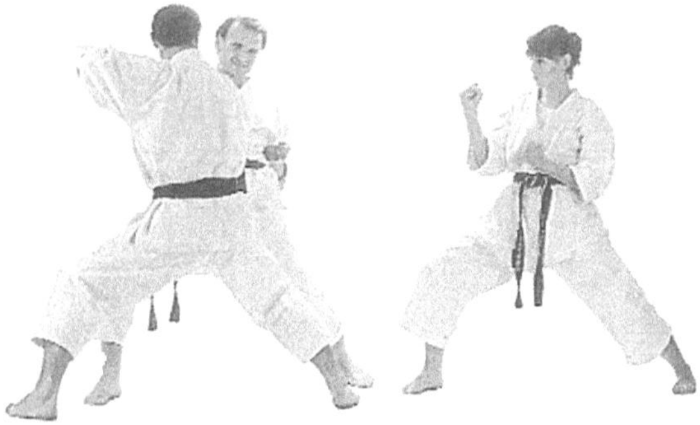

Gegenangriff mit Mae-Empi

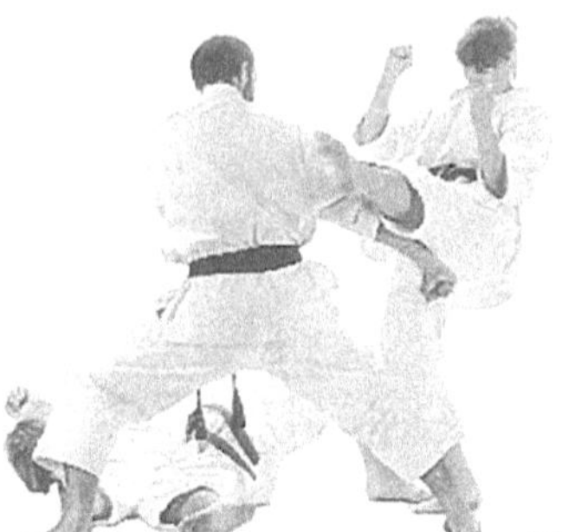

Block des zweiten Angriffs

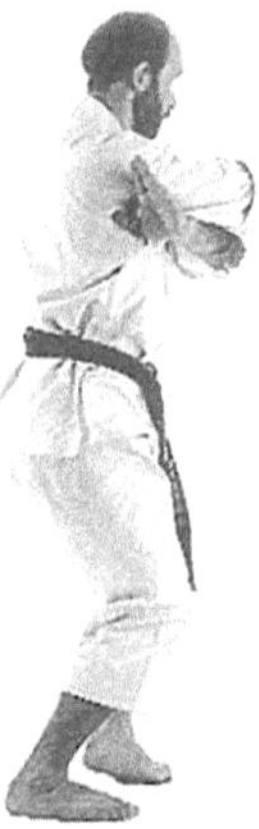

Ausholen und Vorgehen in
Kokutsu-Dachi

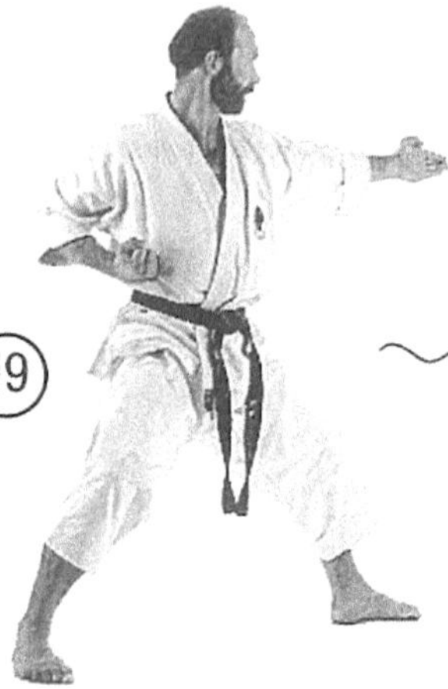

(19)

Haishu-Uke
in Kokutsu-Dachi

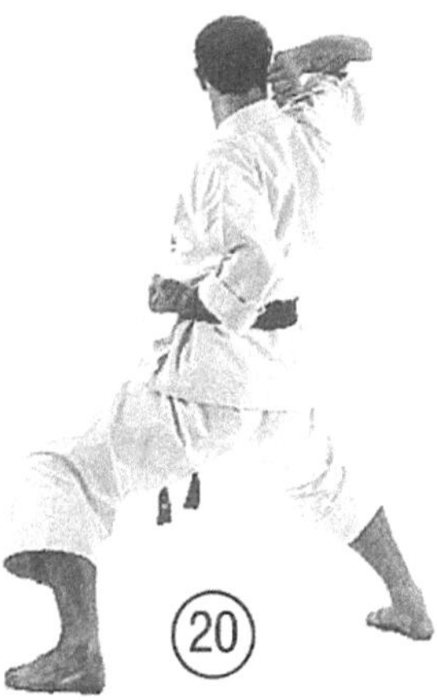

(20)

Vorgehen in
Kiba-Dachi
mit Tate-Empi

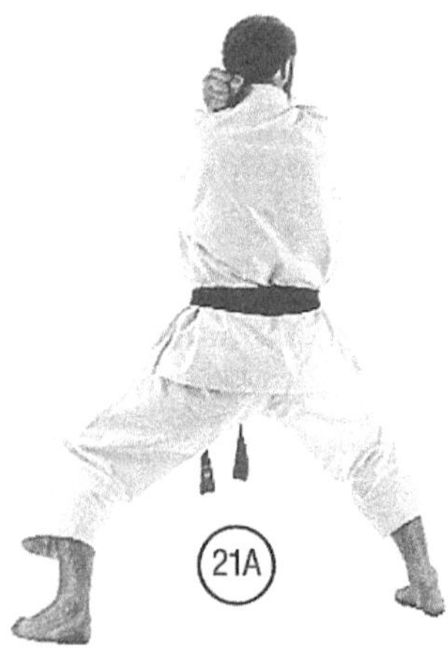

(21A)

Hereinrutschen mit
Gedan-Gyaku-Zuki
und Jodan-Nagashi-Uke
in Kiba-Dachi

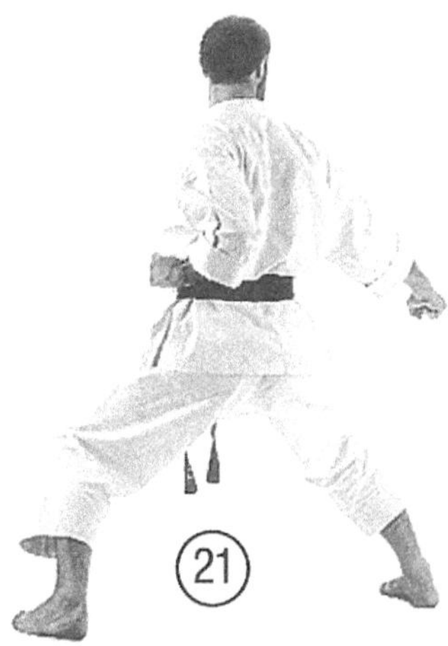

(21)

Zurückrutschen in
Kiba-Dachi
mit Gedan-Barai

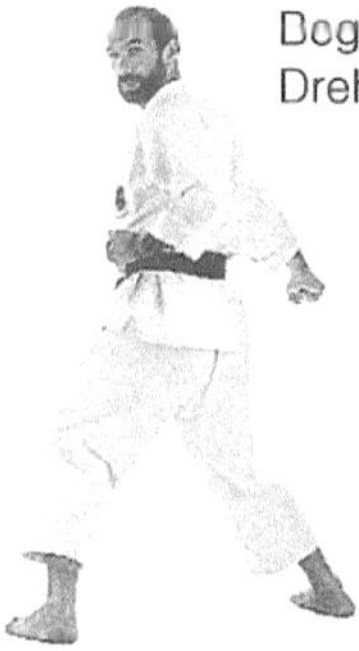

Beginn der Wendung mit
Drehen des Kopfes

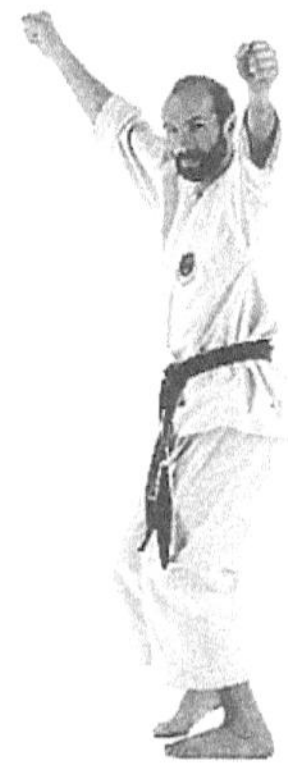

Ausholbewegung
und Heransetzen
an das vordere Bein

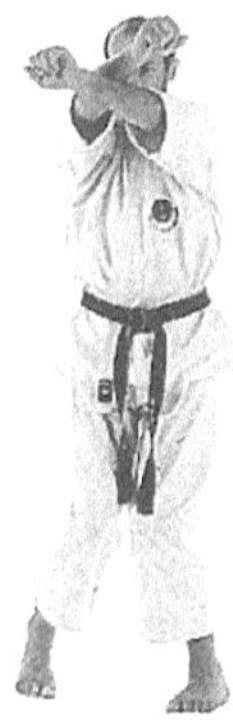

Fortsetzen der Aushol-
bewegung und Beginn
der Rücksetzbewegung

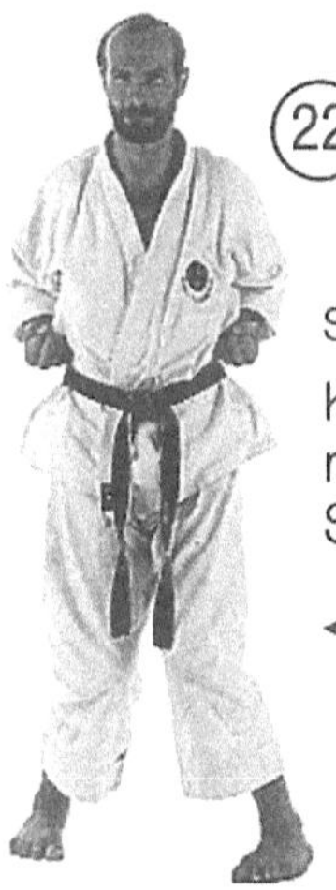

22

Starkes Zurückreißen der Arme in

Koshi-Kamae
mit Zurückrutschen in
Sanchin-Dachi

◄

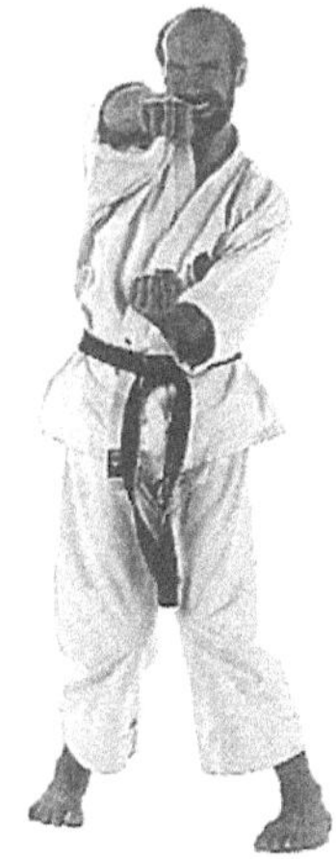

Awase-Zuki
in Sanchin-Dachi
mit Kiai

K

23

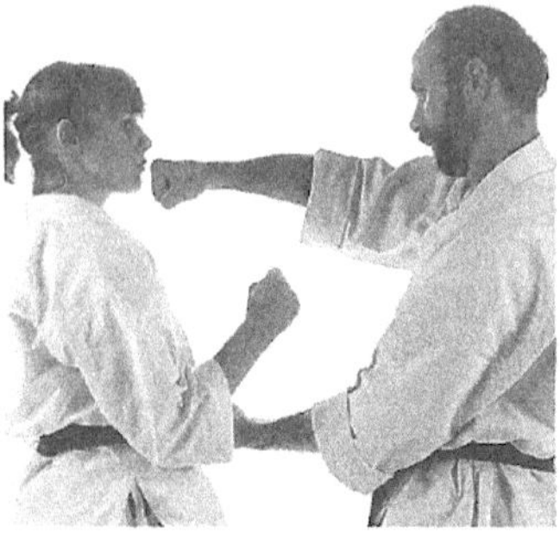

Erklärung

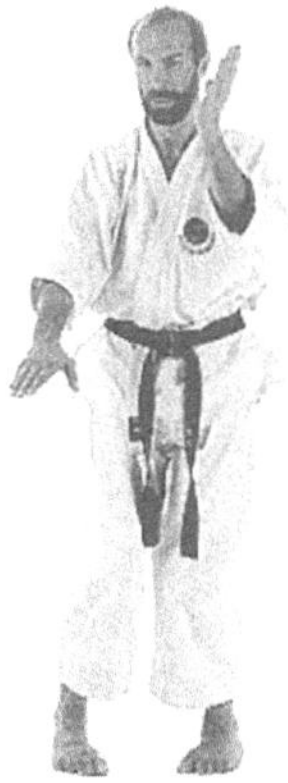

Dreh- und Abwehrbewegung der Arme

Die Bewegung beginnt mit der Drehung der Arme im Uhrzeigersinn.

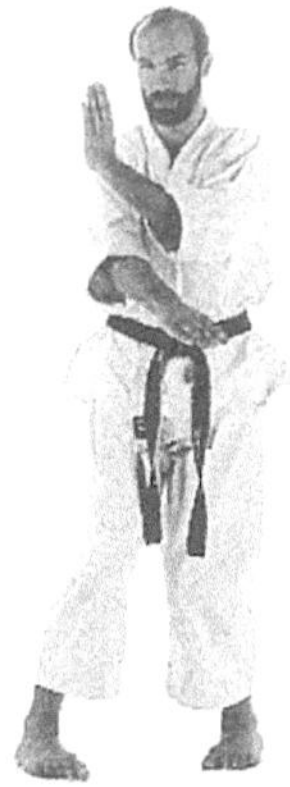

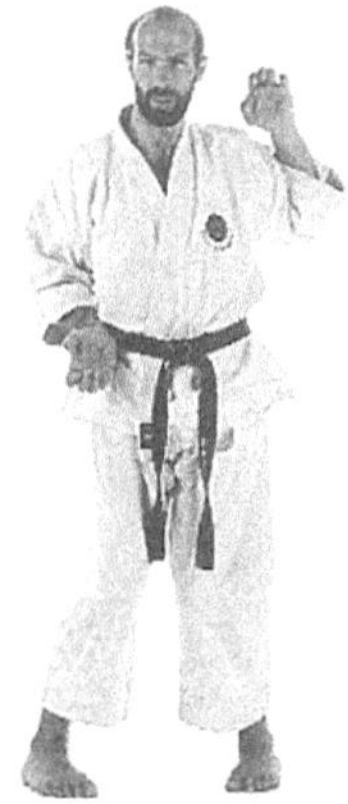

In der Fortsetzung werden die Arme zur Schulter bzw. zur Hüfte zurückgezogen und von dort kräftig in den Teisho-Zuki vorgestoßen.

Die Fußbewegung beginnt mit der Drehbewegung und endet mit der vollständigen Ausholbewegung. Der Stoß erfolgt im Stand!

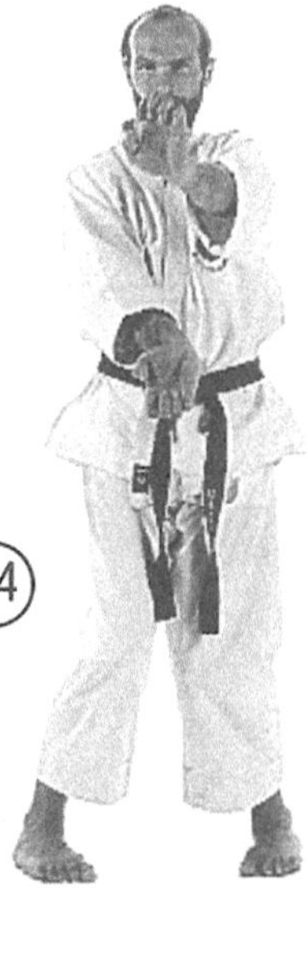

(24) Awase-Teisho-Zuki in Sanchin-Dachi

Erklärung der Kreisabwehr:

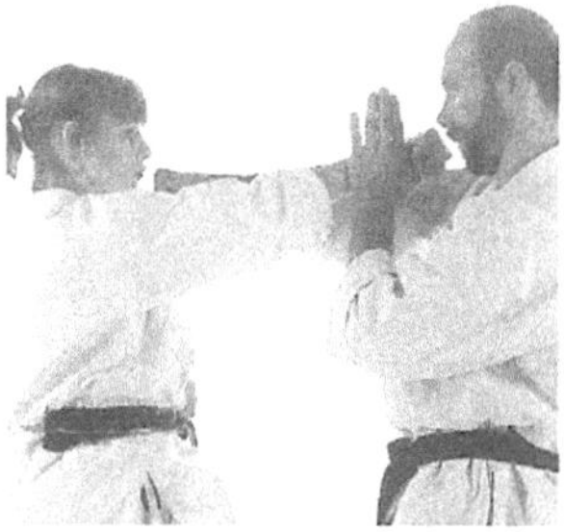

Block mit dem linken Arm nach rechts (Jodan)

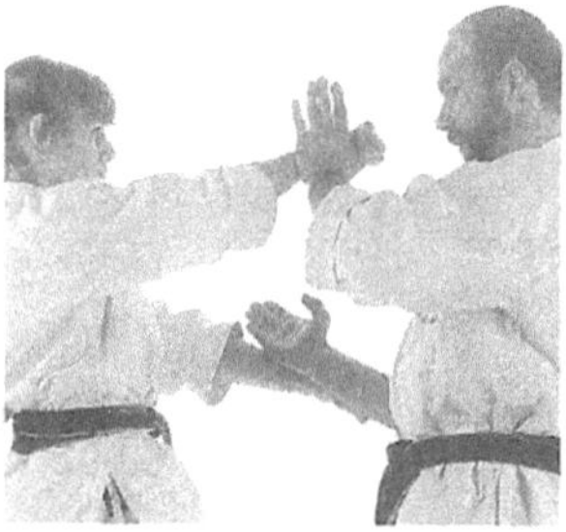

Block mit dem rechten Arm nach rechts (Chudan)

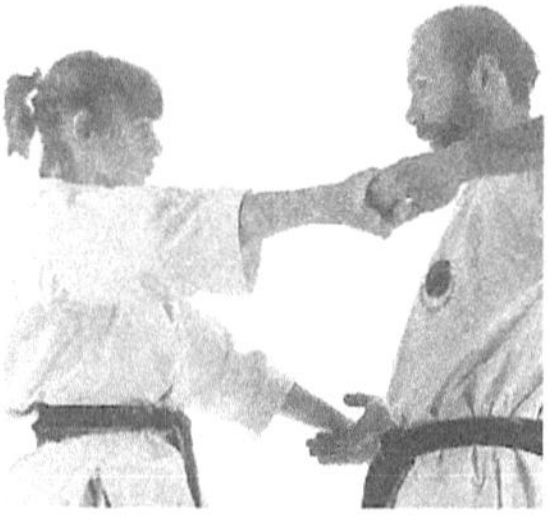

Zurückziehen der Hände an Hüfte und Schulter

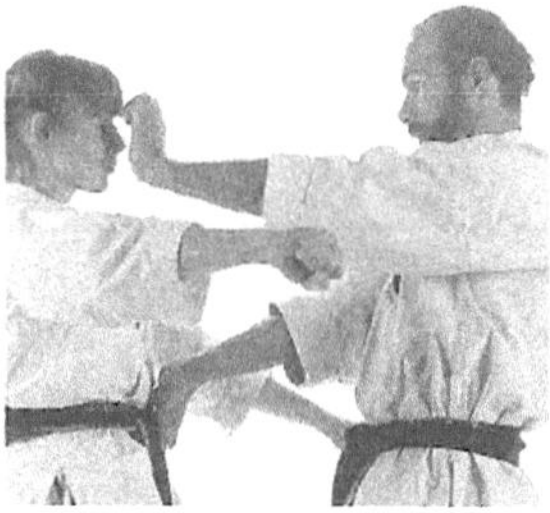

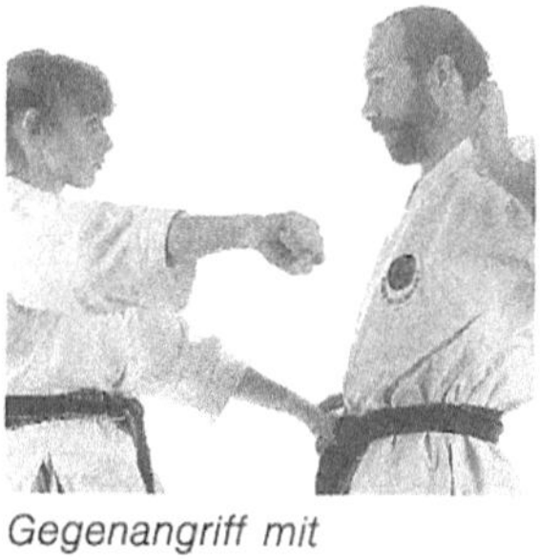

Gegenangriff mit Awase-Teisho-Zuki

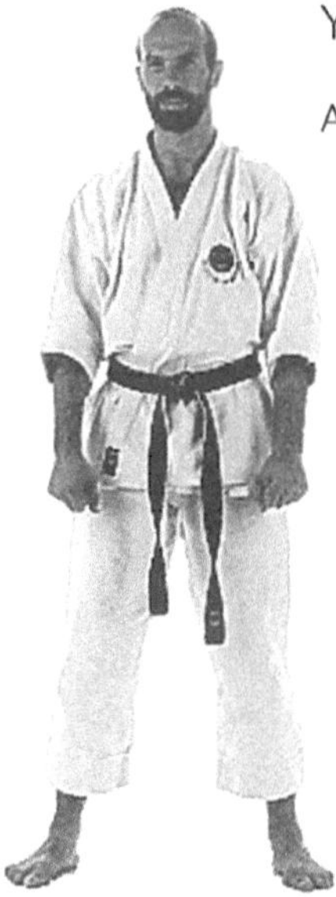

Yame

Aufmerksame Endstellung mit Zanshin

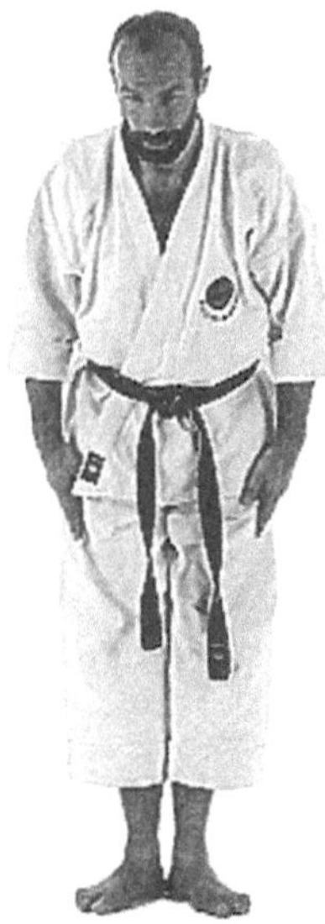

Ritsu-Rei
in Musubi-Dachi

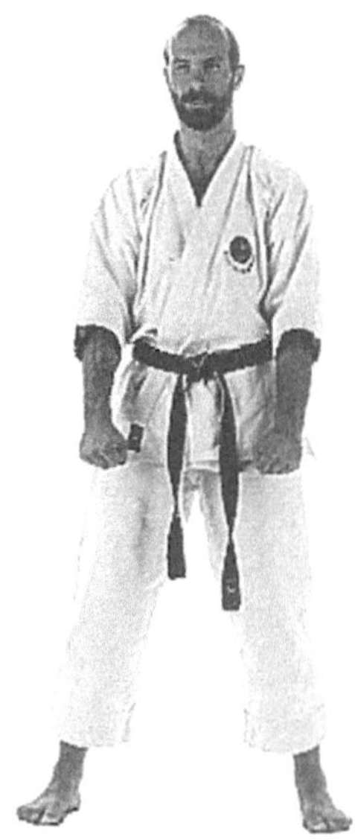

Entspannung

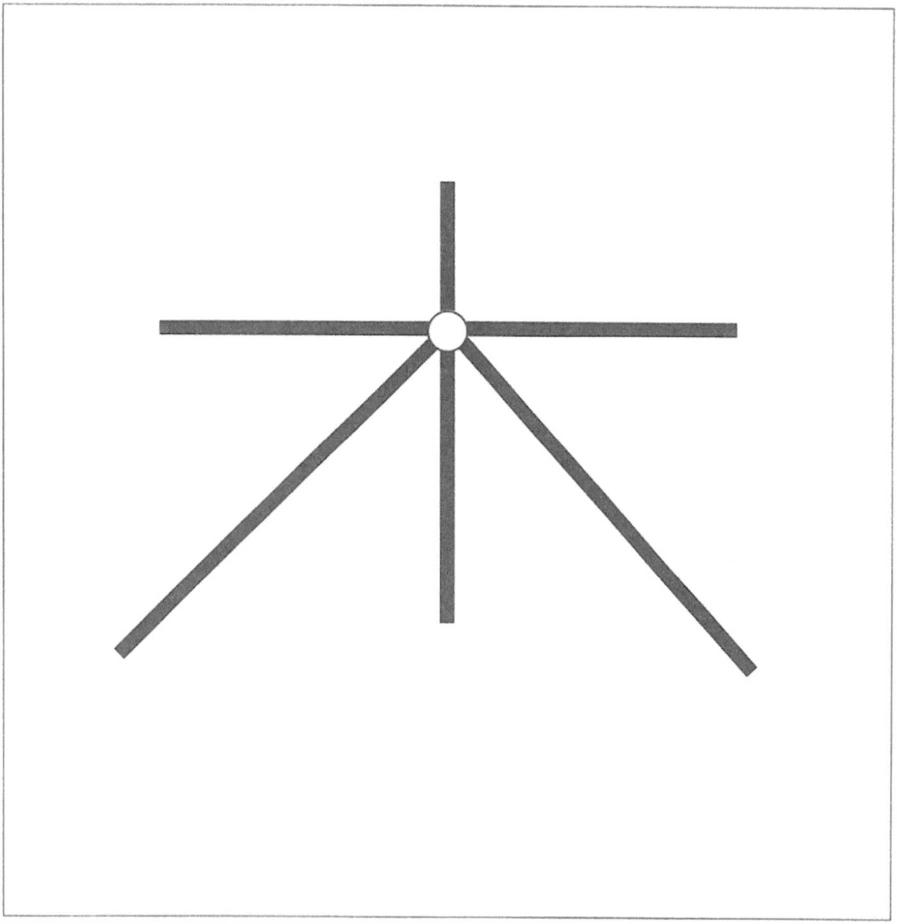

Schrittdiagramm (Embusen) der Kata Nijushiho

Ablauf der 24 Stellungen der Kata Nijushiho in Einzelbildern

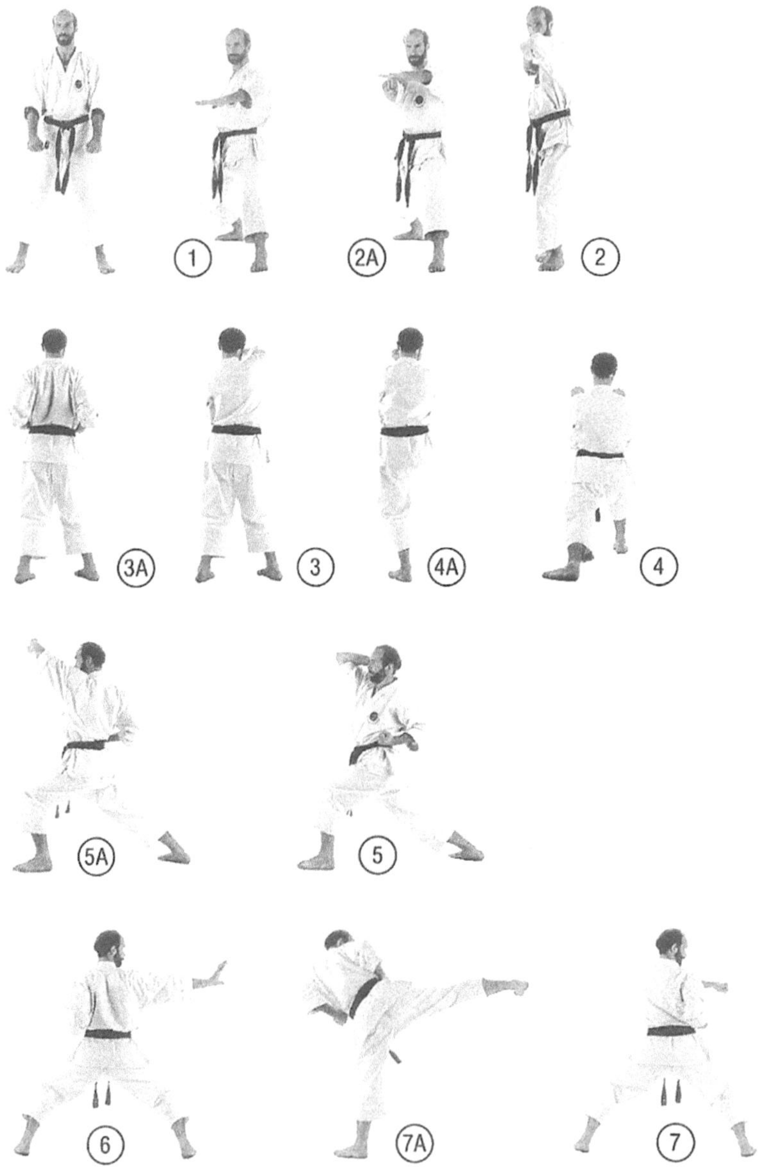

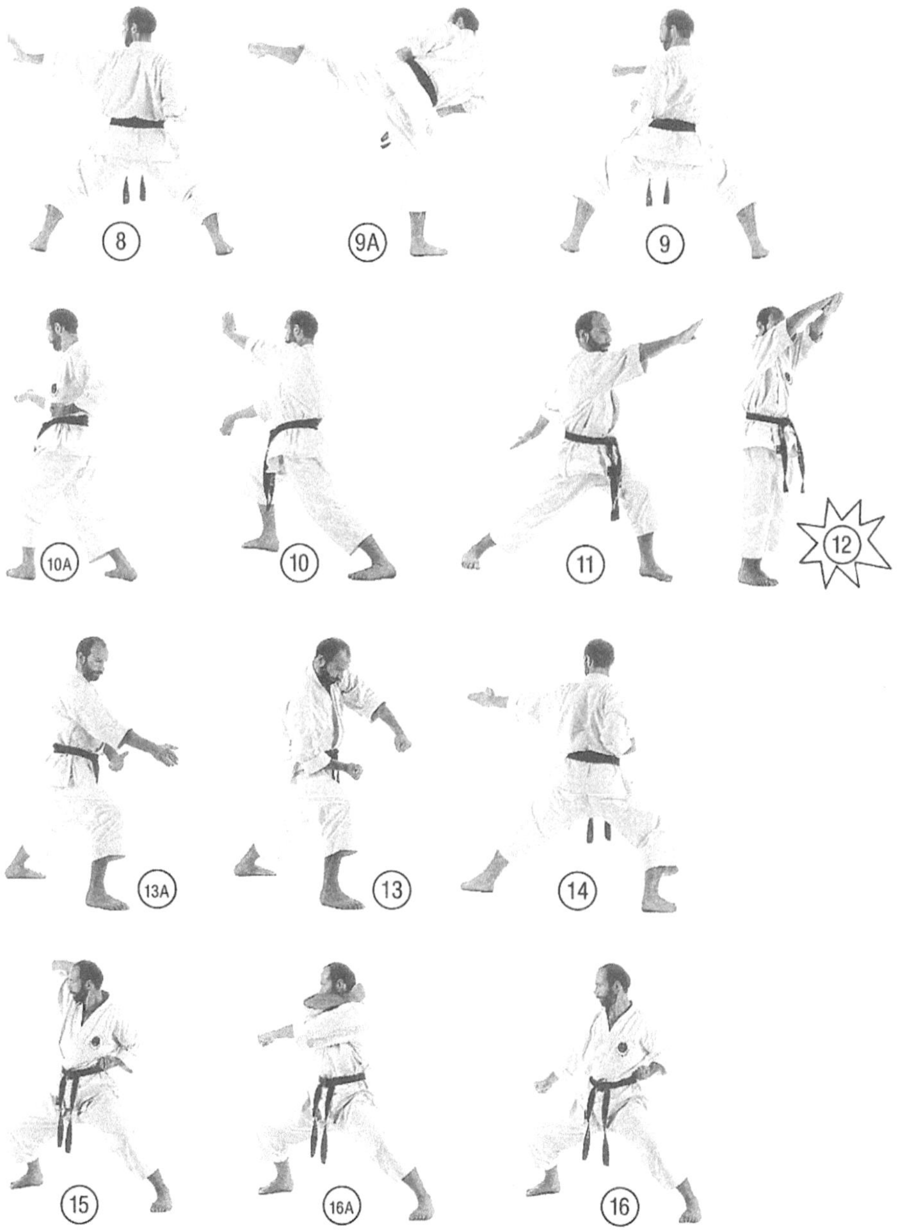
8
9A
9
10A
10
11
12
13A
13
14
15
16A
16

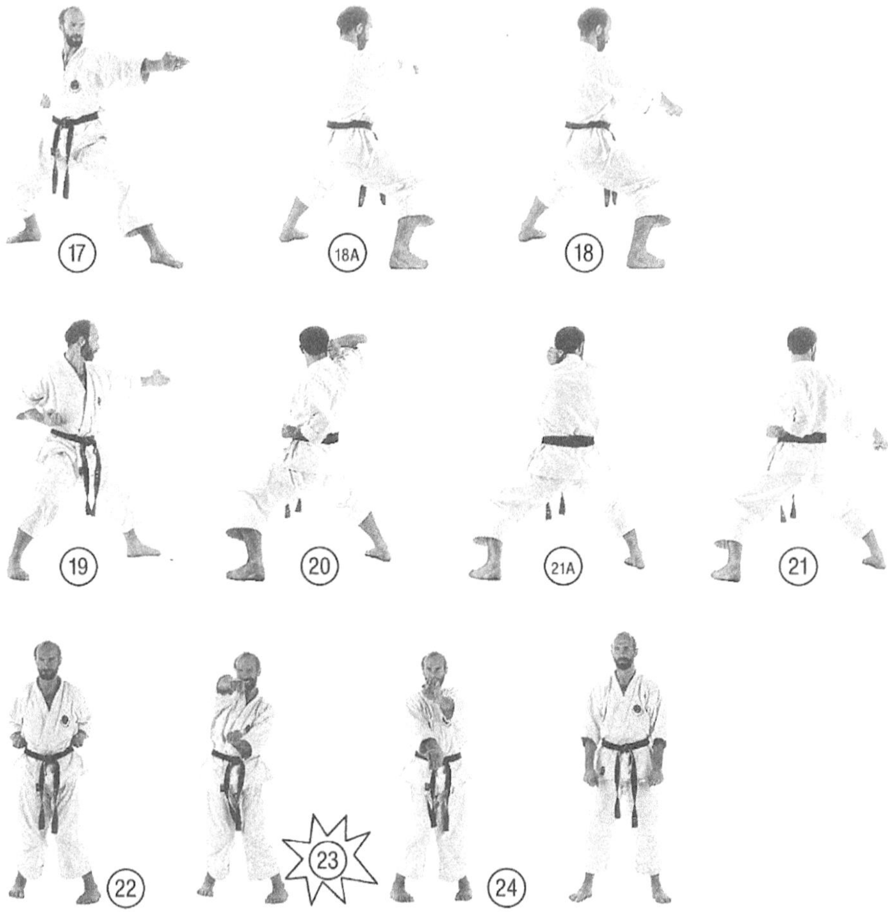
17
18A
18
19
20
21A
21
22
23
24

Kata Sochin

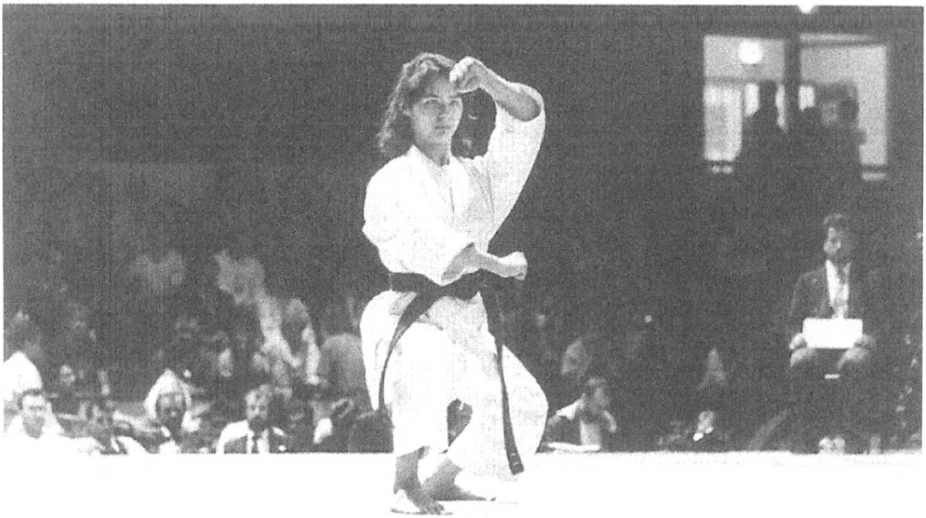

Der Name dieser Kata leitet sich aus der hauptsächlich verwendeten Stellung, dem Sochin-Dachi ab. Ebenso wie die Kata Nijushiho und Unsu kann man sie nicht eindeutig einer der drei wichtigsten Karategruppen auf Okinawa, Shuri-Te, Tamari-Te oder Naha-Te, zuordnen. Ihre Herkunft ist ungewiss, zumal ihr immer wieder verschiedene Meister durch unterschiedliche Interpretationen ihren Stempel aufgedrückt haben.

Der Sochin-Dachi, oder Fudo-(= Kraft)Dachi, zeichnet sich durch besondere Standfestigkeit aus. Der Kämpfer scheint durch die von den Knien bis in die Fußkanten wirkende Spannung „im Boden verwurzelt". Beim Vortrag der Kata gilt das Heben und Senken der Hüfte während der Bewegung als Hauptfehler. Ähnlich den Kata Nijushiho oder Unsu wird durch das Training der Kata Sochin der rhythmische Wechsel von Spannungsaufbau und Lösung in starke, feste Techniken geschult. Die schnellen Bewegungen zwischen den festen Stellungen erfordern ein Höchstmaß an Beweglichkeit, Dehnfähigkeit und Kraft in der Endphase. Der Unterbau in der Kata, die Kraft des Hara oder Tanden, wird gerade in dieser Kata hervorragend trainiert.

Diese Kata hat 36 Positionen, die in einem Zeitraum von etwa 65 Sekunden vorgetragen werden.

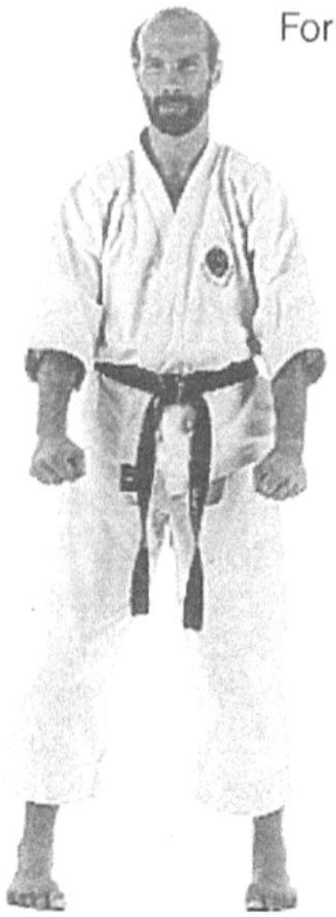

Formlose Aufstellung

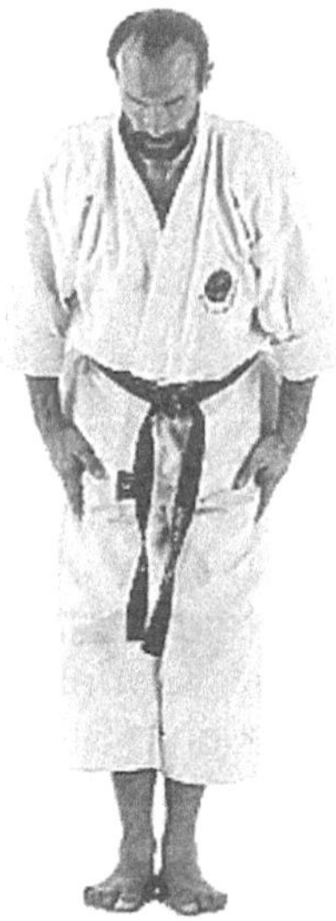

Ritsu-Rei
in Musubi-Dachi

Angrüßen

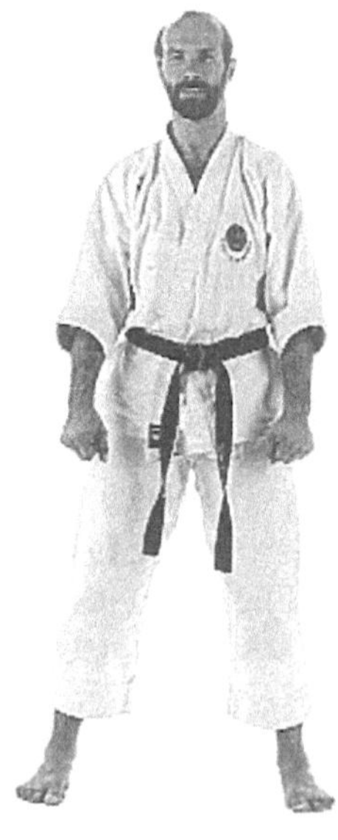

Yoi
in Shizentai

Gespannte Aufmerksamkeit

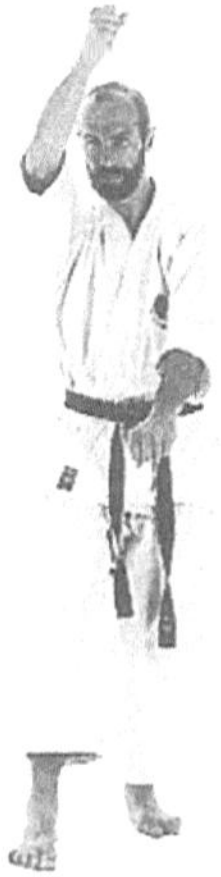

Ausholen zum Block

Der rechte Fuß wird im Halbkreis aus dem Shizentai in Sochin-Dachi vorgesetzt.

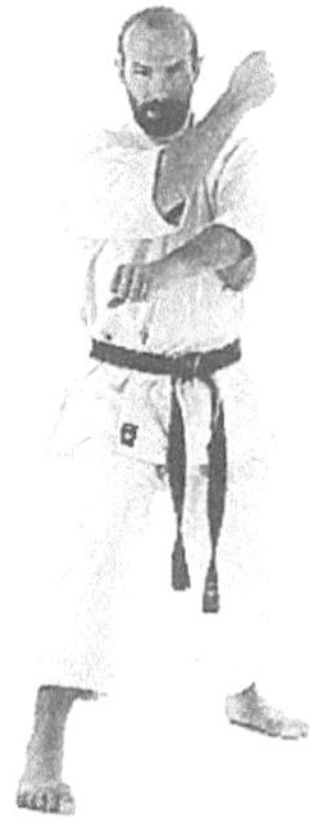

Weiterführen der Bewegung

Der rechte Arm wird oben, der linke Arm unten geführt.

Gyaku-Age-Uke
und Gedan-Tettsui-Uchi
in Sochin-Dachi

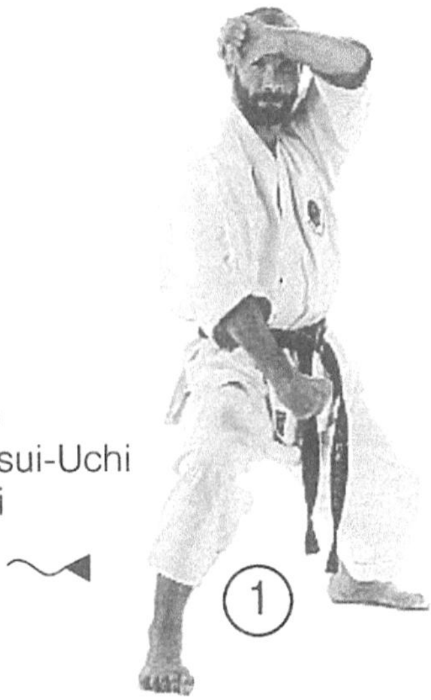

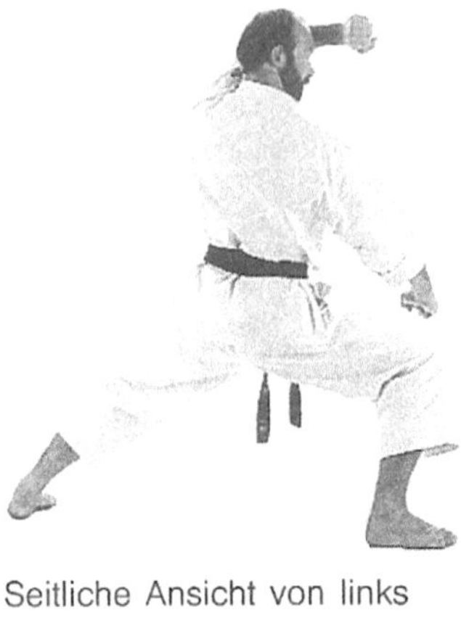

Seitliche Ansicht von links

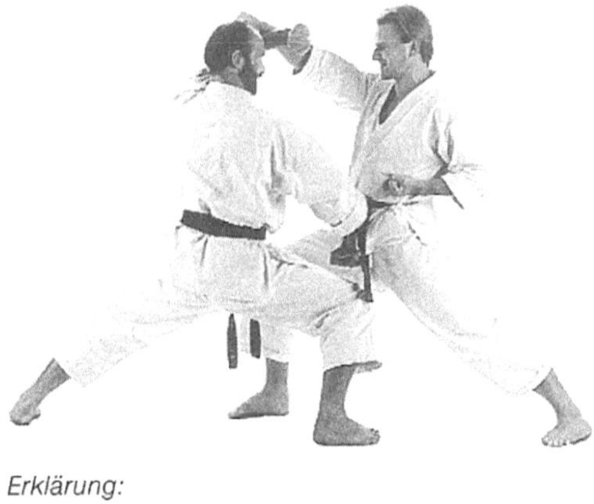

Erklärung:

Gleichzeitige Jodanabwehr mit Gedan-Gegenangriff

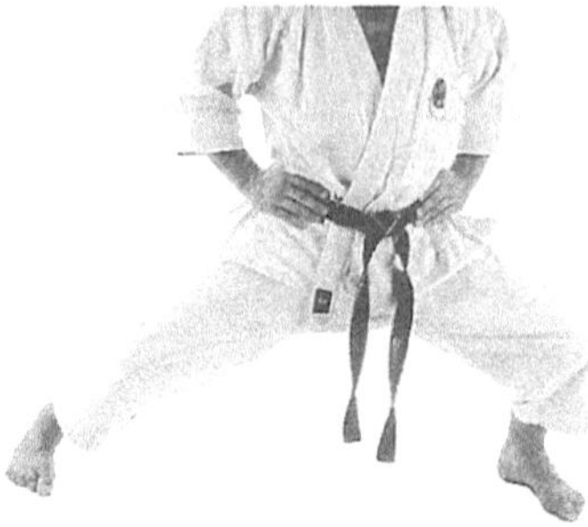

Sochin-Dachi oder Fudo-Dachi
(Kraft-Stand)

Er wird ähnlich wie Zenkutsu-Dachi ausgeführt, aber die Spannung des hinteren Beines wird durch Beugen des Knies nach außen erzeugt.

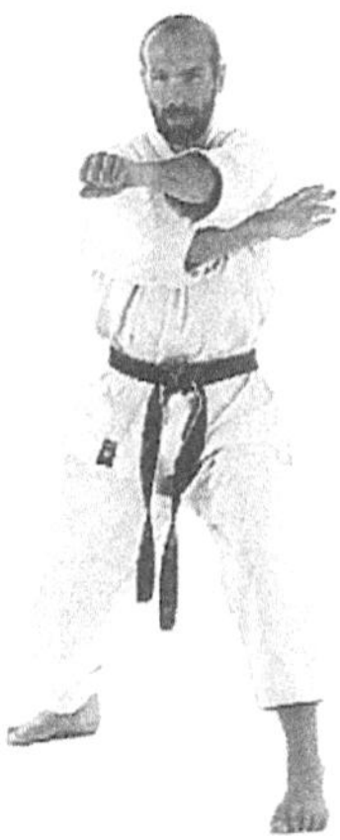

Vorgehen in Sochin-Dachi mit gleich zeitiger Ausholbewegung

Da der Tate-Shuto-Uke langsam aus geführt wird, erfolgt der wesentliche Teil der Abwehr *im Stand,* zusammen mit der Hüftbewegung.

Gyaku-Tate-Shuto-Uke in Sochin-Dachi

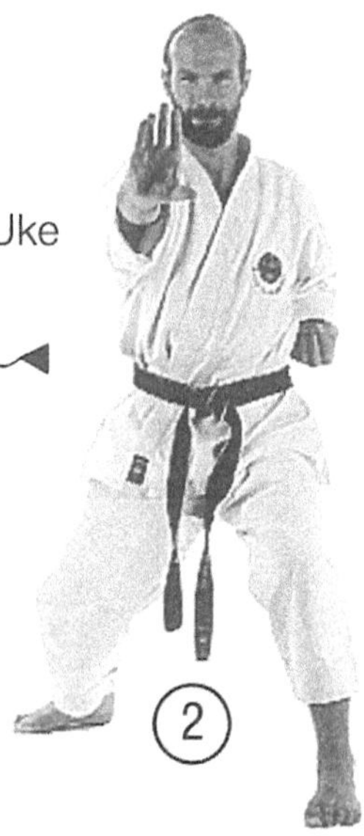

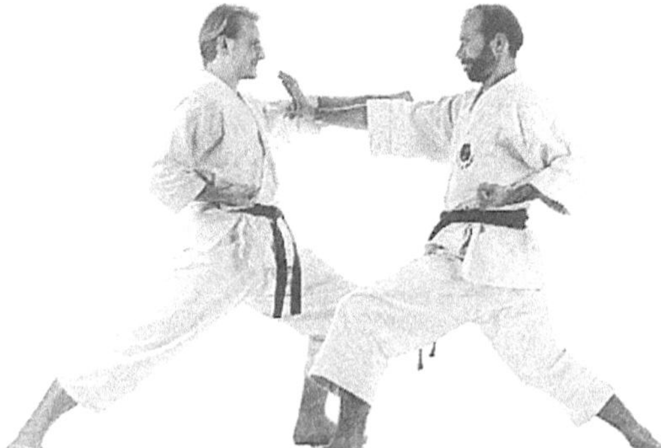

Erklärung

Choku-Zuki

(3A) Chudan-Renzuki in Sochin-Dachi

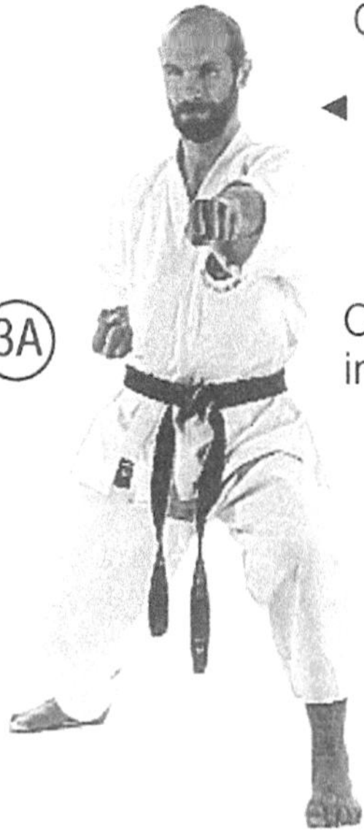

(3) Gyaku-Zuki

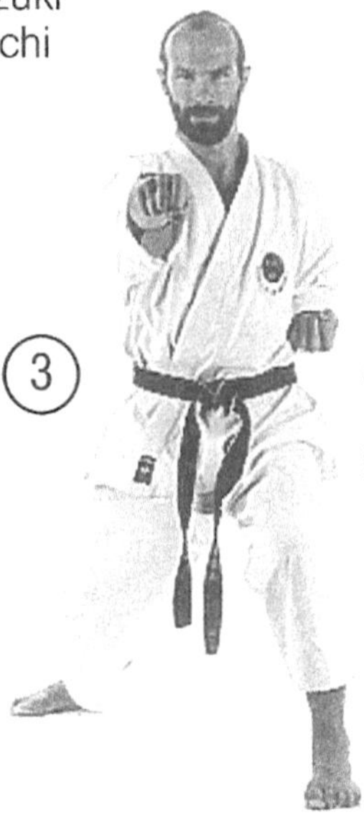

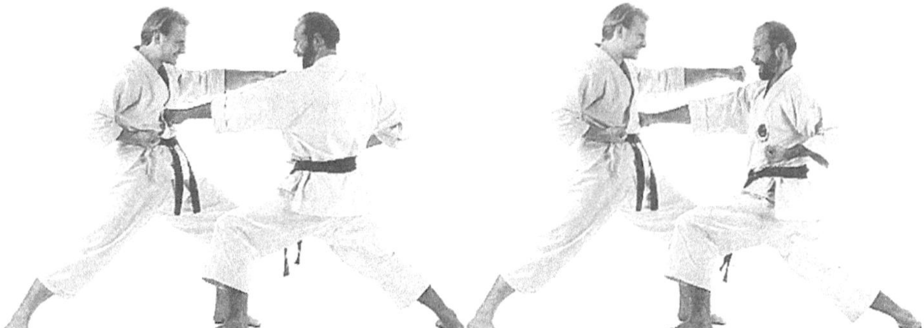

Erklärung

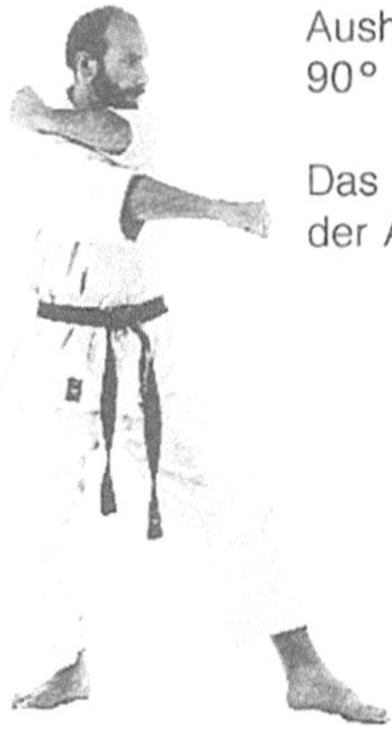

Ausholbewegung mit Umsetzen um 90° in Kokutsu-Dachi

Das endgültige Absetzen erfolgt mit der Abwehr.

Jodan-Gedan-Uke in Kokutsu-Dachi

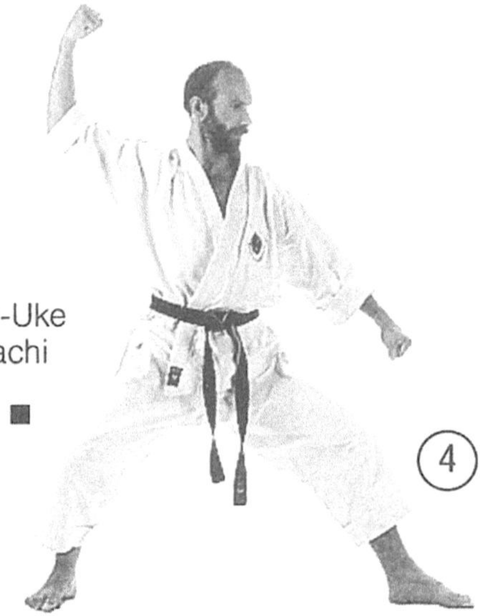

Diese Technik, die in sehr vielen Kata vorkommt, demonstriert in hervorragender Weise Standfestigkeit und Koordinationsvermögen.

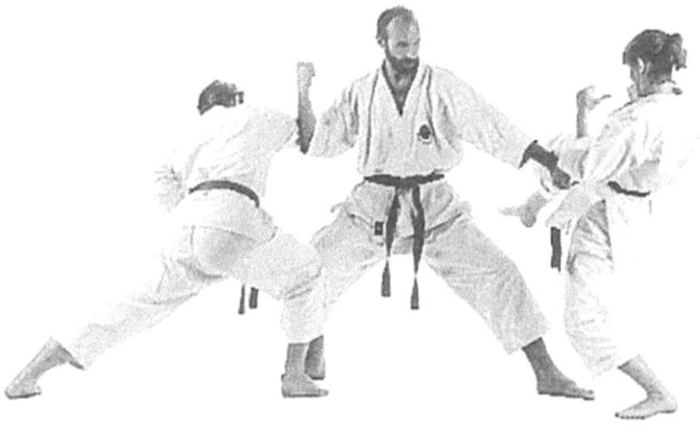

Erklärung

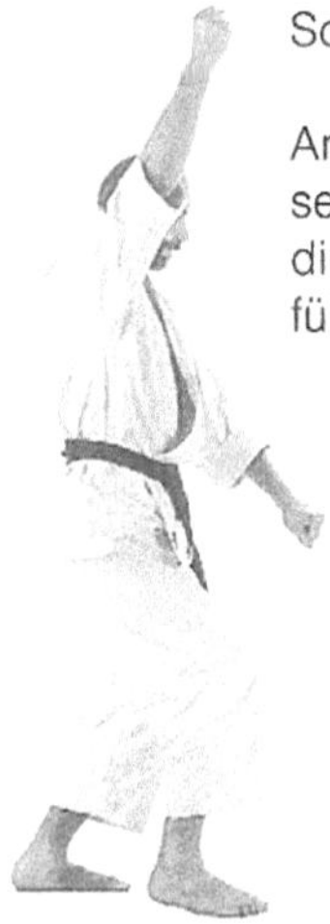

Schritt vorwärts mit Ausholbewegung

Anders als in der ersten Variante dieser Technik, wird sie jetzt als eine direkte, schnelle Bewegung ausgeführt.

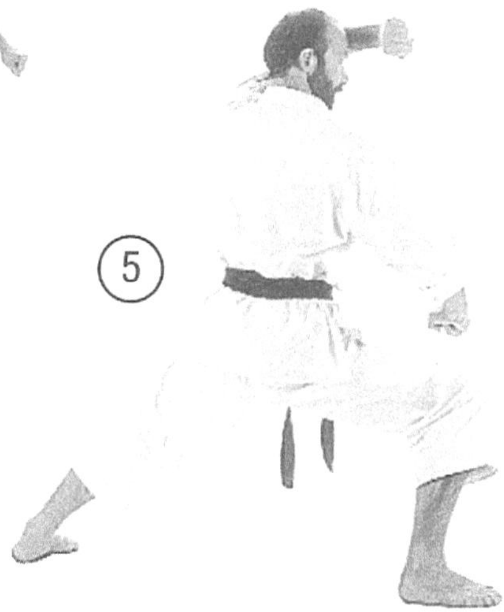

(5)

Gyaku-Age-Uke
und Gedan-Tettsui-Uchi
in Sochin-Dachi

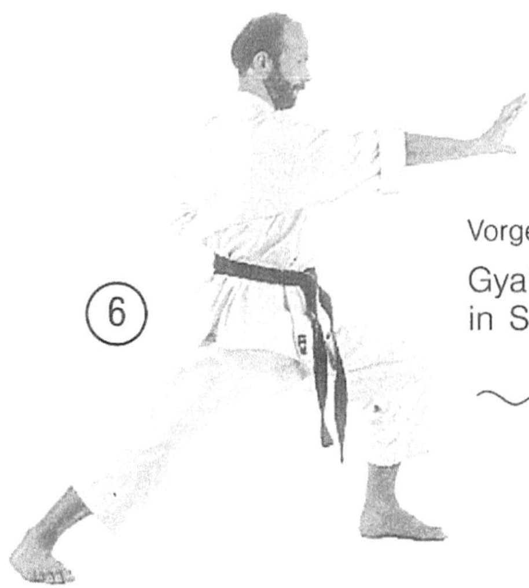

(6)

Vorgehen mit

Gyaku-Tate-Shuto-Uke
in Sochin-Dachi

Choku-Zuki

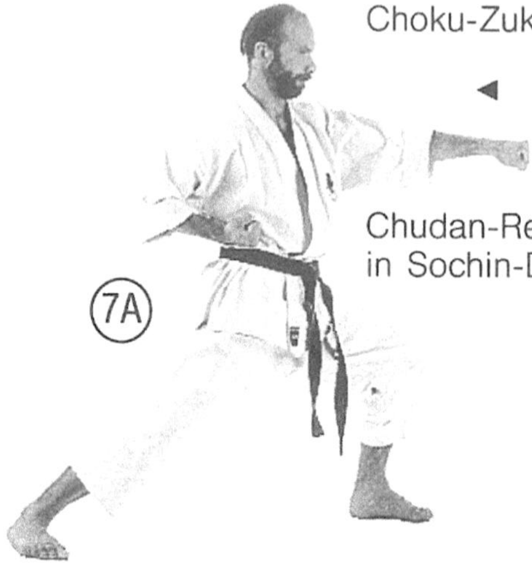

Chudan-Renzuki
in Sochin-Dachi

7A

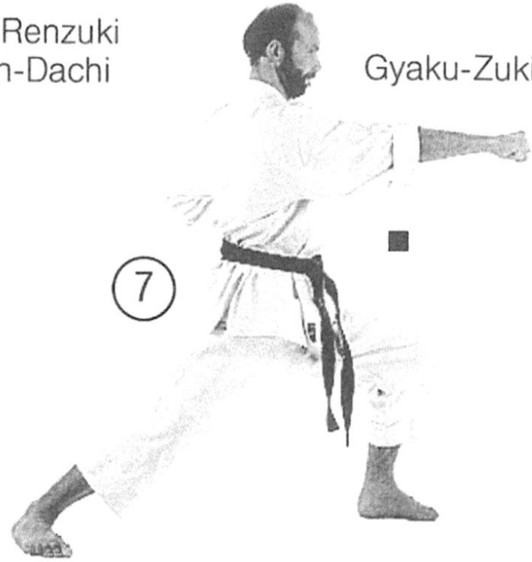

Gyaku-Zuki

7

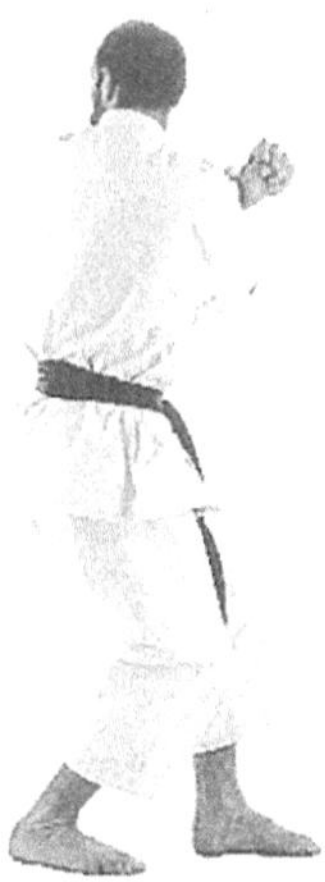

Wendung mit Ausholbewegung und
frühem Drehen des Kopfes

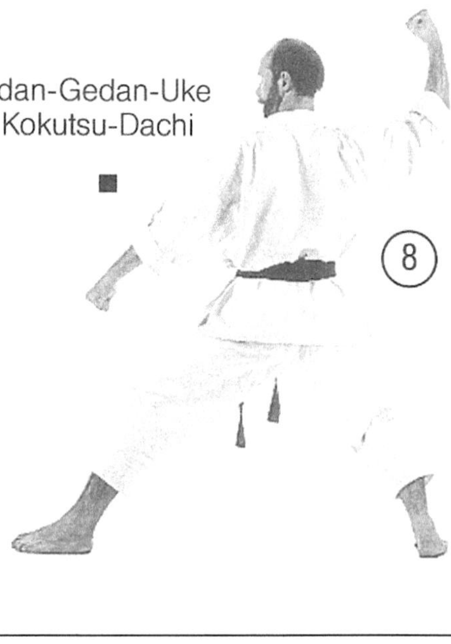

Jodan-Gedan-Uke
in Kokutsu-Dachi

8

9

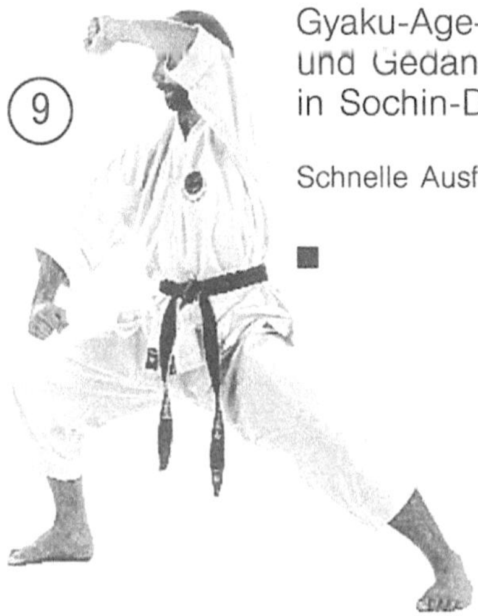

Gyaku-Age-Uke
und Gedan-Tettsui-Uchi
in Sochin-Dachi

Schnelle Ausführung

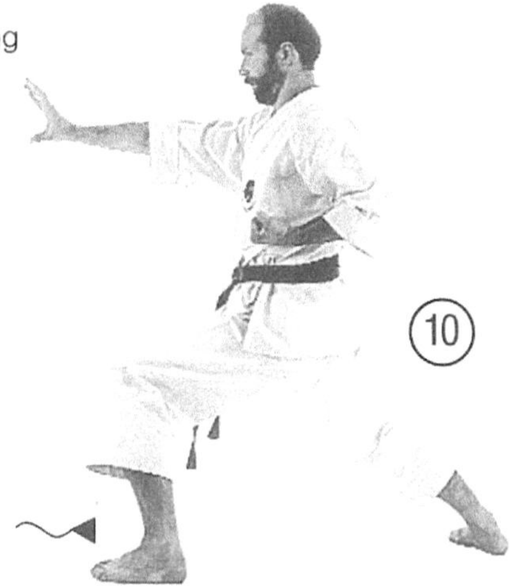

10

Gyaku-Tate-Shuto-Uke
in Sochin-Dachi

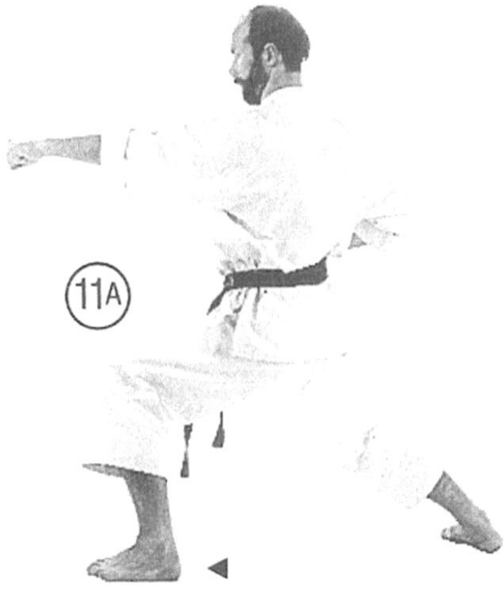

11A

Choku-Zuki

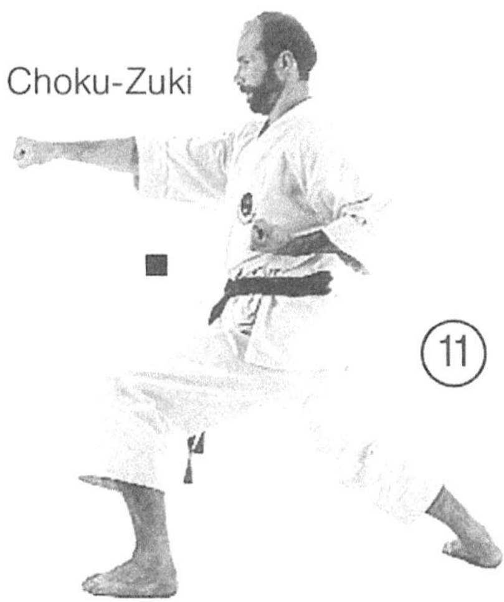

11

Gyaku-Zuki

Chudan-Renzuki
in Sochin-Dachi

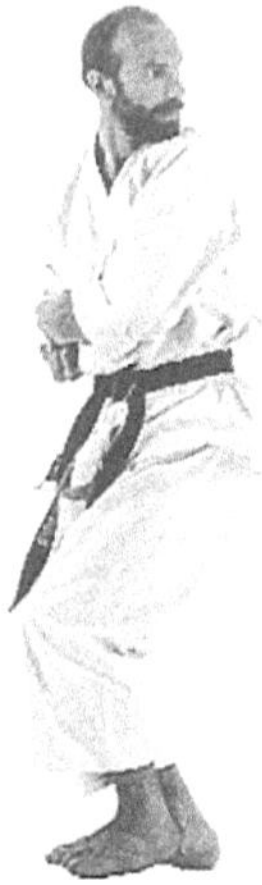

Zurückziehen des linken Fußes zum Standbein mit

Koshi-Kamae

~

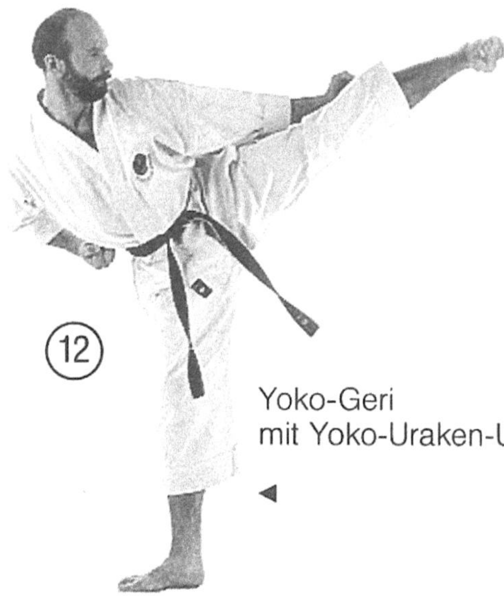

(12)

Yoko-Geri
mit Yoko-Uraken-Uchi

◄

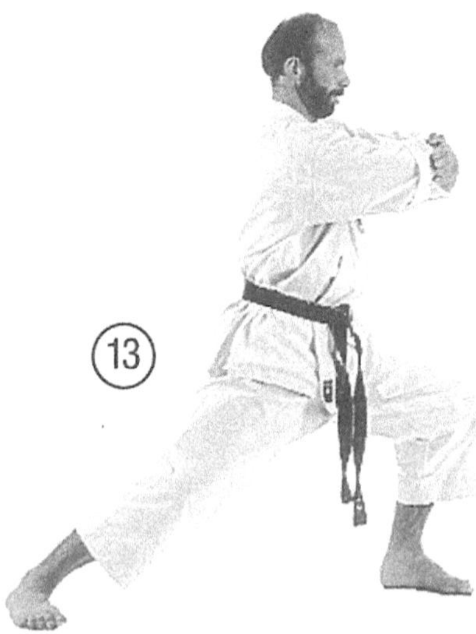

(13)

Absetzen mit

Gyaku-Mae-Empi
in Sochin-Dachi

■

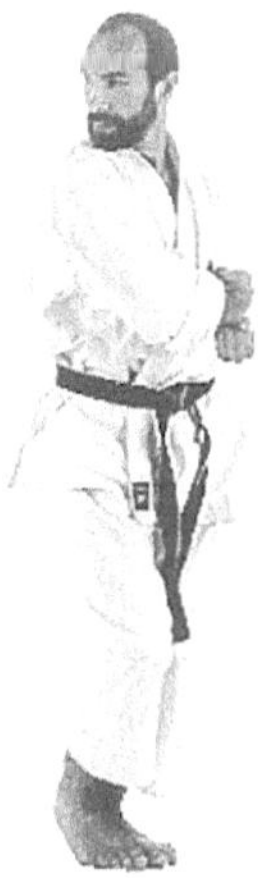

Heranführen des rechten Beines zum Standbein mit

Koshi-Kamae

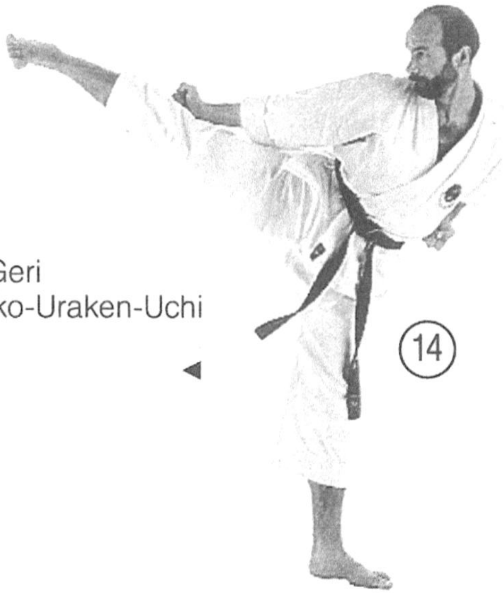

Yoko-Geri
mit Yoko-Uraken-Uchi

(14)

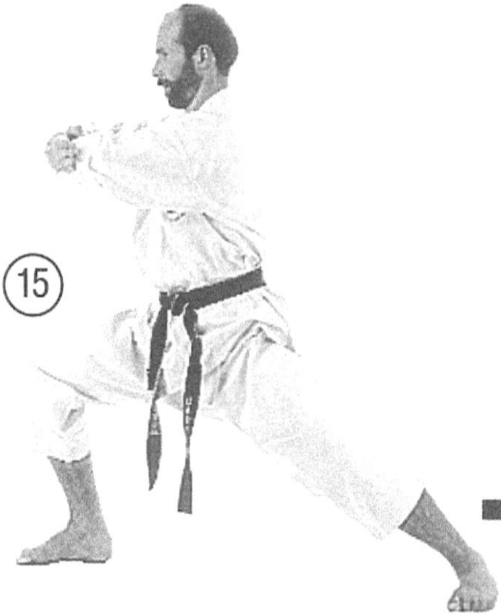

(15)

Gyaku-Mae-Empi
in Sochin-Dachi

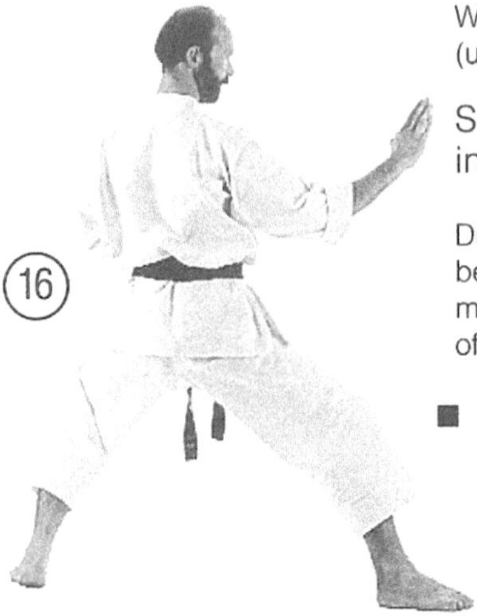

16

Wendung um 180° nach rechts (ungewöhnlich) in

Shuto-Uke in Kokutsu-Dachi

Diese Wendung »über den Rücken« ist besonders zu trainieren, da sie häufig mit der üblichen Wendung über die offene Seite verwechselt wird.

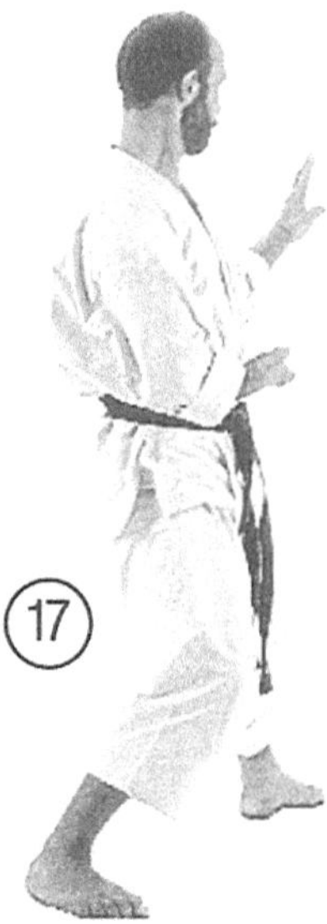

17

Wendung um 45° in

Shuto-Uke in Kokutsu-Dachi

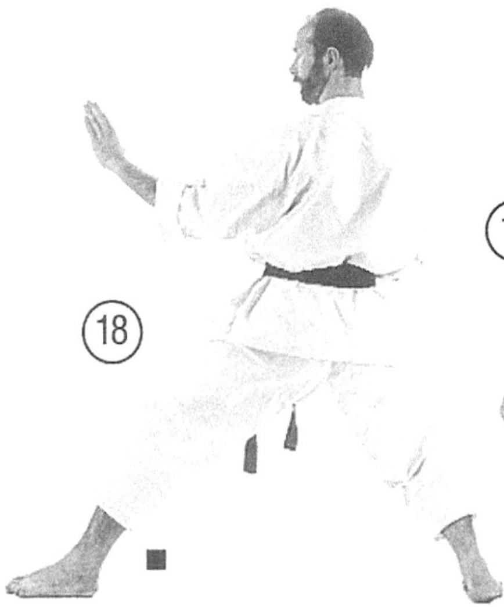

18

Wendung um 135° in

Shuto-Uke in Kokutsu-Dachi

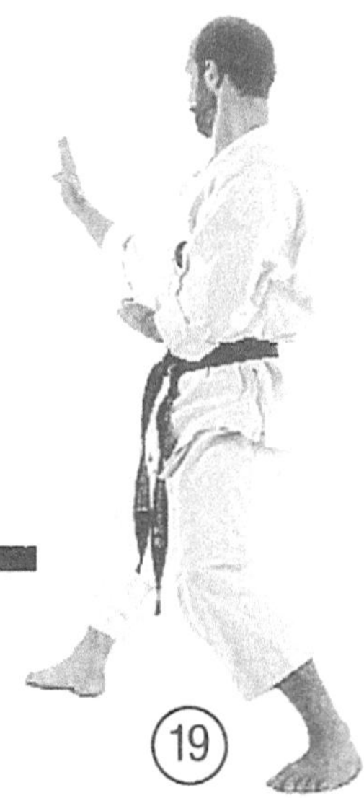

19

Wendung um 45° in

Shuto-Uke in Kokutsu-Dachi

(20)

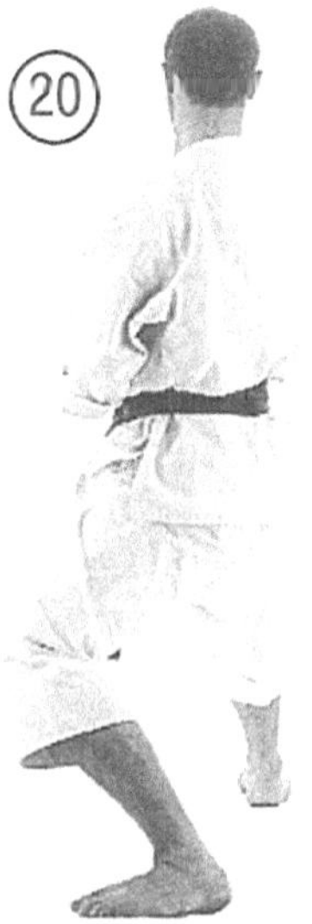

Wendung um 45° in

Shuto-Uke
in Kokutsu-Dachi

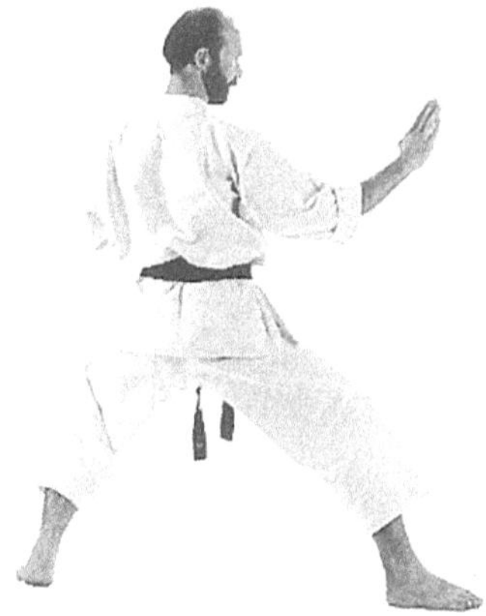

Seitliche Ansicht von rechts

(21)

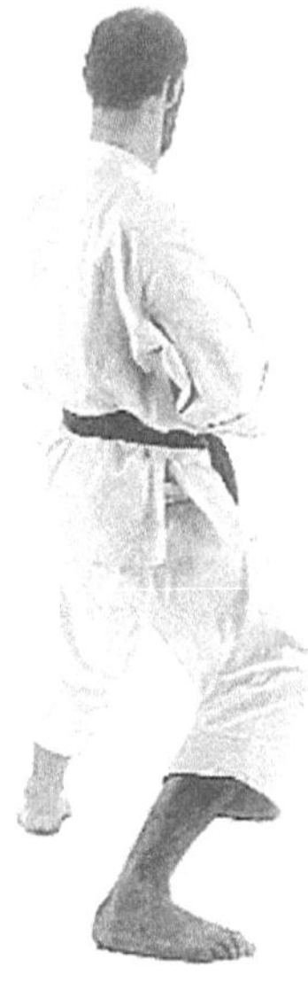

Schritt vor

Shuto-Uke
in Kokutsu-Dachi

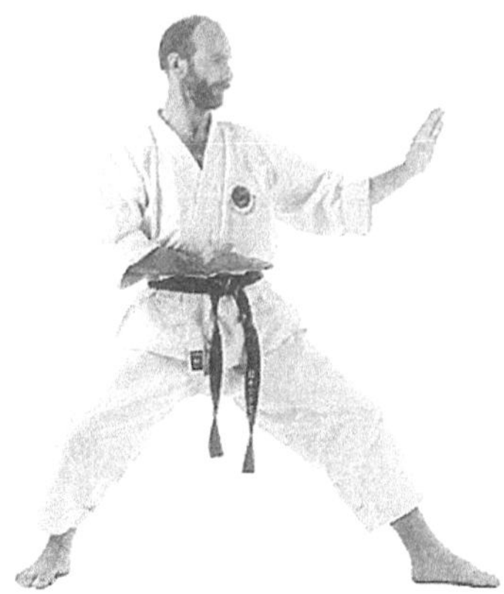

Seitliche Ansicht von rechts

Um diesen sechs Shuto-Uke-Techniken Rhythmus und Spannung zu geben, sollte man jeweils zwei rhythmisch verbinden und sie insgesamt nicht zu hastig vortragen.

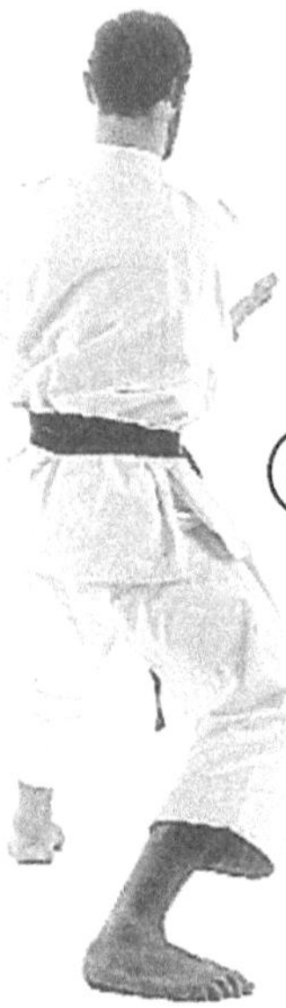

Vorrutschen mit

Chudan-Osae-Uke und Gyaku-Nukite in Kokutsu-Dachi

■

(22)

Der Abwärtsblock wird mit der linken, die Nukite-Technik mit der rechten Hand ausgeführt.

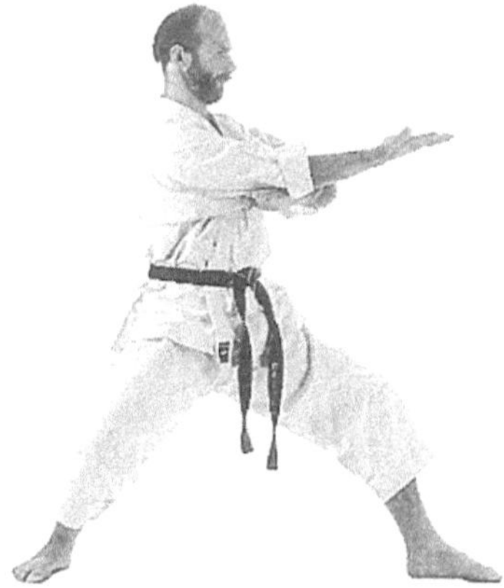

Seitliche Ansicht von rechts

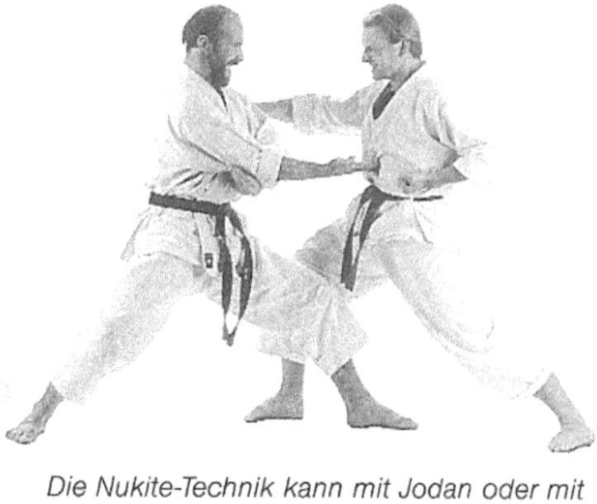

Die Nukite-Technik kann mit Jodan oder mit Chudan ausgeführt werden. In dieser Anwendung wird die Chudanform gezeigt

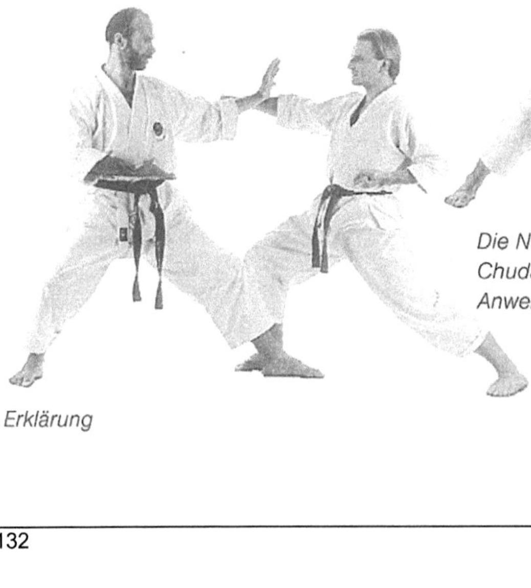

Erklärung

Im Stand:

Mae-Ashi-Geri

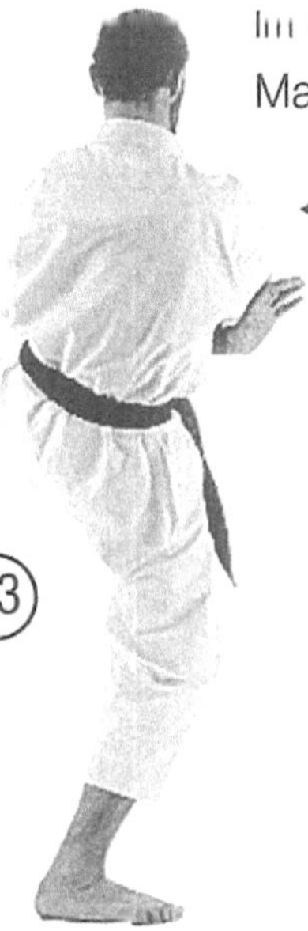

(23)

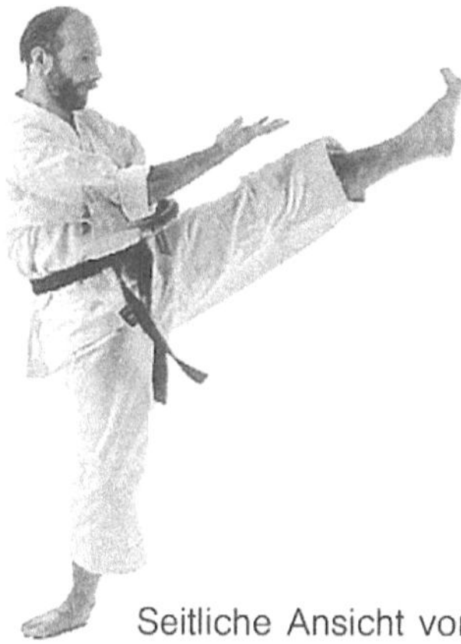

Seitliche Ansicht von rechts

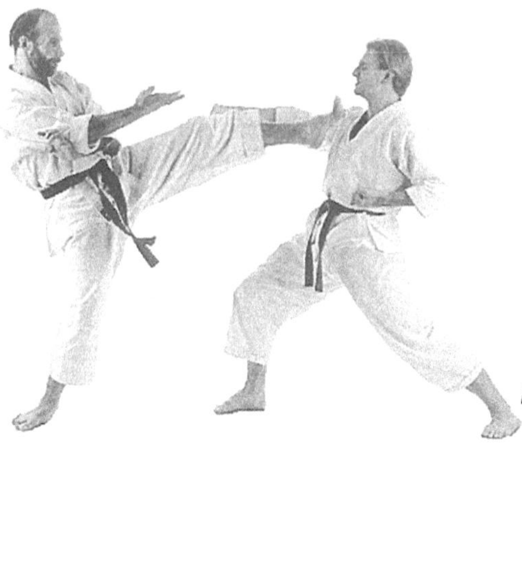

Erklärung

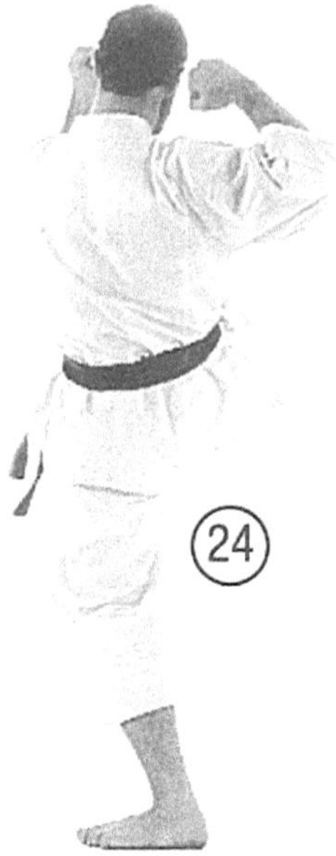

Gleichzeitig:

Mae-Geri (rechts)
Uraken-Uchi (links) und
Nagashi-Uke (rechts)

◄

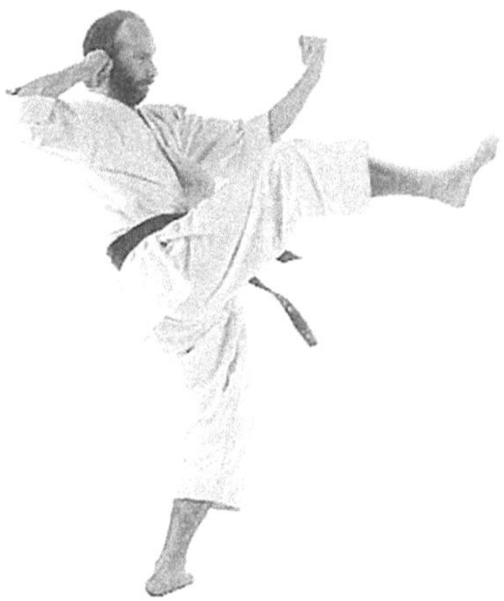

Seitliche Ansicht von rechts

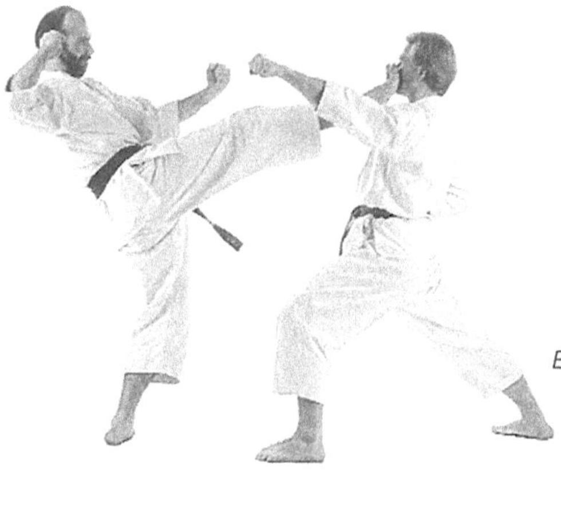

Erklärung

25

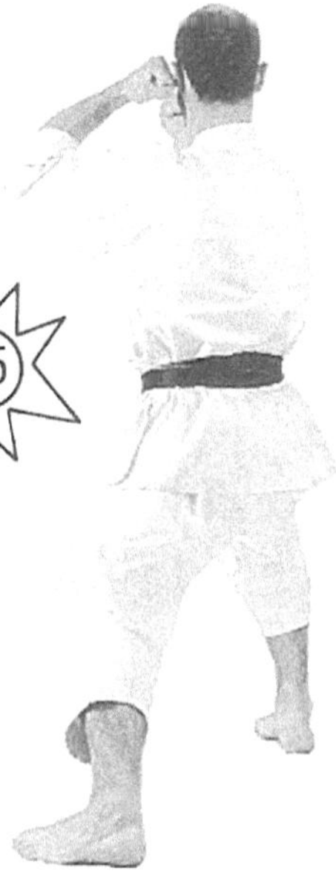

Absetzen in

Sochin-Dachi
mit Uraken-Uchi (rechts)
und Nagashi-Uke (links)
mit Kiai

K

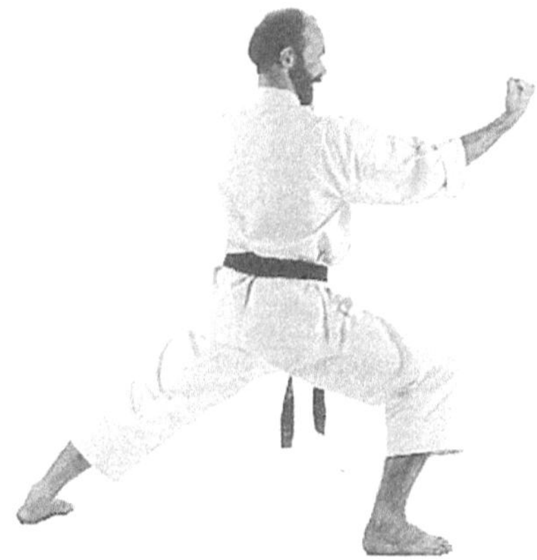

Seitliche Ansicht von rechts

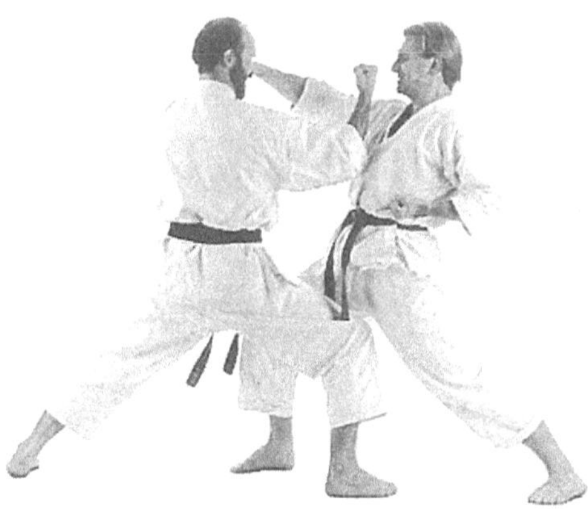

Erklärung

(26)

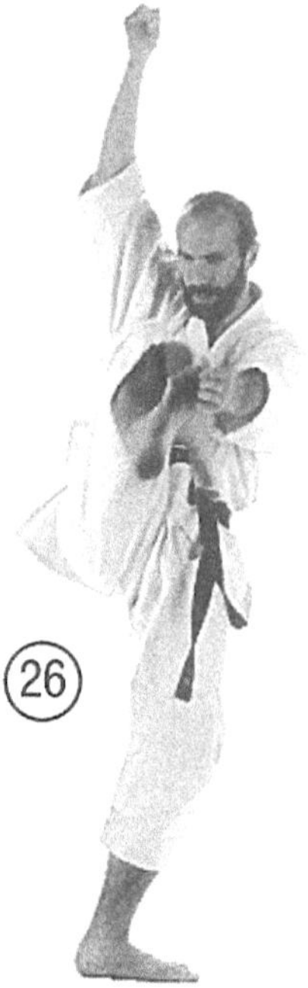

Wendung um 180° mit

Mikazuki-Geri
(in die offene linke Hand)

mit gleichzeitiger Ausholbewegung
zum Tettsui-Uchi

◄

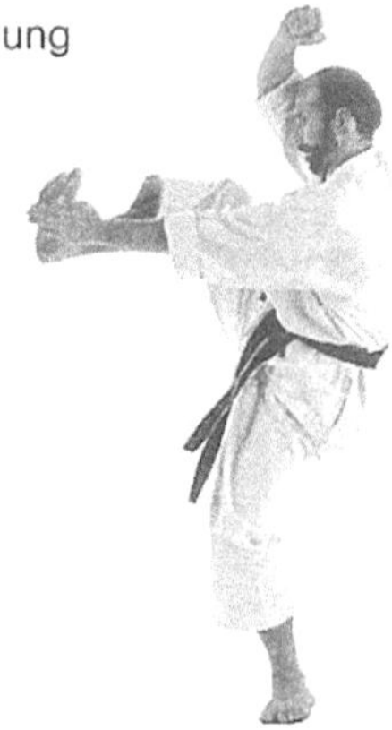

Seitliche Ansicht von rechts

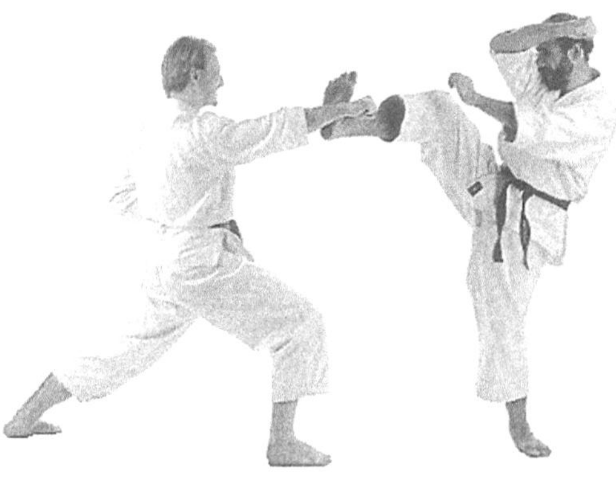

Erklärung

(27)

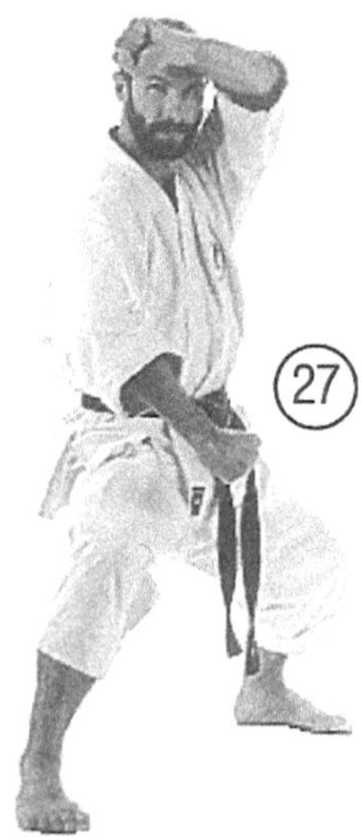

▬

Gyaku-Age-Uke
mit Gedan-Tettsui-Uchi
in Sochin-Dachi

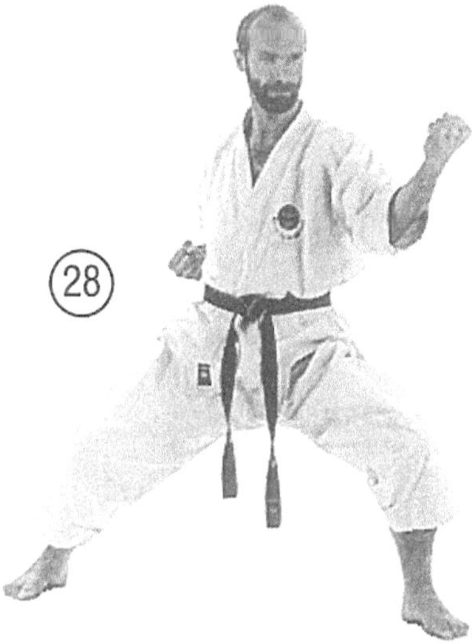

(28)

Wendung um 45°:

Uchi-Ude-Uke
in Sochin-Dachi

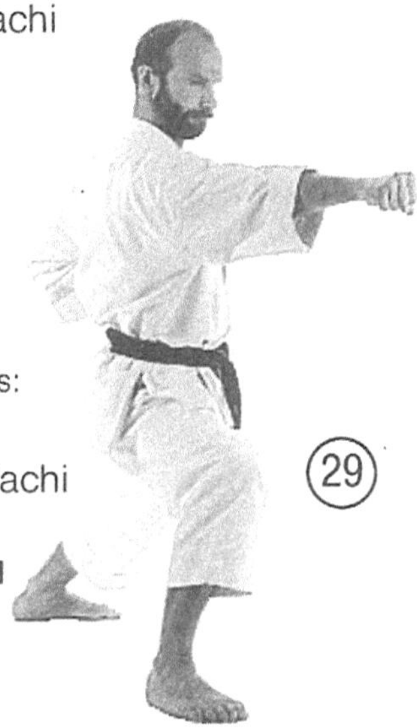

(29)

Schritt vorwärts:

Oizuki
in Sochin-Dachi

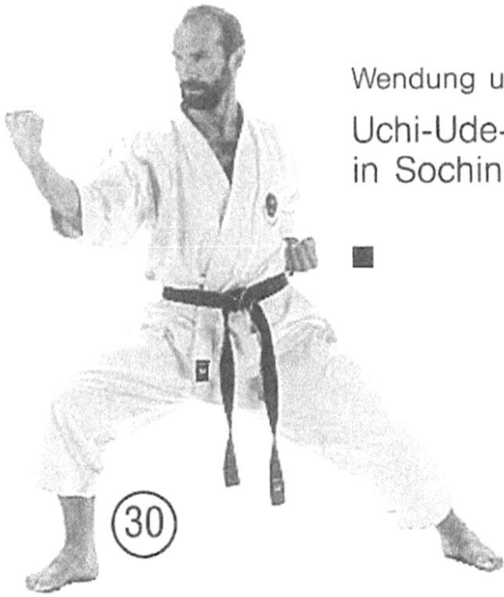

(30)

Wendung um 90°:

Uchi-Ude-Uke
in Sochin-Dachi

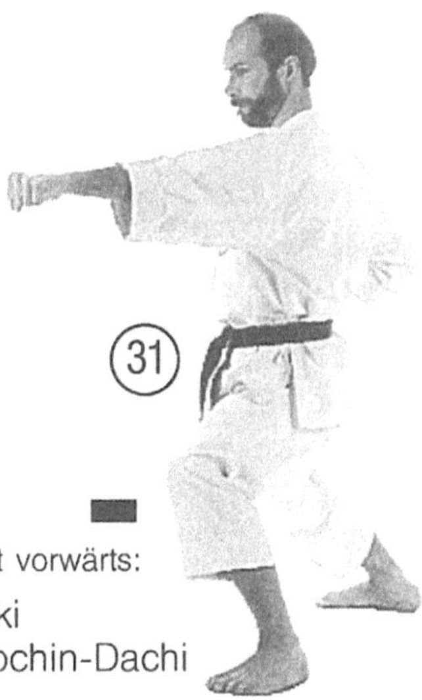

(31)

Schritt vorwärts:

Oizuki
in Sochin-Dachi

(32)

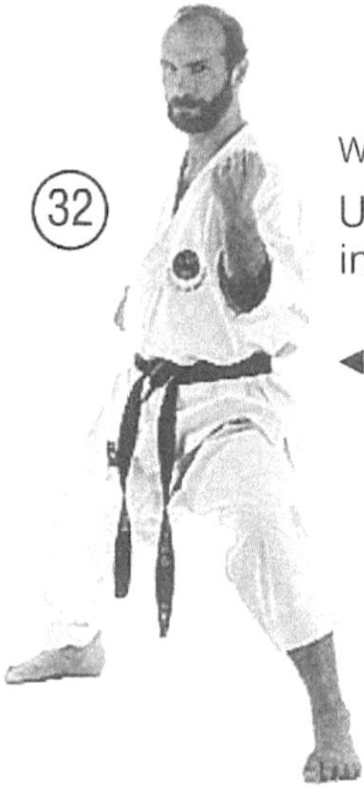

Wendung um 45 ° in

Uchi-Ude-Uke
in Sochin-Dachi

◄

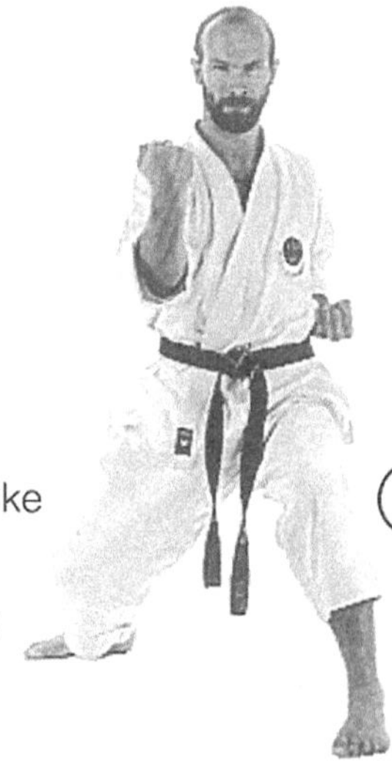

Im Stand:

Gyaku-Uchi-Ude-Uke
in Sochin-Dachi

■

(33)

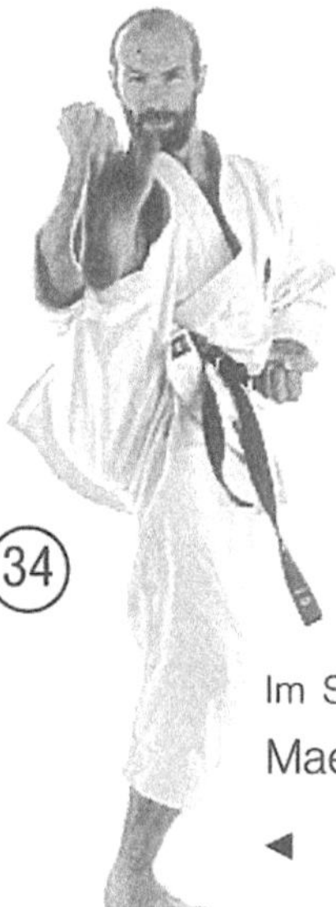

(34)

Im Stand:

Mae-Geri-Keage

◄

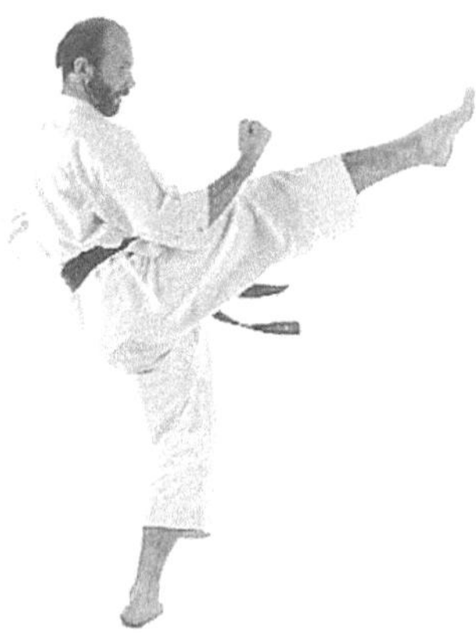

Seitliche Ansicht von links

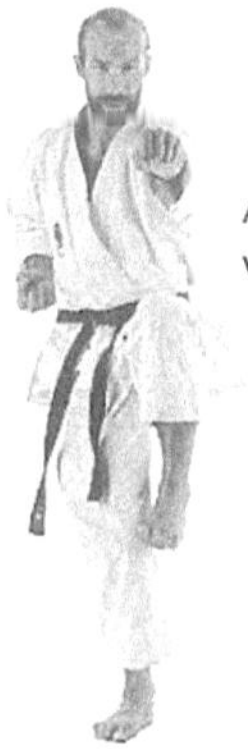

Ausholbewegung
vor dem Absetzen

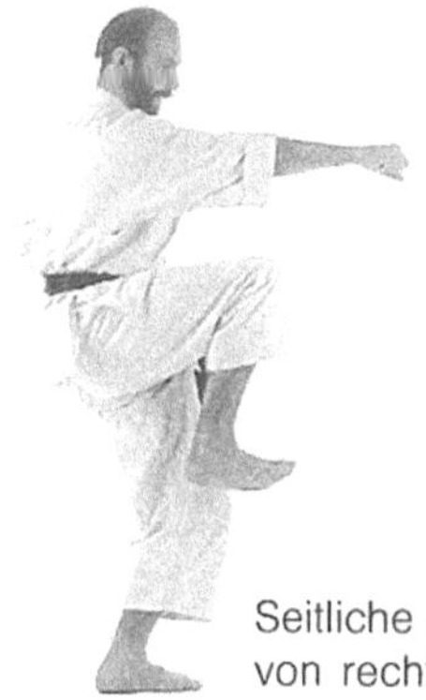

Seitliche Ansicht
von rechts

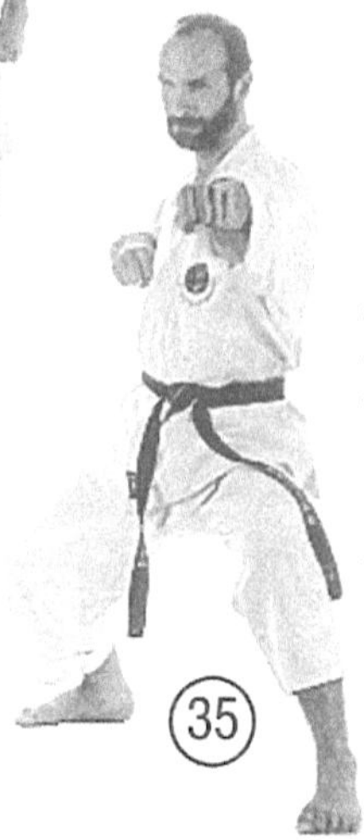

Zugbewegung während des
Absetzens in

Yumi-Zuki (links)
in Sochin-Dachi

35

Wichtig ist hierbei das Umdrehen der rechten Faust mit dem Handrükken nach oben.

Gyaku-Zuki

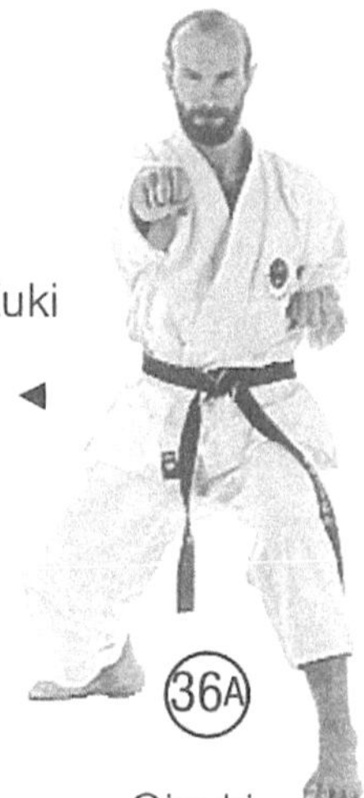

36A

Oizuki

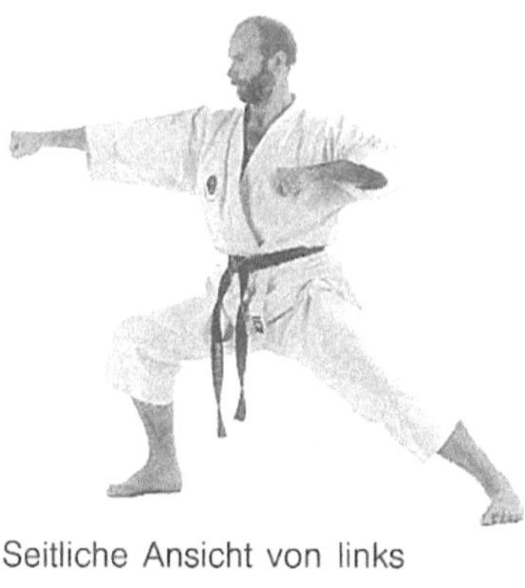

Seitliche Ansicht von links

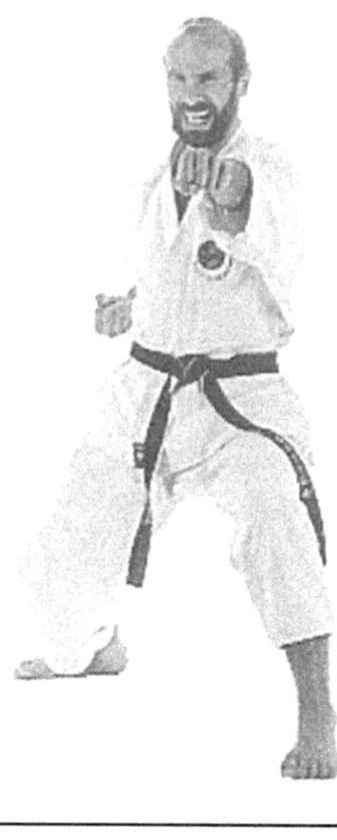

Renzuki
in Sochin-
Dachi
mit Kiai

K

36

Choku-
Zuki

Erklärung für Seite 137:

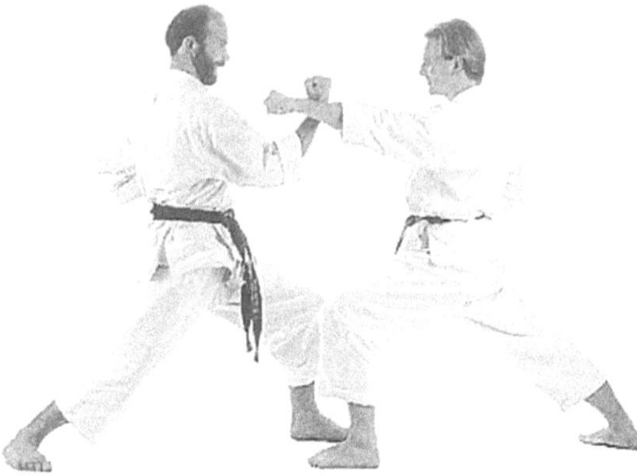

Abwehr

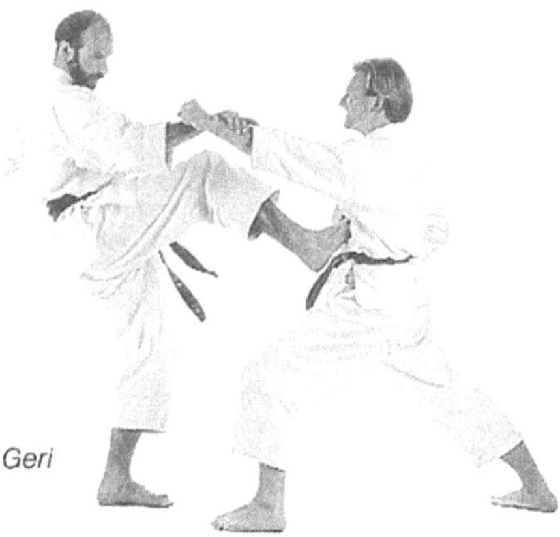

Gegenangriff mit Mae-Geri

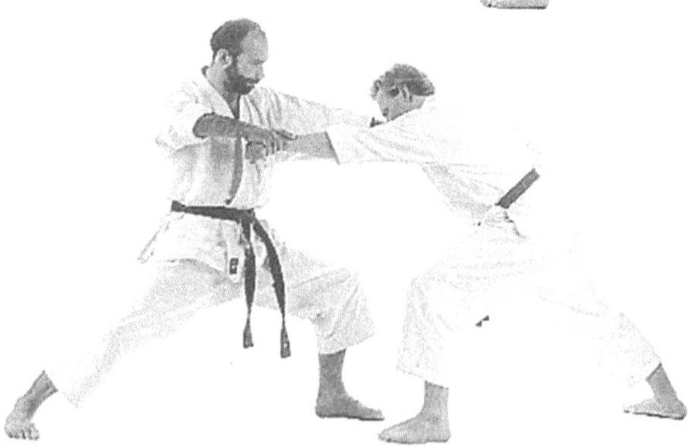

Erfassen des Gegners und Heranziehen (rechte Hand) mit gleichzeitigem Gegenangriff (linke Hand)

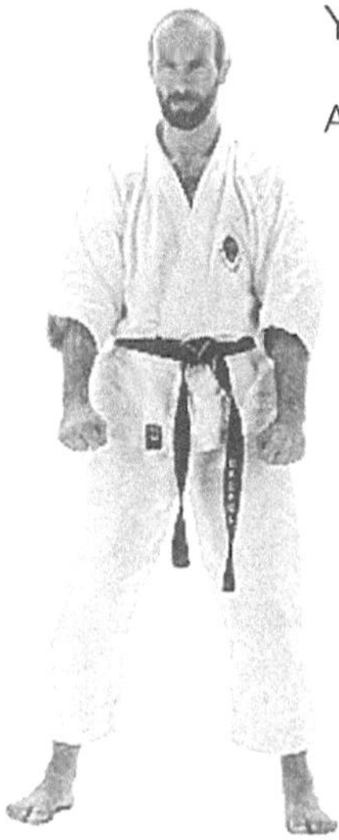

Yame

Aufstehen mit Zanshin

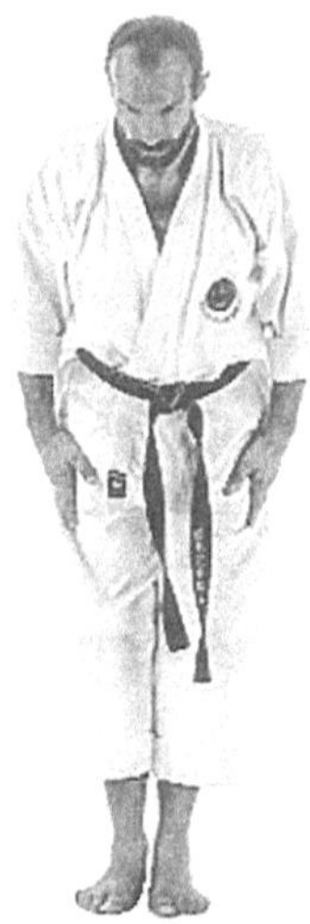

Ritsu-Rei

Abgrüßen

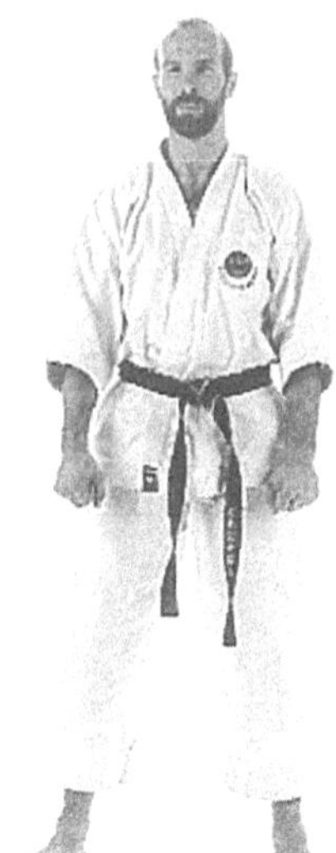

Entspannung

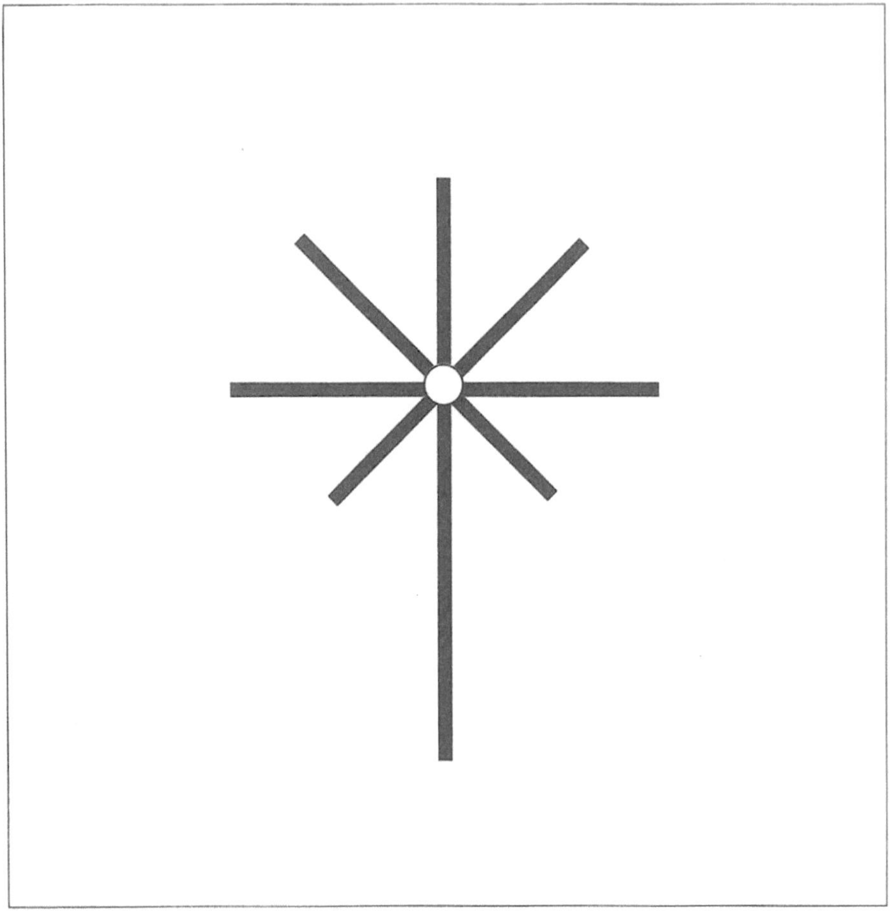

Schrittdiagramm (Embusen) der Kata Sochin

Ablauf der 36 Positionen der Kata Sochin in Einzelbildern

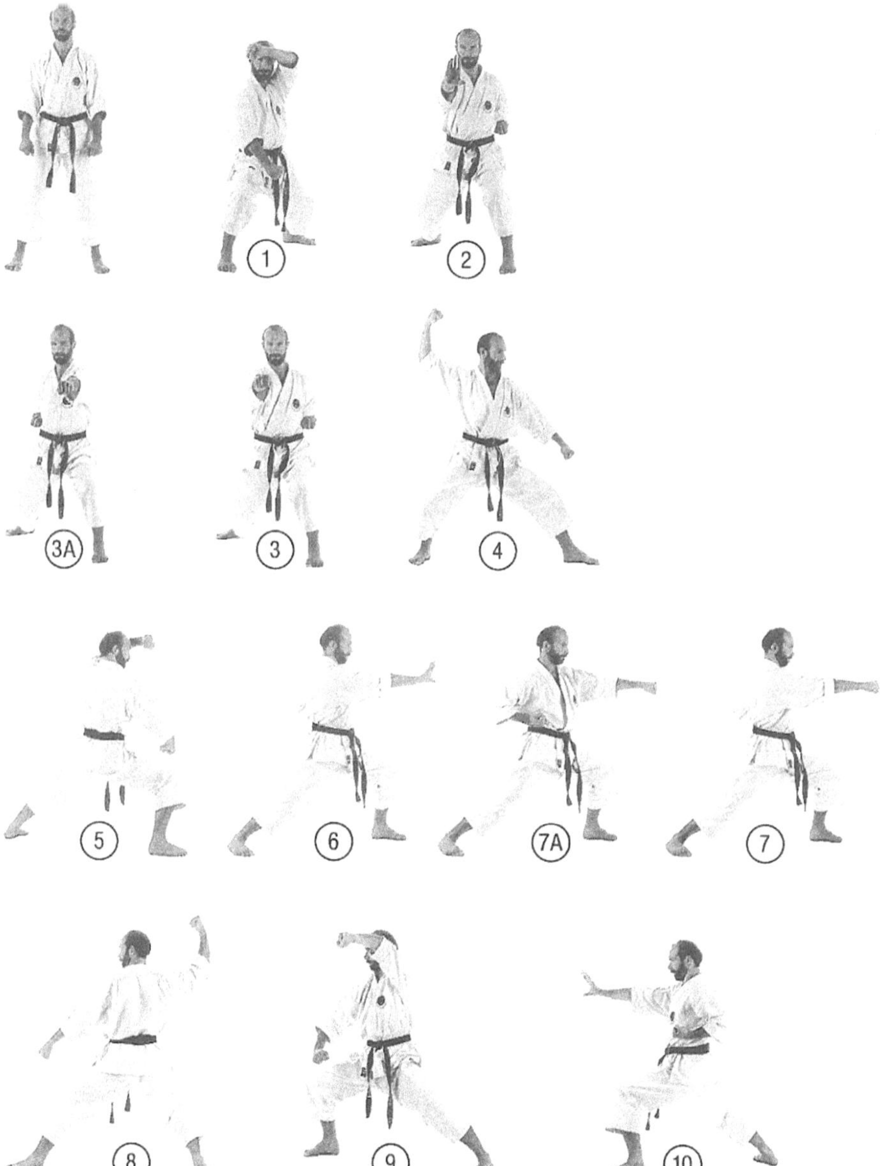

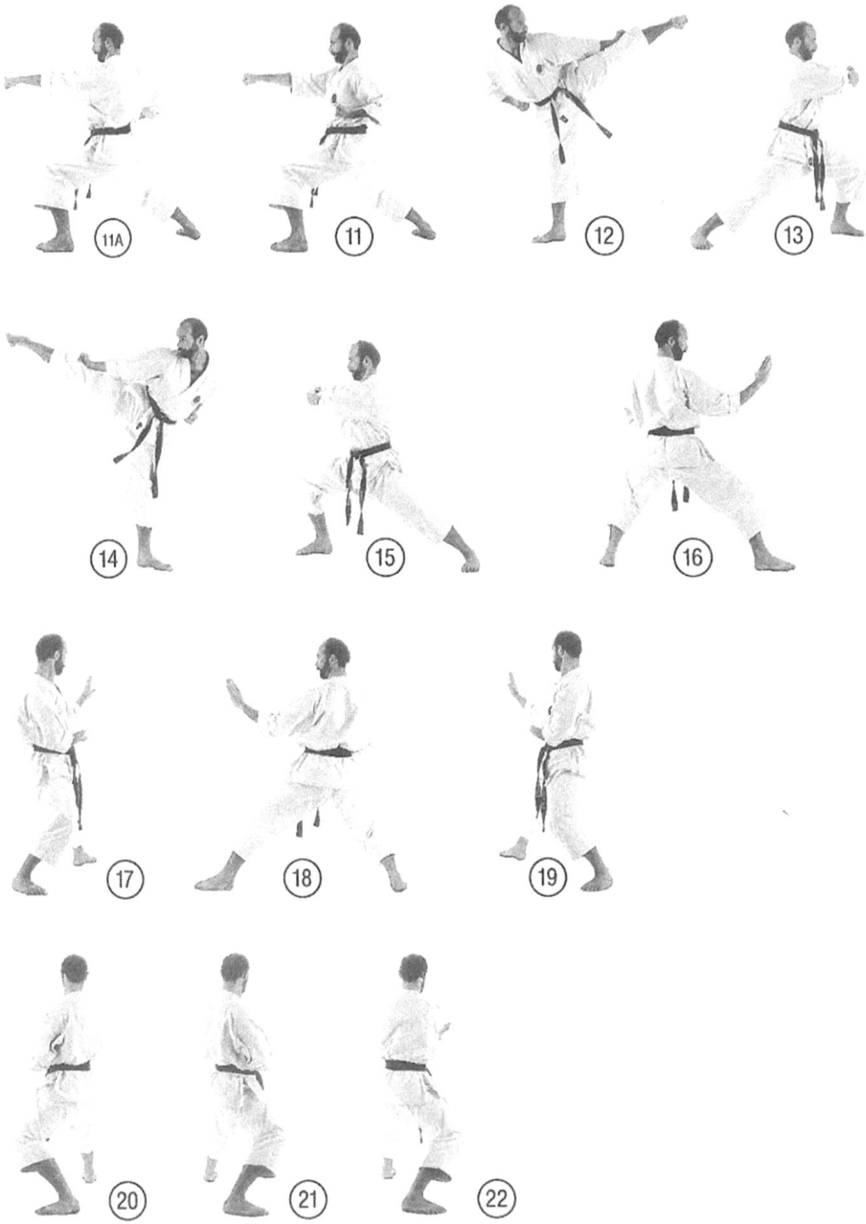
11A
11
12
13
14
15
16
17
18
19
20
21
22

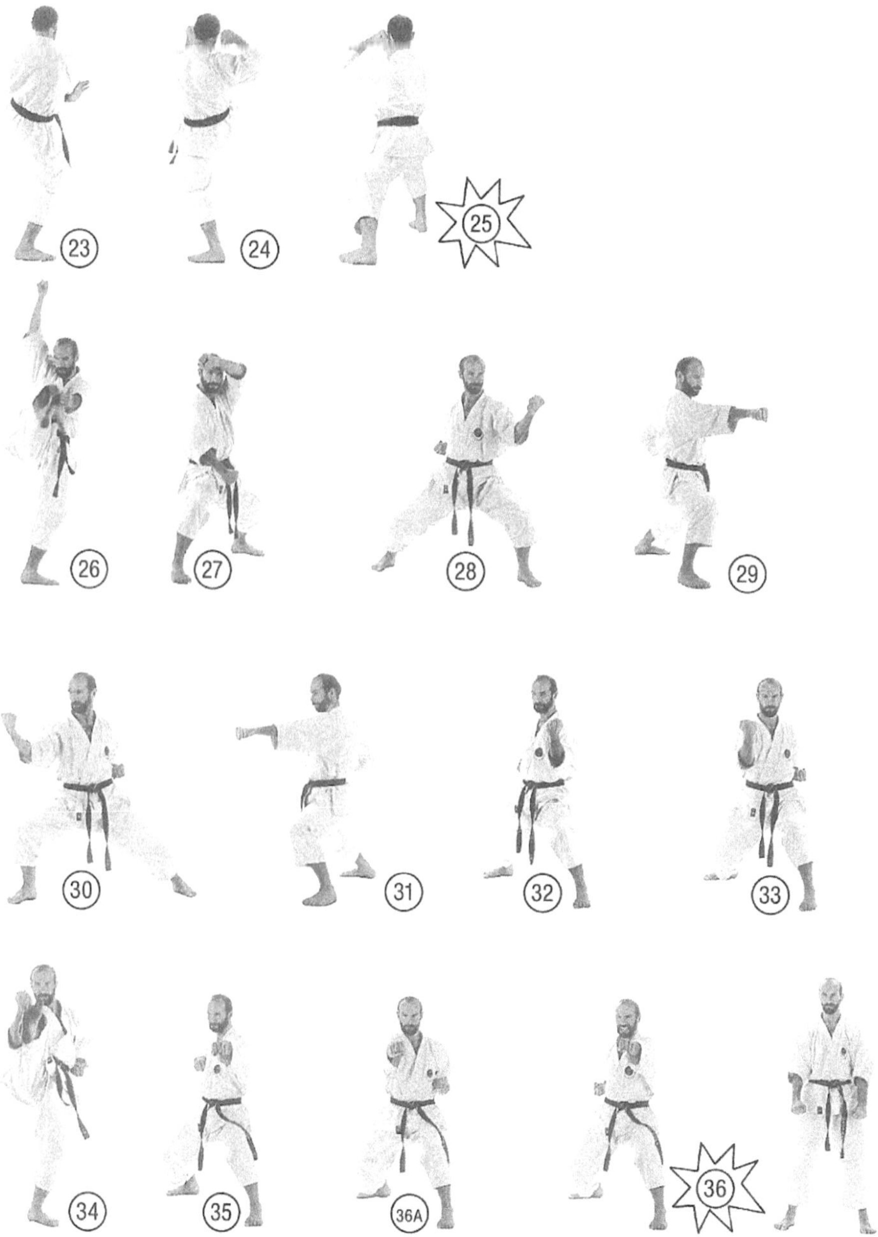
23
24
25
26
27
28
29
30
31
32
33
34
35
36A
36

Schlusswort

Der vorliegende dritte Band dieser Reihe führt den Übenden in eine neue Dimension des Katatrainings. Kann er diese Aufgabe wirklich meistern, so befindet er sich auf einer Könnensstufe, die alle Achtung abverlangt. Achtung davor, so lange trainiert zu haben, um dieses Niveau zu erreichen, Achtung aber auch vor der Auseinandersetzung mit einem so anspruchsvollen Thema, wie es die höheren Kata darstellen. Man muss sich jedoch davor hüten, die bloße Aneignung des Ablaufes dieser höheren Kata, als Beherrschen misszuverstehen. Wie zu Beginn dieses Buches bereits erwähnt, bedarf es jahrelangen Übens, um eine Kata zu beherrschen. Das nimmt einem auch kein Kampfrichter ab, der, vielleicht mangels eigener Erfahrung, vorschnell ein Lob ausspricht.

Wenn über allem Üben im Karate der Satz steht: „Der schwerste Sieg ist der Sieg über sich selbst!“, so gilt das in besonderem Maße für die Kata. Aber bevor Sie aus Angst, diesen Leistungsstand nicht erwerben zu können, das Training höherer Kata ganz einstellen, empfehle ich Ihnen stetiges Üben, am besten täglich, um Ihr Ziel zu erreichen und Ihre Bestätigung zu finden. Dazu soll dieses Buch dienen.

Wolf-Dieter Wichmann

Über den Autor

Wolf-Dieter Wichmann, 9. Dan, Shotokan, gehört zu den höchstgraduierten Karatelehrern in Deutschland.

Er begann 1966 mit dem Training und gehört zu den Pionieren des deutschen Karate. Seine Danprüfungen legte er bei den Großen des Shotokan-Karate ab: Nakayama, Kanazawa, Kase, Ochi, Abe und Yahara. Er kämpfte 10 Jahre in der Nationalmannschaft und war seit 1975 ihr Kapitän. Dabei wurde er dreimal Vizeweltmeister, zweimal Europameister (mit der Kumitemannschaft) und erreichte Silber und Bronze mit der Katamannschaft. Verschiedene Deutsche Einzelmeisterschaften und Siege beim Shotokan-Cup runden seine Wettkampfzeit ab.

Seine Verbandsarbeit begann er 1970 als Bundesjugendwart für den DKB. 1978 wählte man ihm zum Bundeslehrwart im DKV, bevor er von 1985 bis 1992 Bundeskampfrichterreferent wurde. Viele der heutigen A-Trainer und Bundeskampfrichter haben ihre Grundlagen bei ihm gelernt. In dieser Zeit arbeitete er auch als internationaler Kampfrichter.

2002 gründete er mit anderen Karatelehrern die Stilrichtung Fudoshin-Ryu (Starkes Herz Schule), die sich als traditioneller Shotokan-Stil versteht. Seit 2005 ist sie in verschiedenen Landesverbänden als Stilrichtung anerkannt. Seit 2006 werden auch Danprüfungen in dieser Stilrichtung abgehalten. 1972 graduierte er an der Deutschen Sporthochschule in Köln zum Diplomsportlehrer. Seit 1985 hat er sechs Karatefachbücher geschrieben und eine Lehr-DVD herausgegeben.

Wolf-Dieter Wichmann ist auch im Kendo (5. Dan), laido, Judo (3. Dan) und im Kyudo (1. Kyu) graduiert und gehört damit zu den profiliertesten Budolehrern in Europa. Er gibt dieses vertiefte Wissen und Anleitungen zur Praxis des ZaZen gerne auf zahlreichen Lehrgängen im In- und Ausland weiter.